21 世纪职业教育规划教材·经济管理系列

大客户开发与管理

主　编　林小浩
副主编　张海燕　陈迎雪　樊希娟

北京大学出版社
PEKING UNIVERSITY PRESS

内 容 简 介

本书结合大客户营销相关岗位的职责与技能要求，侧重于大客户开发与管理的实践操作方面内容，以企业大客户开发与管理工作流程为主线，在主线之前增加了大客户营销概述，介绍了大客户营销相关的基础知识；在主线之后增加了大客户营销组织建设与管理，介绍大客户营销组织设计等内容。

本书企业案例丰富翔实，由浅入深，突出启发式教学方式的应用，突出理论与实践相结合。同时，本书结合教学内容和专业特点，融入了相关思政元素，以培养和提升大客户营销人员的专业素质和综合素质。本书可以作为高职院校大客户营销相关课程的教材，也可作为大客户营销相关工作人员的培训教材。

图书在版编目（CIP）数据

大客户开发与管理 / 林小浩主编. —— 北京：北京大学出版社，2025.6. —— (21世纪职业教育规划教材). ISBN 978-7-301-35978-5

Ⅰ. F274

中国国家版本馆CIP数据核字第2025AZ4657号

书　　　　名	大客户开发与管理	
	DAKEHU KAIFA YU GUANLI	
著作责任者	林小浩　主编	
责 任 编 辑	吴坤娟	
标 准 书 号	ISBN 978-7-301-35978-5	
出 版 发 行	北京大学出版社	
地　　　　址	北京市海淀区成府路205 号　　100871	
网　　　　址	http://www.pup.cn	
新 浪 微 博	@北京大学出版社	
电 子 邮 箱	编辑部 zyjy@pup.cn　　　总编室 zpup@pup.cn	
电　　　　话	邮购部010-62752015　　发行部010-62750672　　编辑部010-62756923	
印 刷 者	山东百润本色印刷有限公司	
经 销 者	新华书店	
	787毫米×1092毫米　16开本　16.75印张　420千字	
	2025年6月第1版　2025年6月第1次印刷	
定　　　　价	49.00元	

前　言

随着市场竞争的不断加剧和客户需求个性化发展，大客户作为企业的重要资源，越来越受到企业的关注，尤其是客户资源丰富的大型企业，更加重视大客户。为了使企业充分利用有限资源获得持续稳定的客户资源，有效提升客户价值，提升企业营销人员的工作绩效，本书以党的二十大精神为指引，融入课程相关思政内容，同时以企业大客户营销工作流程为基础，以大客户营销岗位工作内容为依据，采用了任务导向型的模块化教材内容设计。

本书编写团队由多年从事"大客户开发与管理"等营销类课程教学工作的教师和企业工作人员组成，并多次到企业进行了大客户开发与管理工作实践调研，力求编写出一本既符合企业大客户营销工作实践，又有理论总结和创新，通俗易懂的教材。本书作为河北省专业群资源库建设课程配套教材，前期已经积累了大量的电子资料和微课资源，希望对从事大客户营销相关课程教学的同仁和从事企业大客户营销相关工作的朋友们具有一定的借鉴。

本书具有以下特色：

1. 本书注重理论与实践相结合。本书以企业大客户开发流程及相关岗位职责与技能要求为依据，结合企业实践经验，形成了相对比较完善的框架结构和理论体系。

2. 本书引入了丰富的企业实践案例，由浅入深，注重启发式学习，具有校企融合特色。

3. 本书编写团队由校企成员组成，有多年邮政企业、咨询企业、软件企业等工作和实践经验。

本书由石家庄邮电职业技术学院林小浩任主编，石家庄邮电职业技术学院张海燕、陈迎雪和中国邮政集团有限公司天津分公司樊希娟任副主编，具体编写分工如下：林小浩负责编写第一章、第二章、第三章、第五章、第六章、第八章、第十章、第十一章，张海燕负责编写第四章，陈迎雪负责编写第七章，樊希娟负责编写第九章，林小浩负责统稿工作。

本书编写过程中得到了石家庄邮电职业技术学院的大力支持，得到了多位邮政企业营销专家和学校相关专业教师的帮助，同时参阅了大量国内专家、学者的著作和期刊文献以及相关网站资料，在此一并表示衷心的感谢！

由于编者水平有限，本书难免有不妥之处，敬请广大读者批评指正。

编 者

2025 年 1 月

本书配套资源

📚 读者学习资源

    1. 微课视频

    2. 题库

读者扫描右侧二维码，即可获取上述资源。
一书一码，相关资源仅供一人使用。

大客户开发与管理
请刮开后扫描获取本书资源

本码2030年12月31日前有效

📚 教师教学资源

    本书配有教学课件、教学大纲、教案，如任课老师需要，可扫描右边二维码，关注北京大学出版社微信公众号"北大出版社创新大学堂"（zyjy-pku）索取。

·课件申请
·样书申请
·教学服务
·编读往来

目　录

第一章

大客户营销概述

知识目标

- 理解大客户的含义和特征；
- 掌握大客户的特征；
- 掌握大客户分类方法；
- 掌握大客户营销特征；
- 理解大客户营销与市场营销的关系；
- 了解大客户营销产生的背景；
- 了解大客户营销的作用和意义。

技能目标

- 会运用"二八定律"识别企业大客户；
- 能根据大客户分类方法判断大客户类型。

素养目标

- 精益求精；
- 热爱祖国。

不一样的待遇

王先生在某银行的金融资产有几十万元，银行按照贵宾客户的服务标准给他办理了 VIP 卡。

有一次，王先生参加了该银行组织的理财讲座，在理财经理的介绍下他才明白，银行 VIP 客户除了可以优先办理业务之外，还可享受很多特殊的待遇：在同城或异地所有银行的自动柜员机上取款可以免手续费；利用网上银行办理同城及异地汇款可以免收手续费，并且开立存款证明、存折挂失等均享受免费待遇……这时，因生意需要经常办理对外汇款业务的王先生突然想到可以利用 VIP 卡给外地客户汇款。于是，此后再有汇款业务，王先生便一律用这张 VIP 卡通过网上银行自助办理，不但实现了足不出户和即时到账，而且一年下来，还节省了 2000 多元的汇款手续费。

后来，王先生还了解到，银行 VIP 客户按级别享受不同的待遇。如金卡以及金卡级别以上的客户可以刷 VIP 号免排队，有专门的 VIP 窗口服务；白金卡或者白金卡级别以上的客户可享受跨行转账免手续费；日均余额达到 600 万元（有的银行标准是 800 万元）的客户可享受私人银行服务，有专业化的服务团队为客户提供理财、税务、投资等方面个性化、定制化的金融服务方案。其他的福利，如逢年过节的慰问和礼物，白金卡级别以上客户可以享受机场、高铁的 VIP 候机（车）厅以及快速登机服务等。

另外，有些银行对办理贷款的 VIP 客户会给予利率下浮的待遇，对购买银行理财产品的 VIP 客户会给予比普通客户更高的理财收益率，以及邀请 VIP 客户参加银行组织的各种更人性化的回馈和服务活动等。

通过案例中银行客户分级分类管理内容，我们可以了解到企业对客户资源的管理方式已经发生变化，即由以往的从粗放式管理转向精细化管理。所以，企业客户管理工作要精益求精，为客户提供个性化的服务，以满足客户需求。

21 世纪，一个新的经济时代"客户经济时代"来临，市场发展成熟度越来越高，企业之间竞争的关注点逐渐从产品、技术、服务转向客户竞争，客户已经成为企业重要的资源。

大客户作为企业客户资源中的重要组成部分，越来越受到企业的重视，尤其是一些大型企业，它们更加关注企业资源的有效配置和企业效益的提高，所以将更多的优质资源集中到对企业具有重要战略意义的大客户上，为大客户提供优质的产品或服务，建立和维护企业与大客户长期的稳定关系，以帮助企业建立和确保企业的市场竞争优势。

第一节　大客户基本概念

一、大客户的含义和特征

1897 年，意大利经济学家帕累托发现并提出了"二八法则"，又名帕累托法则，或者 80/20 法则，即"重要的少数，和次要的多数"的原理。"二八法则"使我们认识到，企业 80% 的业务收入是由 20% 的大客户带来的，企业 80% 的利润是由 20% 的大客户创造的。

企业的主要收入和利润来自少数的、消费额居于前列的大客户，大客户目前已成为企业市场竞争的焦点。

某省电信分公司大客户数量占全省用户总数量的 2.77%，但这些大客户带来的业务收入占全省业务总收入的 47.4%。该电信分公司前 100 名大客户电信消费平均每月达 1000 多万元。

由于每个客户对企业的贡献率是不同的，这就决定了企业不应将营销资源平均分摊在每一个客户身上，而应该充分关注少数重要客户，即大客户。

在激烈竞争的市场中，在有限资源的约束和实现企业价值目标的驱动下，企业不可能针对所有客户平均分配资源，企业也不可能使所有的客户都满意。为了达到效益最大化，企业只有集中优势资源，投入对企业更有价值的大客户，才能进一步提高企业的市场份额，提高企业的经营效益。

1. 大客户含义

大客户（Key Account，KA），又称关键客户或重要客户，确切地说是"对企业具有战略意义的客户"。

大客户是指对企业的产品或服务需求频率高、需求量大，能带来较高利润，对企业经营业绩具有较大影响的关键客户。大客户是对企业最具价值的客户。

我们可以从广义和狭义上来理解"大客户"。狭义上的大客户是指企业产品或服务的最终客户或者直接购买者，一般是指终端大客户和渠道大客户。广义上的大客户除了狭义上理解的大客户之外，还包括供应商、中间商、合作者，甚至包括政府相关管理部门等。

深圳某大型办公文具生产企业，其终端大客户有各地市的政府部门、行政机关、银行、电信部门等用量特别大的客户，渠道大客户则有大型文具零售企业、超市商场、传统批发商等。

本书中的大客户是指狭义上的大客户，主要是指商务大客户。

"大客户"中的"大"不仅指客户规模或实力的大小，更指给企业带来的贡献。如果某一客户对企业的利润贡献在企业销售利润中占的比重较大，尽管该客户规模不如其他客户大，但是对该企业来说，它也称得上是大客户。

2. 大客户的内涵

我们应从以下几个方面来理解大客户：

（1）大客户是一个相对的概念，大客户是相对于大量的中小客户而言的。根据客户对企业的销售量（销售收入）或利润贡献来对企业客户进行分级分类时，可以将企业客户分为重要客户、次要客户、普通客户、小客户（如图1-1所示）。

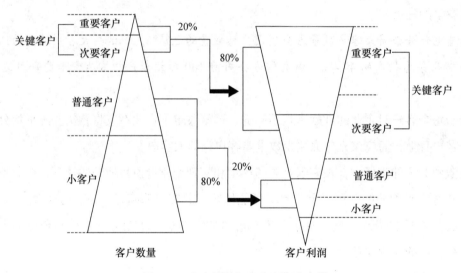

图1-1　客户数量与客户利润金字塔

其中，重要客户和次要客户合称为关键客户，也就是企业的大客户，它是企业客户中的一部分。大客户数量虽然占企业客户总数量的一小部分，但是给企业贡献了大部分的利润。

（2）并非所有的客户都是平等的。在市场营销概念中，我们说客户天生是平等的，这是针对面向大众消费者、提供标准化服务而言的。从大客户的角度来说，由于大客户是企业的重要客户，所以企业必须根据大客户的需求和价值提供定制化的服务，满足大客户的需求。因此，企业向大客户提供的是个性化的服务，和其他客户享受到的服务是不一样的。

（3）大客户是变动的。从发展的角度看，大客户不会是永远的大客户，其客户价值和重要性会随着环境的变化而变化。现有的大客户是从中小客户发展而来的，目前的中小客户将来很可能会成为企业的大客户，而现有的大客户可能因各种因素导致其价值发生变化而成为普通客户。

3. 大客户的特征

总体来看，大客户一般具有以下特征。

（1）产生业务量大或利润高。

一般来说，大客户经营规模较大，对企业产品或服务的需求量大。大客户与企业签署长期的供应合同，会给企业带来业务大订单，产生较大的销售收入。但是，企业也不能单纯地把需求量大、重复采购的客户都视为大客户，而忽略客户为企业带来的利润和业绩贡献。大客户一般会给企业带来较高的利润。采购量大，但是给企业带来的利润率很低的客户，不一定能给企业提供较多利润和贡献，也不一定是企业的大客户。

（2）服务要求高。

对于一般的消费者来说，只要企业提供的产品能够正常使用，能够基本满足自己的需求就行，有时甚至不要求形式产品以外的任何服务。但是，大客户的服务要求相对比较高，涉及面也广，如企业解决客户问题的能力方面的要求，包括财务、供货、运输、市场开发、售后服务以及长期合作的信誉等方面。另外，不同客户的需求是不同的，需要企业提供个性化的、全方位的问题解决方案，这也会给企业带来产品或服务的创新机会。

某航空公司购买了波音公司的一批民航客机。在使用过程中，如果航空公司发现飞机某个地方出了小问题，就会给波音公司打电话，波音公司就要在第一时间派技术人员赶到现场，在几个小时之内解决问题。波音公司为了满足航空公司的需求，甚至在产品设计阶段，就设计了各种应对的方案，使得任何微小故障都不能造成飞机的安全隐患。

（3）具有长期维持的价值。

大客户采购频繁，采购工作管理规范，需求相对比较稳定，所以大客户希望供应渠道相对稳定。因此，出于长远考虑，大客户在采购时，更倾向于寻求与供应商长期合作。而通过与大客户长期合作，企业也会获得较高的客户价值，这种合作能达到双赢。

由于电脑市场竞争激烈，某电脑代理商和某研究院签订的150台电脑销售合同，几乎没有利润可言。但是该电脑代理商仍然为客户提供了良好的服务，获得了客户的好评。在后期，该电脑代理商得到了该研究院局域网建设项目的合同，取得了相对可观的利润。

二、大客户分类

1. 按照大客户的性质划分

按照大客户的性质不同，大客户可以分为经济型大客户、重要型大客户、潜在型大客户等。

经济型大客户是指对企业产品或服务使用量大、使用频率高、购买量大的客户。经济型大客户为企业带来大量的收入和资金，保证企业生存和发展的资金需求。经济型大客户最关注的是企业的产品或服务，要求企业能够提供满足其需求的产品或服务。不同的企业划定经济型大客户的标准不同，如某银行私人银行的服务对象是投资资产600万元（含）以上的高资产净值客户。

重要型大客户是指国家或地方党政军、公检法、文教卫生、新闻等对企业的外部环境有重要影响的相关管理部门。重要型大客户具有特殊地位，会给企业带来较大的影响，受到企业的广泛关注。企业面对重要型大客户时一定要做好客户维护工作。

潜在型大客户是指经市场调查、预测分析，由于客户生产经营规模扩大或者费用预算增加，未来对企业产品或服务具有较大需求的客户。

2. 按照大客户的状态划分

按照大客户所处的状态不同，大客户可以分为现有大客户和潜在大客户。

现有大客户是指已经购买企业产品或服务或者已经与企业合作且对企业来说价值较高的重要客户。潜在大客户是指对企业产品或服务需求具有较大增长空间的普通客户，或具备购买能力的待开发大客户。企业的现有大客户与潜在大客户之间是相互联系的，当潜在大客户给企业带来较高价值时，就成为企业的现有大客户。对企业来说，现有大客户和潜在大客户是有较大区别的（如表1-1所示）。

表 1-1　现有大客户与潜在大客户的区别

项目	现有大客户	潜在大客户
市场竞争	企业客户资源，管理的重点是维护	非常激烈，是业务竞争的主要对象
组成范围	至少发生过一次交易的重要客户	没发生过交易或发生交易价值不高
数量	数量有限	数量相对较多
地位和作用	企业利润的基础来源	具有市场发展的空间
风险和成本	风险较小，维护成本相对较低	风险较大，开发新客户的成本高

3. 按照大客户合作范围划分

按照大客户业务合作范围的不同，大客户可以分为综合大客户和专业大客户。

综合大客户是指对企业产品或服务呈多样性需求，针对企业两种或两种以上的产品或服务进行合作的大客户。

某汽车制造集团作为邮政企业的综合大客户，在其新产品宣传方面使用了中国邮政的函件、贺卡等业务，在物流方面又使用了中国邮政的物流、仓储等一体化物流服务。该客户就是中国邮政的综合大客户。

专业大客户是指对企业某一种产品或服务呈单一性需求的大客户。也就是说，此类大客户只使用了企业的某一产品或服务。

某股份制银行目前只与邮政企业合作了账单寄递业务，成为邮政函件业务的专业大客户。

4. 按照大客户所处的合作阶段划分

按照大客户所处合作阶段的不同，大客户可以分为普通大客户、伙伴式大客户、战略性大客户。

普通大客户是指与企业在产品或服务方面实现初步合作或者建立基本信任关系的大客户。此类大客户处于企业与大客户合作的初期阶段，主要关注点在产品、服务和价格方面。

伙伴式大客户是指与企业建立长期的、稳定的合作关系的大客户。此类大客户处于企业与大客户合作的发展阶段。在该阶段，企业与大客户之间的交易频繁，复杂程度较高；合作重点从产品或服务转向社会和环境协调方面，双方需要更深层次的了解；在该阶段，双方采用多层次沟通，实现信息共享，通过合作协议来约束双方，以降低彼此成本、实现共赢。

战略性大客户是指与企业实现信息共享，充分合作，建立了统一战略发展合作关系，以增加共同市场价值的大客户。该阶段是企业与大客户合作的最高阶段，双方不同部门之间会成立联合小组，包括产品研发联合小组、财务联合小组、市场营销联合小组、董事会联合会议等渗透性的合作关系，实现企业与大客户的信息充分共享，双方共同制定业务战略，实现共同发展。

5. 按照大客户所处的行业划分

企业根据自身经营方向和发展的重点，将现有大客户或准大客户按照其所处的行业进行划分，由于同行业内的大客户需求更具有相似性，这样划分可以使企业的大客户开发与管理工作更加高效。

按照大客户所处的行业，企业可以把大客户划分为不同行业类型的大客户。

某电信企业将大客户按行业划分为12类，分别是：金融业，旅游、饭店、娱乐服务业，党政军部门，批发和零售贸易，房地产业，交通运输、仓储业，电信运营业，通信、电子设备制造和计算应用服务业，采掘业，公共服务业，科教文卫，其他行业等。这样划分有利于企业针对不同的行业展开个性化的营销和提供专业化、差异化的服务。

大客户市场按行业划分是一个非常简单、有效的划分方法，许多企业都采用按照行业来细分大客户方法。同行业的大客户一般在经济环境、市场需求、目标消费者等方面具有一定的相似性，面临的问题具有一定的共性。企业在满足同行业大客户需求方面提供的产品或服务等具有同质性，开发同行业内的大客户的方法和思路是可以互相借鉴的。

6. 按照大客户价值大小和发展潜力划分

这种划分方法主要是从大客户全部预算费用和大客户给企业带来的相对业务收入两个方面对大客户进行分析并划分的。一般来说，可以把大客户分为四类（如图1-2所示）：

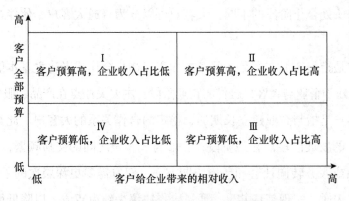

图1-2　按照大客户价值大小和发展潜力分类

（1）高潜力价值大客户（Ⅰ）。这类大客户年度预算费用高，企业收入占客户预算的比例较低。这类大客户具有较高的潜力价值。

（2）高价值重要大客户（Ⅱ）。这类大客户年度预算费用高，企业收入占客户预算的比例也高。这类大客户的现有价值最高，但是可挖掘的潜力价值不是很大。

（3）一般价值重要大客户（Ⅲ）。这类大客户年度预算费用不是很高，企业收入占客户预算的比例较高。这类大客户的现有价值一般，可挖掘的潜力价值也不是很大。

（4）一般潜力价值大客户（Ⅳ）。这类大客户年度预算费用不是很高，同时企业收入占客户预算的比例也不是很高。这类大客户的现有价值较低，但可挖掘的潜力价值相对较大。

这种按大客户价值大小和发展潜力分类的方法，能够给企业大客户开发与管理工作提供思路，企业可针对不同类型的大客户采取不同的开发与管理策略。

第二节　大客户营销产生的背景

一、大客户营销的理论背景

20 世纪 50 年代以来，以美国市场营销理论为代表的西方市场营销理论不断发展，从 4P 市场营销理论到 6P 大市场营销理论，到注重以消费者需求为导向的 4C 市场营销理论，这些理论对市场发展起到了一定的推动作用，但是仍然有不足。

（1）这些理论是以产品或者客户为导向，而市场经济是以竞争为导向的。客户导向与市场竞争导向的本质区别是：前者看到的是新的客户需求；后者不仅看到了需求，更多地注意到了竞争对手，分析自身在竞争中的优劣势并采取相应的策略，以求在竞争中发展。目前，中国市场已经转向了市场竞争导向阶段，在市场化程度较高的行业，客户竞争相当激烈，企业急需要新的营销理念来指导营销工作。

（2）这些理论没有体现与客户建立长期稳定合作关系的营销思想，没有解决满足客户需求的操作性问题，如提供针对企业具体问题的整体解决方案、快速响应等。

（3）这些理论只是被动地适应客户需求。根据市场竞争的发展，企业需要主动的新型营销方式，以从更高层次以更有效的方式与客户建立起新型关系。

20 世纪末，在市场竞争快速发展和企业经营管理水平提升的背景下，基于 4R 营销理论、关系营销理论、客户关系管理理论、一对一营销等市场营销新理论产生了大客户营销理论。

1. 4R 营销理论

4R 营销理论是由美国整合营销传播理论的鼻祖唐·舒尔茨在 4C 营销理论的基础上提出的。4R 分别指 Relevance（关联）、Reaction（反应）、Relationship（关系）和 Reward（回报）。该营销理论认为，随着市场的发展，企业需要从更高层次上，以更有效的方式与客户建立起有别于传统的新型的主动性关系。

兼客户导向与竞争导向的新营销组合 4R 营销理论中，客户的需求逐渐成为企业营销关注的重点。企业在关注客户需求的过程中修炼自身，从而实现企业的价值最大化。4R 营销理论的主要内容包括：

（1）Relevance（关联）指紧密联系客户。企业必须通过某些有效的方式在业务、需求等方面与客户建立关联，形成一种互助、互求、互需的关系，把客户与企业联系在一起，减少客户的流失，提高客户的忠诚度，赢得长期而稳定的市场。

（2）Reaction（反应）指提高对市场的反应速度。一些企业倾向于说给客户听，却往往忽略了倾听的重要性。对企业来说，最现实的问题不在于如何制订、实施计划和控制，而在于如何及时地倾听客户的希望、渴望和需求，并快速做出反应来满足客户的需求。

（3）Relationship（关系）指重视与客户的互动关系。该营销理论认为，如今抢占市场的关键已转变为与客户建立长期而稳固的关系。企业需要建立起和客户的互动关系，而沟通是建立这种互动关系的重要手段。

（4）Reward（回报）是营销的源泉。营销目标必须要注重产出，注重企业在营销活动中的回报，所以企业要满足客户需求，为客户提供价值，不能做无用的事情。一方面，回报是维持市场关系的必要条件；另一方面，追求回报是营销发展的动力，营销的最终价值在于它是否能给企业带来短期或长期的收入。

4R 营销理论具有以下特点：

（1）4R 营销以竞争为导向，提出了营销新思路。

根据市场竞争日趋激烈的形势，4R 营销着眼于企业与客户建立互动与双赢的关系，企业不仅要积极地满足客户的需求，而且应主动地创造需求，通过关联、关系、反应等形式建立与客户独特的关系，把企业与客户联系在一起，形成了独特的竞争优势。

（2）4R 营销真正体现并落实了关系营销的思想。

4R 营销提出了如何建立关系，如何长期拥有客户及保证长期利益的具体操作方式，这是关系营销史上的一个很大的进步。

（3）4R 营销是实现互动与双赢的保证。

4R 营销的反应机制为建立企业与客户关联、互动与双赢的关系提供了基础和保证，同时也延伸和升华了营销便利性。

（4）4R 营销的回报使企业兼顾成本和双赢两方面的内容。

为了追求利润，企业必然实施低成本战略，充分考虑客户愿意支付的成本，实现成本的最小化，并在此基础上获得更多的客户份额，实现规模效益。这样一来，企业为客户提供的产品和追求回报就会最终融合，相互促进，从而达到双赢的目的。

4R 营销理论同其他营销理论一样，也有其不足和缺陷。如企业要想与客户建立关联、关系，需要企业具备实力基础或某些特殊条件，并不是任何企业都可以轻易做到的。但不管怎样，4R 营销提供了很好的思路，是经营者和营销人员应该了解和掌握的。

2. 关系营销理论

20 世纪 80 年代，西方企业界和学术界一批颇具发展眼光的人士大胆地突破传统的市场营销框架的桎梏，积极寻求和创建适应当代企业竞争要求的营销理论和方法，一些颇有见地和创新的市场营销理论应运而生，关系营销便是其中的佼佼者。

（1）对关系营销的理解有广义和狭义两种。

广义的关系营销是指企业通过识别、获得、建立、维护和增进与客户及其利益相关人员的关系，通过诚实的交换和可信赖的服务，与包括客户、供应商、分销商、竞争对手、银行、政府及内部员工的各种部门和组织，建立一种长期稳定的、相互信任的、互惠互利的关系，以使各方的目标在关系营销过程中得以实现。狭义的关系营销是指企业与客户之间的关系营销，其本质特征是企业与客户间双向的信息交流，是以企业与客户间的合作与协同为基础的战略过程，是双方以互惠互利为目标的关系营销活动，是利用控制与反馈的手段不断完善产品或服务的管理系统。

本书所说的关系营销，是指把营销活动看成一个企业与消费者、供应商、分销商、竞争者、政府机构及其他公众发生互动的过程，其核心是建立和发展与这些公众的良好关系。

（2）对照传统营销，有助于我们理解关系营销。

传统营销对关系的理解仅限于向客户出售产品，完成交易，把客户看作产品的最终使用者。传统营销是以交易为中心的。关系营销把客户看作有着多重利益关系、多重需求以及存在潜在价值的人。关系营销以关系为中心，把客户维系视为发展战略，认为企业应有长远的观念，应该持续与客户进行沟通，为客户提供利益，尽全力为客户服务，希望全体员工为客户提供服务并保证服务质量。关系的内涵发展为不断发现和满足客户的需求，帮助客户实现和扩大其价值，并建立一种长期的良好的关系基础。

关系营销与传统营销的区别在于：传统营销以交易为中心，侧重于单纯销售、产品特征、战术手段及有限承诺等，认为给客户提供产品或服务是某个部门的事；关系营销则以关系为中心，把客户维系视为战略，认为企业应该持续与客户进行沟通，为客户提供服务并保证服务质量，满足客户需求。

这样，营销被重新定义为建立和维系客户关系，战略意图和共同价值观成为产品或服务的一部分。这种新观念的基本要求是维持与客户的长期关系，提高客户盈利能力。

3. 客户关系管理理论

美国高德纳咨询公司（Gartner）将客户关系管理（Customer Relationship Management，CRM）定义为：通过围绕客户细分来组织企业满足客户需求的行为，并通过加强客户与企业之间的联系等手段，来提高盈利、收入和客户满意度的遍及整个企业的商业策略。客户关系管理是一个不断加强与客户交流，不断了解客户需求，并不断对产品或服务进行改进和提高，以满足客户需求的连续的过程。

对客户关系管理的重视来源于企业对客户长期管理的观念，这种观念认为客户是企业最重要的资产。客户关系管理相关理论是大客户管理思想的渊源，是理解大客户营销的基础。大客户管理思想的形成和发展是企业客户关系管理理论发展到一定阶段而必然产生的。

客户关系管理注重企业与客户的交流。企业的经营以客户为中心，而不是传统的以产品或市场为中心。为方便与客户沟通，客户关系管理可以为客户提供多种交流渠道。其内涵是企业利用信息技术和互联网技术，实现对客户的整合营销，是以客户为核心的企业营销的技术实现和管理实现。这种观念认为客户是企业最重要的资源，并且企业的信息支持系统必须在给客户以信息自主权的要求下发展。

成功的客户自主权将产生竞争优势，并通过提高客户忠诚度最终提高企业的利润率。大客户营销的重点从关注客户需求进一步转移到客户保持上，并且保证企业把适当的时间、资金和管理资源直接集中在这两个关键任务上。

4. 一对一营销

一对一营销亦称"1to1营销"，是企业通过与客户互动沟通，准确地记录并预测每个客户的具体需求，从而为每个客户提供具有针对性的个性化方案。一对一营销把企业对单个客户的关注推到了极致，它的目标是提升整体的客户忠诚度，并使客户的终身价值达到最大化。

传统营销是从产品的角度进行经营，一次关注一种产品或服务，满足一种基本的客户需求，尽可能多地从市场挖掘具有这种需求的客户。而一对一营销，不是一次关注一种需求，而是一次关注一个客户，并尽可能多地满足该客户的需求。

实行传统营销的企业的成功方向是赢得更多的客户，而实行一对一营销的企业的成功方向是更长久地留住客户。一对一营销不只关注市场占有率，还尽量使每一位客户增加购买额，也就是在一对一的基础上提升每一位客户的价值。一对一营销要求营销人员面对客户时不仅要时刻保持态度热情，更重要的是它要求营销人员能识别、追踪、记录并最终能满足客户的个性化需求。

所以，一对一营销的基础是企业与客户建立起一种新型的学习关系，即通过与客户的一次次接触，不断增加对客户及其需求的了解，生产和提供完全符合单个客户特定需求的个性化产品或服务。

一对一营销也有其不利的一面：① 一对一营销将每一位客户视为一个单独的细分市场，可使企业更好地服务于客户，但这也将导致市场营销工作的复杂化、经营成本的增加以及经营风险的加大；② 由于技术的进步和信息的快速传播，产品差异日趋淡化，产品或服务独特性的长期维护工作因而变得越来越困难。但这正是大客户营销的核心所在，即为客户提供独特的、个性化的满足客户需求的产品或服务，同时企业获得相应的回报。

在一对一营销理念下，企业可以采用的销售策略主要有以下两种：

交叉销售（Cross Selling），即向一位客户销售多种相关的产品或服务，这一位客户必须是企业能够追踪并了解的客户。这里的相关因素可以有多种，如销售场地相关、品牌相关等。

向上销售（Up Selling），即向客户销售某一特定产品或服务的升级品、附加品，或者其他用以加强其原有功能或者用途的产品或服务。这种特定产品或服务必须具有可延展性，具有加强或者升级的作用。

回顾营销理论发展史，我们不难发现，大客户营销理论既是营销理论发展的现实需要，也是营销理论发展的历史必然。

二、大客户营销的社会背景

社会经济的发展和市场经济的不断完善，带来了市场消费需求的不断发展和变化，也给企业带来了新的经营管理理念。

1. 客户需求的变化

社会生产力的发展和供需平衡的不断变化，最终消费者的价值选择的取向也相应地发生了变化，这种变化为我们理解客户地位的变迁、客户经济时代的来临提供了思路。消费者的价值选择取向经历了三个阶段。

第一阶段是"理性消费时代"。这一消费时代的特征是：社会物质尚不充裕，人们的生活水平较低，恩格尔系数较高；消费者的消费行为是相当理智的，不但重视价格，而且重视质量；消费者的价值选择是物美价廉。此时，消费者的选择标准是"好"与"差"。

第二阶段是"感性消费时代"。这一消费时代特征是：社会物质开始丰富起来，恩格尔系数下降，人们的生活水平逐步提高；消费者的价值选择不仅是经久耐用和物美价廉，而且开始关注产品形象、品牌、设计和使用的方便性等。消费者的选择标准是"喜欢"和"不喜欢"。

第三阶段是"感觉消费时代"。这一消费时代的特征是：随着科技的飞速发展和社会的不断进步，人们的生活水平大大提高；消费者越来越重视心理上的充实和满足，更加追求在商品购买与消费过程中心理上的满足感。在这一时代，消费者的价值选择标准是"满意"与"不满意"。

由此可以看出，客户经济时代下，消费者的价值选择标准是满意与否，客户满意成为企业客户管理工作关注的焦点，个性化的产品、服务及解决方案成为满足客户价值选择的"出路"。

2. 企业经营管理理念的发展

目前，企业经营管理观念大致经历了五个阶段：即产值中心论、销售额中心论、利润中心论、客户中心论和客户满意中心论。

产值中心论：市场处于卖方环境下，产品供不应求，销售基本不存在竞争，只要能生产出来就能卖掉。

销售额中心论：随着工业化发展，生产能力不断加大，产品开始卖不出去，那么企业就无法实现资本循环，这样就出现以销售为中心的销售额中心论。

利润中心论：企业要提高市场占有率，一方面要提高产品质量，另一方面又要强化促销，这样就会增加大量的成本，企业在单纯追求销售额的同时，利润反而下降了，所以就出现了在各环节减少生产成本和压缩费用，以实现利润的最大化（表现在降工资、压缩管理费用、控制原材料甚至偷工减料的现象，但大家知道，成本都是各种资源构成的，不可能无限制地削减）。

客户中心论：在无法通过削减成本达到企业渴求的利润时，企业就将目光转向外部客户，于是就出现了以客户为中心的管理观念。一是通过客户的数量增加来实现利润增加，二是通过提高每个客户的贡献来提高企业利润。

客户满意中心论：市场是动态的，双向选择的，要提高每个客户的利润贡献就必须使客户满意，客户满意成了企业效益的源泉，这样客户满意程度就成为当今企业管理的中心和基本观念，形成了客户满意中心论。

目前，我们已经步入如客户中心论、客户满意中心论的感情消费时代。客户成为企业最为重要的资源之一，只有掌握客户的需求趋势、加强与客户的关系、有效发掘和管理客户资源，企业才能在日益激烈的市场竞争中获得优势。

通过大客户营销理论产生的社会背景和理论背景学习，了解营销理论的发展和社会环境发展的关系，了解我国社会经济的快速发展现状，充分认识我国在世界经济发展中的重要地位，在全球经济发展中越来越重要的影响力。

第三节　大客户营销与市场营销

一、大客户营销的含义与特征

1. 大客户营销的含义

大客户营销（Key Account Marketing，KAM）就是围绕大客户展开的营销管理活动。其营销目的就是建立企业的大客户资源库，维护长久的大客户稳定，并通过企业与大客户之间的信息互动，形成并提高大客户对企业的忠诚，达到大客户满意和忠诚。

大客户营销是通过科技创新、产品服务创新、营销组合等提高产品的附加值，其目的只有一个，那就是"为客户提供持续的、个性化的产品或服务"，以此来满足客户的特定需求，从而建立长期稳定的大客户关系。

大客户营销通过企业与客户之间的信息沟通，打破了企业和客户之间的"信息不对称"，达到减少交易成本的目的，从而以最小的营销成本有针对性地开展营销活动。大客户营销包括大客户开发、大客户维护和大客户管理等内容。

2. 大客户营销的特征

面向大客户的营销是针对大客户的问题提供解决方案的营销，而不是单纯地销售产品。与一般销售活动相比，大客户营销具有明显的特征。

（1）营销过程复杂。

和传统营销相比，大客户营销过程复杂，从前期的市场调研、线索获取、商机确认、客户调研、制订方案、签订协议等，到方案实施、客户管理与维护等。

大客户采购是由大客户的使用者、技术专家、采购者、决策者等组成招标小组（采购委员会），经过调研、分析、立项、选购、投标、测试、采购等，人员关系非常复杂，流程更加复杂。针对大客户不同的决策者，不同的采购环节，企业都要进行相关的大客户营销活动，不只是为客户提供一个满意的服务方案就可以了。

（2）需要专业的营销团队。

大客户营销涉及大客户的多个部门，如采购部门、财务部门、技术部门、生产部门、仓储运输部门等，所以大客户采购的决策者是一个决策团队，同时，大客户采购一般属于集中采购，采购人员多是行业专业人士，对产品或服务要求较高，对专业品质要求严格，并要求服务及时、周到和全面。所以，企业开发大客户，要从不同方面提供支撑服务，同时要有效整合企业内外部资源，强调企业整体的服务能力；要制定个性化的专业服务策略，强调和突出企业的技术创新能力、综合服务能力，这就需要企业多个部门合作。因此，企业开发大客户时，需要组建一个营销团队。

大客户营销是对客户存在的问题进行分析的基础上，有针对性地提出个性化的问题解决方案。这需要营销人员了解客户所处行业的运营及发展趋势，具有较强的解决问题的专业技能。

（3）营销周期长。

由于大客户营销项目投资较大，过程处理复杂，可能出现多阶段、多次讨论和沟通过程，所以营销周期一般都较长，通常会在 3 ～ 12 个月成交，甚至有些项目可能是跨年度的。大客户营销要求企业与客户建立长期的稳定合作，更深层次地发展客户关系，通过销售订单的稳定来源保证获得稳定的收益。

（4）行业需求具有相似性。

同一行业内的大客户面临的市场环境基本相似，业务及市场需求基本一致，所以同一行业内大客户的一般需求表现出相似性。因此，企业在某一行业开发不同的大客户时，相关的开发工作具有一定的关联性，可以相互借鉴或者相互影响。大部分企业的大客户市场开发工作是按照行业进行划分的，由一个专业的营销团队负责开发同一行业的大客户，这样可以更好地研究和熟悉该行业的市场环境和客户需求，更好地设计大客户开发策略。

在电信企业的大客户营销中，不同行业的大客户的数据为：金融业类大客户租用电路的费用达到了其整体通信费用的 52%，而党政军类大客户的本地和长途通话费用各占其整体通信费用的 48%、35%，科教文卫类大客户的本地通话费用占其整体通信费用的 66%。各类大客户的消费重点存在很大差异，行业内部具有相似性，呈现出明显的行业差别。

二、大客户营销与市场营销的关系

大客户营销是市场营销的一部分，是市场营销发展的新阶段。

（1）大客户营销理论是市场营销理论的组成部分。

大客户营销是针对企业重要客户采用的一对一的营销，它是以市场营销基本理论为基础的，仍然遵循现代市场营销的基本原则。同时，大客户营销理论本身也是市场营销理论的一部分，它离不开市场营销基本理论。

（2）大客户营销工作是市场营销工作的内容之一。

根据 80/20 法则，大客户营销工作就是针对 20% 的重要客户进行营销活动，它是相对于一般消费者营销工作而言的，是企业市场营销工作的组成部分。在企业实际工作中，大客户营销部门也是市场营销部门的一部分，大客户营销工作是企业营销工作的重要组成部分。

（3）大客户营销是市场营销发展的新阶段。

大客户营销是在市场营销相关理论的基础上发展而来的，它是市场经济发展到成熟阶段，在市场竞争日益激烈环境下，企业为了追求经营效益最大化而采用的营销方式。只有在现阶段的市场环境下，才会因需要适应环境变化而产生这一新的营销理论，它是市场营销理论新的发展阶段。

第四节　大客户营销的作用和意义

一、大客户营销的作用

大客户是对企业具有战略意义的客户，做好大客户营销工作对于企业盈利具有重要的意义。

（1）使企业获取稳定的销售订单。

20% 客户带来企业 80% 的业务。从企业的角度来看，80% 的收益来自只占其客户总数 20% 的大客户，而数量众多的中小客户所带来的收益却只占其营业收益的 20%。当然，根据企业的具体经营范围和特点的不同，这个数字有所差异。但总体来看，企业做好大客户营销工作对企业业务的稳定发展具有重要作用。

（2）具有品牌宣传和辐射效应。

由于大客户在其行业内影响力大，如果企业和这些客户建立良好的合作关系，这些客户就自然而然地成为企业产品品牌的推荐者，而且其推荐比企业自身的推销更有说服力。

从客户所在行业看，每个行业中都有一些领军企业，这些领军企业的需求占该行业整体需求的大部分，而这些领军企业也是被大多数企业竞争的大客户。如果这些领军企业在需求上发生大的变化，很可能将直接影响其所在的行业市场的整体走势。而企业对这些领军企业的成功开发经验将起到带动作用，进而辐射到领军企业所处整个行业的客户。

在某公司现有的 96 个客户中，有近 30 个客户是通过老客户和大客户推荐而与之建立合作关系的。正是有了这些大客户的大力推介，口碑营销，该公司的品牌美誉度达到了业内公认的高度。

（3）有利于提高市场占有率。

大多数大客户的自身组织体系复杂，覆盖地理区域广，业务种类丰富，这使得大客户的需求必然是一个整体的、稳定的和持续性的，不似中小客户需求具有零散性和相对独立性。同时，大客户采购投入数额可观，因此发展大客户不仅仅是整体提升销售业绩的最佳选择，更是提高市场占有率的有效途径。

（4）促使企业不断创新。

大客户通常规模大、技术和管理水平高，是行业内新产品和新技术的最早尝试者和引导者。由于大客户管理规范、对产品或服务质量要求严格，对企业的生产体系和质量保证体系的要求标准较高，企业在满足大客户需求的同时，也能不断提高自身的管理水平和产品、技术的创新能力。

大客户营销更加重视企业内外部资源的整合运用，要求企业将市场营销、生产研发、技术支持、财务金融等内部经营管理要素与用来满足客户需求的企业外部资源相结合，实现内部资源管理和外部资源管理的有机结合，保持不断的创新。

（5）有利于维护企业的市场秩序。

企业可建立一套规范的大客户管理制度，对市场进行有效监管，从而维护企业市场销售秩序。

二、大客户营销的意义

对企业来说，大客户营销的意义主要表现在以下几个方面。

（1）大客户营销是企业生存和发展的保证。

一个企业要发展，必须有相当的利润作为支持。而与大客户建立起来的良好关系，可以使企业有一个稳定的业务基础，大客户对于企业完成销售目标是十分重要的。虽然大客户的数量较少，但在企业的整体业务中处于举足轻重的地位，对企业未来的业务发展也有着巨大影响。大客户营销可以保证企业的利润有一个持续稳定的发展趋势。

某公司的 30 家年度合同量超百吨的客户中，有 16 家具有国企或集体企业背景，其余客户多为优秀的民营企业。该公司年度合同量排名前 5 位的客户多年来分别为该公司贡献年均 500 吨以上的合同。这些企业与该公司的合作年限超过 2 年，最长的达到 24 年，合作关系良好，属于该公司珍贵的市场资源，是该公司维持正常生产经营、实现利润目标的最根本保证。

（2）大客户是企业发展的重要资产。

大客户是企业发展的重要资产，当客户这种独特的资产与其他资产发生利益冲突时，企业应当首先留住客户资产。只要不断给予客户足够的满意，客户资产就能够为企业的长远发展提供保证。企业可以通过实施大客户导向的营销战略，进一步优化客户资源管理，实现客户价值最大化。

（3）大客户营销可以实现企业与大客户的双赢。

在传统的市场竞争中，往往会形成一种以企业本身利益最大化为目标的企业文化，这种企业文化能够使企业各项资源围绕如何获取更多利润而展开，在很长一段时间内促进了企业的发展。但在这一思想指导下，企业为了获取更多的利润，可能会不自觉地损害客户利益，导致客户满意度和忠诚度的降低。

在以大客户为导向的经营战略指导下，企业与选定的目标大客户建立长期战略合作伙伴关系，双方出于对整个市场的预期和企业总体经营目标、经营风险的考虑，为达到共同拥有市场、共同使用资源和增强竞争优势等目的，通过各种方式结成优势互补、共担风险的组织，以谋求供需双方长期利益最大化。从作为重要资产的大客户的角度出发，企业更加重视客户满意、客户忠诚和客户保留。企业在与大客户建立稳定的合作关系的基础上，为大客户创造价值的同时，企业也能获得较大的利润，真正实现大客户和企业的双赢。

（4）大客户营销是企业持续发展的重要动力来源。

每个企业都希望基业长青，但只有那些拥有市场并不断得到客户理解与支持的企业，才能得到长期发展的基础和条件。企业可以通过业务合作、资源共享、利益共享与大客户建立稳定的关系，增强自身的竞争力，保证企业的健康良性发展。相比其他企业，拥有大客户的企业更具发展潜力，并能给企业提供长期优势资源，而这正是企业持续发展不可缺少的条件。所以，企业应与大客户建立良好的营销关系，从而提高自己的竞争地位，获得稳定的市场份额，保持稳定持续的发展。

总结与实践

本章主要讲述了大客户的含义、特征及分类；大客户营销产生的理论背景及社会背景；大客户营销的含义、特征，大客户营销与市场营销的关系；大客户营销的作用和意义。

1. 在现代市场竞争中，各行业产品或服务同质化现象越演越烈，产品价格竞争也越来越激烈。企业如何避开价格战，寻找发展的新市场？

2. 在激烈的市场竞争中，企业都在争抢客户，所以大客户也越来越挑剔，企业的客户维护客户的成本越来越高，常常感到"食之无味，弃之可惜"。那么，企业到底是选择维护还是放弃呢？

3. 许多企业都遇到过这样的情况："大生意"所创造的利润少得可怜，甚至赔本。这就是企业经营人员常说的"大客户营销获量，中小客户营销获利"，这与企业的长期发展战略是否一致？这样的大客户企业还需要吗？

4. 如何理解"客户天生是不平等的"？

一、单选题

1. 下面关于大客户的说法，不正确的是（　　　）。

    A. 规模大的客户　　　　　　　　B. 对企业具有战略意义的客户

    C. 大客户是一个相对的概念　　　D. 大客户是对企业最具价值的客户

2. 消费者购买产品时非常关注品牌和形象，这时消费者的价值选择是（　　　）。

    A. 理性消费　　　　　　　　　　B. 感情消费

    C. 感性消费　　　　　　　　　　D. 名牌消费

3. 从大客户的性质看，对企业产品或服务使用量大、使用频率高、购买量大的客户是（　　　）。

    A. 潜在型大客户　　　　　　　　B. 重要型大客户

    C. 经济型大客户　　　　　　　　D. 战略型大客户

4.（　　）把营销活动看作一个企业与客户、供应商、分销商、竞争者、政府机构及其他公众发生互动作用的过程，其核心是建立和发展与这些公众的良好关系。

    A.大客户营销　　　　　　　　B.市场营销

    C.体验营销　　　　　　　　　D.关系营销

5.根据邮政企业发展战略，地方公检法等国家重要部门属于（　　）。

    A.合作伙伴　　　　　　　　　B.用邮大户

    C.潜在客户　　　　　　　　　D.重要客户

二、多选题

1.广义的大客户包括企业的（　　）。

    A.供应商　　　　　　　　　　B.中间商

    C.经济大客户　　　　　　　　D.政府相关管理部门

2.大客户的特征包括（　　）。

    A.产生业务量大、利润高　　　B.服务要求高

    C.需要标准化的服务　　　　　D.具有长期维持的价值

3.按客户所处的状态，大客户可分为（　　）。

    A.现有大客户　　　　　　　　B.综合大客户

    C.潜在大客户　　　　　　　　D.专业大客户

4.大客户营销的特征包括（　　）。

    A.营销过程复杂　　　　　　　B.需要专业的营销团队

    C.营销周期长　　　　　　　　D.行业需求特征具有相似性

5.邮政企业的钻石客户包括（　　）。

    A.年用邮金额100万元（含）以上的大客户

    B.以集团公司名义签约的全网性大客户

    C.国家级党政军机关等重要客户

    D.年用邮金额500万元（含）以上的大客户

三、判断题

1.大客户营销是以交易为中心的。（　　）

2.感觉消费时代消费者的价值选择标准是"喜欢"和"不喜欢"。（　　）

3.使用了企业两个以上业务的大客户是专业大客户。（　　）

4.规模大的客户就是大客户。（　　）

5.大客户营销是企业市场营销工作的一部分。（　　）

四、案例分析

差异化的大客户开发策略

某公司是一家钢铁制造有限公司，针对大客户采用差异化的开发策略。下面有三个不同的大客户分别对该公司提出了合作需求。

A客户是本省某制造企业，提出需要购买一批××规格型号的产品，数量是5万个。目前已经有两家国内企业和一个跨国企业对A客户进行报价。因为想获得更多的选择，所以A客户向该公司咨询最低报价，并提出将在一周内做出采购的最终决策。

B客户是国内某制造集团企业，其采购期一般是5～8个月。B客户提出需要咨询关于××产品的信息，并提出需要了解该公司在产品安装和使用过程中提供的服务和指导，希望该公司能够提供一套关于如何选择、如何使用、保养其设备的服务方案。

C客户是一家大型汽车制造企业，提出需要进行部分零件的外包。这样，C客户可以专注核心技术设备的生产，以提升企业产品品质和产量，并提出希望与该公司在产品方面形成补充，最好高层之间能达成协议等。

当该钢铁制造有限公司销售部门接收到这三个不同客户咨询时，如何才能进行有效应对，以促成销售呢？首先需要进行客户需求分析，然后根据客户具体需求针对性地设计开发策略。

A客户是直接性进行最低价格的问询，属于经济型大客户。这类客户最注重的是产品价格。所以，该公司首先要尽快判断出竞争对手报价，再根据自身的情况，给出让客户满意的价格。

B客户表明了对产品服务和相关指导的关注，对该公司销售有较多要求，这些要求表明其确实很想合作，属于伙伴型大客户。与这类客户合作，该公司开始也许只是获得一些小单，但是只要服务策略得当，可以通过不断满足客户需求，逐步建立信任，那么就能与B客户形成战略伙伴关系。

C客户很明显地表明了合作意向，属于战略型大客户，提出希望与该公司合作，实现资源共享。面对这样的机会，该公司必须认真审视，做好每一步准备。因为这类客户可能会给该公司带来可观的收益。

这就是该公司针对不同大客户的差异化开发策略。

请问：该钢铁制造有限公司为什么要实施差异化的大客户开发策略？

第二章

大客户开发流程与互信建立

知识目标

- 了解大客户开发的含义；
- 掌握大客户开发流程及各阶段的工作内容；
- 掌握大客户互信关系类型；
- 理解大客户开发的渠道及特点。

技能目标

- 能够设计大客户开发流程各阶段工作；
- 能够设计大客户开发渠道；
- 能够策划大客户互信建立方案。

素养目标

- 不怕困难；
- 注重团队合作。

销售员小王的困惑

小王是一名销售员,主要销售工业设备用仪表。小王在销售工作中遇到了一些困惑,他在给魏老师的邮件中这样写道:

魏老师:我是一名工业设备用仪表的销售人员。今年7月份的时候,我们公司的销售总监从以前的客户B那里得知一个仪表项目信息,这个项目在青海,项目负责人A就是客户B的同事。而且我当时就知道,涉及我们这一部分的产品可能在今年10月份招标。我们公司在北京,在青海没有代理商。虽然客户B以前和我们公司的销售总监合作过,但是并没有见过面,关系也一般。

在得知这个项目后,我于7月初来到青海,见到了A。但是A对我的态度比较程序化,让我把相关资料等交给他,我想再和A进一步深入接触,但A根本不给机会。于是我就回到了北京。在北京期间,我们偶然接触到负责该项目设计部分的设计院负责人C,C表示可以把我们的产品设计进去,但是时间比较紧迫,不知道有没有时间。

这周我又来到青海,但是不巧A出差去外地了,所以我没有见到A。听说他过几天回来的时候会路过北京,我觉得这是一个好机会。同时,我见到了A的一个下属,她说这一部分招标还早着呢,估计得到11月份,其他的信息都不透露给我。我又在他们项目看板上找到了该项目的经理、副经理的名字和电话等,在第二天早晨我见到了该项目副经理,他也是让我把资料交给项目相关人员,只留了我的一张名片。后来我给项目经理打电话,但是还没听完我的介绍他就把电话挂了。

我们公司销售总监今天给我打电话,电话里我介绍了项目的基本情况,她怪我根本没有把该做的事情做好,比如没有和对方的商务部门接触,到时候对方根本不给竞标的机会怎么办?我自己也觉得做得是有些不到位,但是我也不知道应该怎样做,我处处都在碰壁啊!魏老师,您觉得我现在应该怎么做呢?对了,据A的下属说,除了我们公司,另外有三家公司和他们接触过了。

通过案例中销售员小王的大客户开发过程，我们可以看到大客户开发不是一帆风顺的，大客户营销人员在开发大客户的过程中可能会遇到各种困难。这就要求我们不能有畏难情绪，要以积极的态度去面对困难，对困难进行分析和判断，寻找适当的方法解决困难。

在实际工作中，相信有很多像小王一样的营销人员，工作中遇到困惑时不知所措，不知道下一步如何走。根据案例中的状况，小王在此项目获得成功的概率很低。小王该如何做呢？首先"标准流程"至少可以帮小王解决方向性的问题，知道往哪个方向去努力，其次再去考虑如何操作具体细节。

"标准流程"是对大客户开发工作进行系统管理的一个非常有效的工具。在"标准流程"中，对大客户开发的阶段进行统一的定义或描述，可使大客户开发工作的每一环节都有据可依。在复杂的大客户开发过程中，"标准流程"可以帮助大客户营销人员理清思路，为大客户营销人员指明方向。

第一节　大客户开发流程

以"标准流程"指导大客户开发工作，可以使刚参加工作的大客户营销人员明确工作方向，使经验丰富的大客户营销人员及时发现大客户开发工作中面临的问题，为大客户开发工作提供依据，同时为成功开发大客户提供帮助。

一、大客户开发流程概述

1. 大客户开发流程

大客户开发是指企业营销人员在市场调研的基础上，选择和确定潜在的重要客户作为开发对象，通过对客户的调研和沟通，了解客户的需求，制订大客户个性化服务方案，双方通过沟通确定合作关系的一系列过程。

在实际工作中，大客户开发是一个主观能动的过程，并不存在一个确定的业务流程，但我们可以根据大客户开发的过程，将大客户营销人员在实际工作中可能遇到的问题进行归纳，总结出具有普遍意义的标准作业流程，以此来为大客户开发工作提供一些指导（如图 2-1 所示）。

图 2-1　大客户开发流程图

大客户开发流程主要包括以下六个阶段：市场分析，了解行业发展趋势；开发渠道，挖掘线索；收集信息，确认商机；价值评估，制订方案；商务沟通，建立关系；销售促进，有效成交。

2. 掌握大客户开发流程的意义

大客户对于企业的生存与发展至关重要，成功地进行大客户开发，是保证企业持续良好发展的重要手段。明确大客户开发流程可以给大客户营销人员提供工作指导，为大客户营销人员成功开发大客户奠定基础。大客户开发流程的意义在于：

（1）可以降低大客户开发工作的盲目性。

（2）指出了各阶段的工作步骤、重点、关键要素和参与成员，提高大客户开发各环节的可控性。

（3）可以减少无效投入或低效投入，节约开支，提高大客户开发工作的效率和效益。

（4）可以为大客户开发各阶段的工作评判提供依据，并确定下一步工作重点。

企业大客户营销人员依据大客户开发流程，可以有效地挖掘市场商机，有效地收集大客户信息并进行大客户价值评判，为大客户制订有效的问题解决方案，促进销售成交，实现成功开发大客户的目标。

二、大客户开发流程的内容

大客户营销人员可以根据具体的大客户开发实际情况，以大客户开发流程为依据，灵活地设计大客户开发步骤，并确定各阶段的工作重点和实施方案。

1. 市场分析，了解行业发展趋势

大客户开发的第一阶段工作目标是进行有效的市场分析。市场分析是企业大客户营销部门应长期跟踪和研究的工作。大客户营销部门通过市场分析研究发现市场需求，寻找可以开发的市场空间，为大客户开发做好规划。

该阶段的主要工作内容包括企业环境分析、行业市场需求分析、行业竞争分析和企业大客户市场分析，企业大客户市场分析的内容包括大客户消费群构成比例、行业关键业务和消费特点分析、关键购买因素分析等内容。

　　该阶段企业的工作重点是通过市场分析了解各个行业发展趋势，建立企业市场竞争优势，确定企业重点开发的行业，并针对不同行业大客户开发制定开发策略。

　　2.开发渠道，挖掘线索

　　该阶段企业或者大客户营销人员需建立多种渠道，以获取市场需求线索，通过挖掘市场需求线索来确定目标大客户名单，也就是确定需要开发的大客户。企业目标大客户名单可以由市场开发部门统一确定，也可以由大客户营销人员自己确定。

　　目标大客户名单为大客户营销人员明确了工作对象。它是大客户营销人员工作计划的重要部分，同时也是大客户开发工作的基础。市场开发部门根据大客户开发工作的总体安排决定名单的分解和工作的检查。

　　该阶段的主要工作内容包括：大客户营销人员可以通过自己的社会关系、市场走访、查找工商企业名录、现有客户群转介绍等方式获取目标大客户名单，也可以由企业通过网络平台、商务合作、市场购买信息等方式获取。

　　该阶段的工作重点包括：

　　（1）企业或大客户营销人员通过建立市场多种途径或策划市场活动获取市场需求线索。

　　（2）对获取的市场需求线索进行整理，结合企业和自身的资源进行大客户筛选和判断，建立目标大客户名单。

　　3.收集信息，确认商机

　　该阶段的工作内容主要包括通过多种方式对客户进行调研，收集客户信息并初步判断客户需求，确认所获取的线索能否形成一个商机。

　　该阶段涉及的客户信息包括：

　　（1）收集客户需求信息。通过各种渠道收集客户及项目的相关信息，包括企业发展历史、部门设置、资源状况、产品/业务及生产经营状况、财务状况、市场营销状况、营销方式和方法、企业目前需求及需要解决的问题等，还包括客户的付款周期、付款时间的准确性、质量问题的处理程序等。

　　（2）收集决策者信息，包括了解客户决策中心相关决策者，不同决策者的角色定位等；不同决策者的籍贯、年龄、生日、兴趣、爱好及其在该企业时间的长短、权限大小、性格、做事风格、家庭情况等信息。对关键决策人深入了解，就能更好地判断大客户决策者需求，有利于大客户决策者的有效开发与维护方案制订。

　　（3）确定内部对接人。内部对接人是指大客户组织中负责相关业务对接的正式工作人员，建议优先对接决策部门的业务联系人。大客户营销人员应通过正式工作往来，在合规前提下建立专业合作关系，依法获取公开信息或经授权的工作信息。对接人的岗位职能与决策流程相关度越高，所提供信息的参考价值越大。

（4）收集客户采购信息。大客户采购信息包括采购流程、采购内容及以前采购情况；大客户采购的决策周期长短，成交难度；大客户关注的成交关键因素排序（质量、价格、供应能力、对长期合作的考虑）等。

一般来说，大客户的采购流程包括：问题识别、总需要说明、产品规格、寻求供应商、征求供应建议书、供应商选择、执行常规订购手续、绩效评价等环节。采购内容一般包括产品规格、价格幅度、订购数量、确定供应商、付款方式、交货时间地点和售后服务等。

不同大客户的采购流程会略有差异。而大客户在采购流程的不同环节，所关心的侧重点也会有所不同，这就要求大客户营销人员的应对重点要有所区别。企业要针对大客户具体的采购流程与决策程序，形成与之相对应的开发方案。大客户采购流程及其各环节所涉及的人和部门及其角色与职能分工，是大客户营销人员关注的重点。

（5）收集竞争对手的信息。竞争对手的信息包括已经与客户合作的现有竞争对手信息，潜在竞争对手的信息；竞争对手的结构、现存问题；大客户改变目前供应商结构的意愿及其强烈程度；竞争对手供应时间的长短；竞争对手的具体成交过程。

该阶段的工作重点包括：

（1）全面收集客户信息。结合行业分析内容，通过多种途径寻找有效的、翔实的客户信息，实现大客户营销人员对客户的正确认识，为大客户分析打好基础。有效、翔实的客户信息对大客户开发具有决定性的影响。

（2）建立与内部对接人的关系。由于内部对接人是客户内部人员，相对比较了解客户需求及相关信息，了解内情较多。如果大客户营销人员与内部对接人建立良好的关系，这不失为企业收集大客户信息的重要途径。

（3）判断客户需求，确认是不是商机。大客户营销人员通过收集的信息，结合企业的服务内容及资源，针对客户现状及需求分析，初步判断客户价值及企业提供服务的可能性，确定开发商机。

该阶段大客户营销人员应通过多种渠道收集客户信息，主要包括：

（1）对客户需求进行了解。了解大客户为什么需要增加新的供应商，或者企业有什么机会进入大客户供应商名单，大客户需求的紧迫性如何。

（2）通过对大客户初步调研，了解大客户基本业务及经营概况，了解大客户现阶段需要解决的问题或具体需求。

（3）根据大客户需求及竞争情况分析判断企业是否有成交机会。

4. 价值评估，制订方案

该阶段大客户营销人员通过对大客户信息的了解和分析，判断成交的可能性，评估大客户的价值，然后有针对性地设计大客户开发策略、开发路径和沟通方式，设计开发大客户的具体程序和方法，具体内容包括：

（1）判断成功开发大客户的可能性。在所收集的大客户信息的基础上，判断大客户的具体需求和需要解决的问题，分析企业提供解决方案的能力和成功开发大客户的可能性。

（2）大客户开发的价值评估，具体包括：分析大客户的财务支付能力；分析项目对大客户的重要性；分析项目可能带给企业的收益；评估项目成交后企业所占份额大小，成交风险，需花费的时间、精力及费用，成交对企业经营方面的价值所在，客户付款风险和技术难度等内容。

（3）客户分类开发。对大客户价值进行整体评估后，可以根据大客户价值的大小、成交难度将目标大客户分为 ABCD 四级。对 A 级客户，大客户营销人员要投入主要资源、时间，全力以赴，进入销售关键流程（设计开发程序）；对 B 级客户，大客户营销人员要控制投入的时间，做好关系维护；对 C 级客户，大客户营销人员要关注变化，做好关系维护；对 D 级客户，大客户营销人员应暂缓大客户开发工作，保持持续的观察。大客户营销人员也可以通过评估潜在大客户的资格对大客户进行分类，根据不同类型大客户的特征设计开发策略。

对于整体评估价值较小或开发难度过大的，可考虑放弃或降低接触度，不必进入下一阶段。对于整体评估信息不足的，可继续收集信息，等收集完善后，再进行价值评估。

（4）制订大客户开发方案。根据对大客户调研和商机分析，制订满足大客户需求或者帮助大客户解决问题的方案。大客户开发方案要以客户需求为核心，企业可以提供单一业务或者服务，也可以提供综合性的服务方案，旨在解决大客户的具体问题。

（5）制订大客户开发实施计划。根据大客户开发具体方案，设计大客户开发工作的具体内容和环节，确定各个环节的具体实施时间和具体责任人。

该阶段主要是通过对潜在大客户的分析判断，最终确定是否要开发该大客户、什么时间开发以及如何开发。

该阶段的工作重点包括：

（1）对评估的各项关键要素确定不同的权重，用评估模型对成交价值做出全面分析，根据大客户价值和成交难度进行大客户分类开发。

（2）制订满足大客户需求的开发方案。

（3）设计开发程序，规划不同环节的具体任务。这需要列出开发程序各环节的主要工作内容及参与人、所需企业支持等。另外，开发程序应征得内部对接人的认可，或听取其建议。

5. 商务沟通，建立关系

该阶段的工作内容就是通过和大客户关键决策人进行充分的沟通，进一步了解项目相关信息，明确大客户存在的问题及相关决策者的想法和态度，从而提供适合其需求的可行性方案，并获得关键决策者的信任，建立与大客户之间的互信关系。

（1）通过对关键决策人的充分了解，加上内部对接人的协助，设计与关键决策人的接触方式，同时投其所好，取得其信任。

（2）在合规前提下和关键决策人进行深层次的沟通，把握成交机会，并对与关键决策人的关系做出评估。一般来说，大客户内部和采购相关的大部分活动是大客户营销人员所无法参加的，如大客户的内部会议。因此，大客户开发的结果很大程度上受支持企业或大客户营销人员的关键决策人的影响。

（3）代入大客户决策人的角色，进行决策模拟。通过决策模拟，解决如下问题：大客户为什么要选择我们（列出理由）？关键决策人为什么要帮助我们（列出做了哪些工作，这些工作在多大程度上会影响他，使他的决策倾向我们）？

（4）在沟通过程中必须注意细节，必要时由企业高层与大客户的关键决策人见面，表达对大客户的重视，同时搭建沟通平台，为建立良好合作关系打好基础。

（5）企业在报价的同时，还要充分体现企业在专业、人才、规划、技术、品质保证、产能、认证、现有客户服务等方面的能力和优势，建立与大客户的全方位认同体系。

（6）提供专门的、制作精良的且有针对性的企业资料，真正将大客户作为重要对象看待。

该阶段进行大客户开发的主要目的是与大客户建立互信关系。

该阶段的工作重点包括：

（1）大客户开发是一个过程，大客户营销人员根据和大客户决策者接触的具体情况确定下一个工作步骤，为下一次拜访或下一次活动做好铺垫，使客户对下一步活动有心理准备。设计再次见面和沟通的理由，或者带工程师过去，或者拓展其他与大客户接触的方式，如获取其 E-mail 并定期发送新的图片和信息，向其发送有趣、有用的信息或祝福等。有创造力的接触方式可提升企业的价值，传统的信件、贺卡对大客户也有不错的吸引力。在接触大客户的活动中，创造力可为销售增色，显得别具一格，不要让大客户认为我们每天只是重复着与其他企业大客户营销人员一样的工作。同时，对大客户的情况了如指掌，也才能准确地表达自己的关心。

（2）对支持自己的力量大小做出准确评估。任何采购活动都会有支持者和反对者，在合法合规前提下，大客户营销人员必须通过加强与大客户内部人员的互动沟通来加大支持自己的力量，并定期做出评估，通过大客户内部人员了解反对的声音，并及时采取化解措施。

（3）就每一次针对关键决策人所做的沟通活动，大客户营销人员均应衡量其对于决策人所能产生的影响及影响的持续性。大客户营销人员必须心中有数，在合法合规前提下，掌握好与客户建立关系的节奏，避免冷场或过于急迫，确定后续加深关系的方式。

（4）与大客户关系的紧密度取决于和其在一起的时间及频率，也取决于对大客户需求的了解程度及相互间了解的深入性。

6. 销售促进，有效成交

通过前期的沟通，在大客户认可服务方案的前提下，为了提高营销工作效率，尽快达成协议，大客户营销人员可以采用一些技巧和手段促使大客户签订协议。

（1）邀请大客户决策者来企业参观、考察，或进入最后的验厂阶段。通过大客户决策者对企业的感性认识强化印象，使其认可企业的生产能力、技术水平、品质控制及企业文化，进一步提高其对企业的信心，为合作打下良好的基础。

（2）对大客户决策者参观和考察后的效果进行追踪，及时发现存在的问题并加以化解。

（3）提出成交建议。通过大客户开发程序的完成，各个环节工作已基本到位，按照事先约定，提出成交。

（4）签订合同。以合同确认双方合作事宜，并对合作中的各种问题做出规划。

该阶段的工作重点是掌握时机，提高对关键环节的把握能力，提高展示企业优势与解决方案价值的能力。

> 通过学习大客户开发流程，认识到大客户开发工作的复杂性和长期性。大客户开发工作不是一个人能够完成的，它需要团队合作才能完成。在企业大客户开发实践中，各阶段的工作一般由不同的部门和人员完成，这就需要团队成员之间增强合作意识，这样才能更好地完成大客户开发工作。

三、大客户开发与一般客户开发的区别

大客户开发工作与一般客户开发工作在销售技巧方面有相通之处，但是也有很大的区别，同时大客户开发流程和一般客户开发流程是完全不同的，这是由大客户及大客户开发工作的特征决定的。大客户开发工作与一般客户开发工作的区别主要表现在以下几个方面。

（1）营销目的不同。一般客户开发工作以实现交易为目的，主要是实现产品或服务的销售；大客户开发工作以大客户价值最大化为目的，主要是实现客户忠诚。

（2）营销理念不同。一般客户开发工作的理念是企业利润最大化；而大客户开发工作的理念是解决大客户的问题，实现企业与大客户双赢。

（3）营销方式不同。一般客户开发工作以店面销售和上门推销等为主，通常用单兵作战的方式；大客户开发工作是团队营销，通常以顾问式团队销售为主。

（4）营销起点不同。一般客户开发流程是以营销人员与客户见面为起点的；大客户开发工作中，在与大客户见面之前，大客户营销人员需要寻找大客户线索并发现商机，要进行大客户信息收集和研究，要判断大客户需求和价值，甚至要制订出大客户开发与服务方案。所以大客户开发工作中有80%的内容是在与大客户见面之前完成的，可以说这段时间的工作质量几乎决定了能否成功开发大客户。

（5）营销终点不同。一般客户开发工作的结束是以完成交易为标志的；在大客户开发工作中，大客户营销人员在与大客户完成交易或提供服务后，还要与大客户保持长期沟通，进行客户维护，实现客户价值最大化。

（6）营销侧重点不同。一般客户开发工作多关注销售过程中的营销技巧；大客户开发工作更关注如何实现客户满意与客户忠诚，如何与大客户建立长期稳定的关系。

第二节　大客户互信关系的建立

大客户开发工作最重要的一点就是企业与大客户建立互信的关系，这是企业与大客户之间的一道桥梁，是大客户是否能够成功开发的关键。

一、大客户互信关系类型

企业要想成功开发大客户，需要满足两个条件：① 企业为大客户提供的问题解决方案必须能够解决大客户的问题，取得大客户的满意；② 企业要取得大客户决策者的满意，包括大客户决策者对服务方案的认可，对企业及企业的负责人、大客户营销人员的认可和满意。

为什么企业除了要满足大客户组织的利益，还要取得大客户决策者的满意呢？这是由商务客户与个人和家庭消费过程的不同决定的。大客户的采购目的是满足大客户组织的生产经营需要，但是最终还是要大客户内部的决策者来决策，大客户组织和决策者的利益可能会不一致。这就需要企业在开发大客户时，要同时满足大客户组织和决策者个人的利益。

从企业满足大客户组织利益和满足大客户决策者利益两个维度，我们可以将企业与大客户的互信关系分为四类（如图 2-2 所示）。

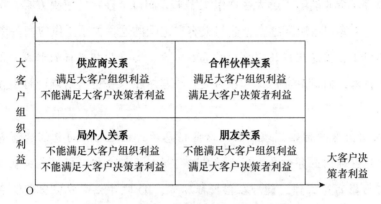

图 2-2　企业与大客户的四种互信关系

1. 局外人关系

企业既不能满足大客户组织利益，也不能满足大客户决策者利益，企业与大客户之间的这种互信关系就是局外人关系。一般在大客户开发初期，企业与大客户之间基本属于这种关系，这时候企业与大客户之间还没有产生交易。

2. 朋友关系

企业不能满足大客户组织利益，但是可以满足大客户决策者利益，取得决策者的信任，这种互信关系就是朋友关系。要建立朋友关系，大客户营销人员应首先了解决策者的喜好和利益需求。

销售员小夏开发某大客户，对方有一个处长是客户项目决策者小组成员，这个处长是一个很古板、不苟言笑，也没什么兴趣爱好的人，常规的决策者开发方法对该处长都不起作用。在一次谈话中，这个处长谈到他的儿子最近让他给买新款手机，小夏发现他语气中带有一丝无奈，似乎另有隐情。经过深入询问后得知，该处长的儿子 15 岁，头脑聪明，马上要考高中了，可就是不爱学习，在班里排名一直是中游。

小夏突然想到自己有一个朋友是心理辅导师，主要帮助不爱学习的青少年对学习产生兴趣并领悟学习方法。于是小夏征得朋友的同意后，又找到这个处长，提出免费为他的儿子进行辅导。一个半月后，这个处长兴奋地给小夏打来电话，说他儿子测验成绩提高了 6 名，同时邀请小夏和那位心理辅导师吃饭，后来他们三个人经常聚会，成为好朋友，业务合作也水到渠成。

3. 供应商关系

企业能满足大客户组织利益，有能力帮助大客户解决经营中的问题，但是不能满足大客户决策者利益。企业能够了解大客户组织需求，制订个性化的解决方案，很好地满足大客户的需求，为大客户解决问题，企业与大客户之间的这种关系是供应商关系。

某政府部门业务信息化建设需要投资 800 万元，拟采用招投标的形式。但是苦于工作人员不懂软件技术，同时该部门工作压力大，安排不出人手进行前期的标书撰写、需求分析等相关工作。

JD 软件公司大客户部李经理了解到这些信息后，经过与公司总经理商议，组织技术人员团队对该政府部门业务信息化项目前期工作进行无偿支持，提供相关软件咨询、需求分析，完成标书撰写等工作。最后在招投标环节，JD 软件公司以突出的解决方案和技术取得了该政府部门的认可，一举拿下订单。

4. 合作伙伴关系

企业既能满足大客户组织利益，又能满足大客户决策者利益。企业既能提供满足客户需求的解决方案，又能取得大客户决策者的信任，企业与大客户之间的这种关系即合作伙伴关系。

这四种关系是随着企业与大客户合作的不断深入而逐步变化的，大客户开发初期，双方可能是局外人关系，但是随着大客户开发工作的推进，双方的关系可能转化为朋友关系或者供应商关系，最后可能转化为合作伙伴关系。

二、建立大客户互信关系方式

企业如何和大客户建立互信关系呢？企业与大客户开始时是局外人关系，双方的合作最终必须是一种合作伙伴关系。这就要求企业既要关注大客户组织的利益，又要关注大客户关键决策者的利益。在这个过程中，企业可能选择不同的方法建立与大客户的关系。

不同的大客户开发方式会取得不同的效果。一般来说，企业与大客户建立互信的方法主要分为两种。

第一种方式是大客户营销人员首先满足大客户关键决策者的利益，取得关键决策者的信任后，再设计满足大客户需求的服务方案，实现合作伙伴关系。企业和大客户互信关系的建立途径是：局外人—朋友—供应商—合作伙伴。这种方式就是先和大客户关键决策者建立朋友关系，然后再满足大客户组织的利益而成为它的合作伙伴。这种方式适用于客户需求相对较单一，企业竞争对手数量较多，企业与竞争对手之间服务能力相差不多的情况，同时在注重人际关系的社会文化中也运用较多。

第二种方式是企业首先设计和提供满足大客户需求的产品或服务方案，解决大客户生产经营中的问题，再通过合作与大客户关键决策者建立良好的朋友关系，最终建立合作伙伴关系。这种互信关系的建立途径是：局外人—供应商—朋友—合作伙伴。这种方式就是针对大客户需求设计个性化的问题解决方案，满足大客户组织利益，再和大客户决策者建立个人互信关系，成为合作伙伴。这种方式相对适用于客户需求相对比较复杂，提供专业领域服务的竞争对手较少，或者与竞争对手的服务能力差异较大的情况。

大客户营销人员与大客户刚接触时，也是与大客户相互了解、相互熟悉过程的开始。企业要达到与大客户成为合作伙伴的最终目标，就需要两手都要抓，两手都要硬，这样才能取得竞争的优势，击败竞争对手。

总结与实践

本章小结

本章主要讲述了大客户开发流程及其内容，大客户开发与一般客户开发的区别；大客户互信关系的类型，建立与大客户互信关系的方式。

思考题

1.掌握大客户开发流程对大客户营销人员有什么意义？

2.在大客户营销工作中，企业如何进行销售线索的有效分配和管理，以最大程度地发挥销售线索的价值，实现大客户的有效开发？

3.在大客户开发工作中，大客户营销人员如何建立与大客户决策者之间的信任？

课后练习

一、单选题

1.大客户开发流程的第一个阶段是（　　）。

　　A.开发渠道，挖掘线索　　　　　　B.价值评估，制订方案

　　C.收集信息，确认商机　　　　　　D.市场分析，了解各行业市场发展趋势

2.企业能够提供满足大客户需求的解决方案，但是不能满足大客户决策者利益。这种互信关系属于（　　）。

　　A.局外人关系　　　　　　　　　　B.供应商关系

　　C.合作伙伴关系　　　　　　　　　D.朋友关系

二、多选题

1.在大客户开发流程的信息收集阶段，需要收集的信息包括（　　）。

　　A.客户需求信息　　　　　　　　　B.决策者信息

　　C.客户采购信息　　　　　　　　　D.竞争对手信息

2.企业和大客户之间互信关系的建立途径是：局外人—朋友—供应商—合作伙伴。这种方式适用的情况有（　　）。

　　A.客户需求相对较单一

B. 竞争对手数量较多

C. 企业与竞争对手的服务能力差异较大

D. 注重人际关系的社会文化中

三、判断题

1. 大客户开发工作更多的是关注销售过程中的营销技巧。（　　）

2. 企业要达到与大客户成为合作伙伴的目标，既要满足大客户组织需求，又要满足大客户决策者的需求。（　　）

四、案例分析

密密麻麻的本子

山东济南某企业有一个 ERP 软件工程项目，A 公司志在必得，成立了一个由系统集成商、代理商组成的十几个人的工作小组，住在当地的宾馆里，天天跟客户在一起，还帮客户做标书，做测试，关系处得非常好。大家都认为能拿下这个订单，但是一投标，却输得干干净净。

事后，A 公司的代表问中标方 B 公司代表刘女士："你们是靠什么赢得那么大的订单呢？要知道，我们的代理商很努力呀！"刘女士反问道："你猜我在签这个合同前和客户见了几次面？"A 公司的代表就说："我们代理商在客户那里待了整整一个月，你少说也去了 20 多次吧。"刘女士说："我只去了 3 次。"只去了 3 次就拿下 2000 万的订单，肯定有特别好的关系吧。但刘女士说在做这个项目之前，她和客户都不认识。

那到底是怎么回事儿呢？

刘女士第一次来山东济南，谁也不认识，就分别拜访了该企业的每一个部门，拜访到总经理的时候，发现该企业王总经理不在。到办公室一问，才知道王总出差了。她就想办法弄清楚王总出差的城市和所住的宾馆，即北京的某宾馆，刘女士马上就给那个宾馆打了个电话说："我有一个非常重要的客户住在你们宾馆里，能不能帮我订一个果篮，再订一个花篮，写上我的名字，送到房间里去？"

然后刘女士又打一个电话给她的上级，B 公司李总，说该企业的王总非常重要，已经去北京出差了，无论如何要李总在北京把他的工作做通。

随后，刘女士订了机票，中断拜访行程，赶了最早的一班飞机飞回北京，下了飞机直接就去这个宾馆找王总。等她到宾馆的时候，发现李总已经在跟王总喝咖啡了。

在聊天中得知王总会有两天的休息时间，李总就请王总到 B 公司参观，王总对 B 公司的印象非常好。参观完之后大家一起吃晚饭，吃完晚饭刘女士请王总看话剧《茶馆》。为什么请王总看《茶馆》呢？因为她在济南的时候问过其办公室的工作人员，得知王总很喜欢看话剧。

王总当然很高兴。第二天刘女士又找了一辆车把王总送到飞机场，并对王总说："我们谈得非常愉快，一周之后我们能不能到您那儿做技术交流？"王总很痛快就答应了这个请求。一周之后，B公司的李总带队到该公司做了技术交流，刘女士当时因为有事没去。

李总后来对刘女士说，王总很给面子，亲自将所有相关部门的有关人员都请来，一起参加了技术交流，在交流的过程中，大家都感到了王总的倾向性，所以这个订单很顺利地拿了下来。

A公司的代表听后说："您可真幸运，刚好王总到北京开会。"

刘女士掏出了一个小本子，说："不是什么幸运，我所有的客户的行程都记在上面。如时间和航班，还包括客户的爱好，客户的家乡，这一周在哪里，下一周去哪儿出差。"

有没有一种资料能让营销人员在竞争中压倒竞争对手呢？有。这类资料叫作客户个人资料。只有掌握了客户个人资料，才有机会真正挖掘到客户的实际内在需求，才能做出切实有效的解决方案。当掌握到这些资料的时候，销售策略和销售行为往往就到了一个新的转折点，这时营销人员必须设计新的思路、新的方法来进行营销。

请分析：

（1）A公司采用的与大客户建立互信关系方式是什么？

（2）刘女士是如何与大客户建立互信关系的？在大客户开发过程中，刘女士的做法有哪些值得学习的地方？

第三章

大客户开发线索获取

DL 公司的巡回展

　　DL 公司是一家销售电脑和笔记本的公司，其北方业务部有一名新员工在入职两个月的时候，参加了公司在某五星级酒店召开的一个展览会，展览会邀请了重要的共 100 家潜在客户前来参会。

　　在三个小时的展会上，专业技能娴熟的公司员工介绍了公司情况和产品，同时，会议中间还准备了咖啡和茶点，会后安排了午餐。客户不仅可以听到翔实的介绍，看到各种各样的样品，还可以简单地做一些操作。一番操作下来，客户认为这个公司是一流的公司，会提供非常全面的专业解决方案。

　　在午餐时，销售人员被分派到各桌与客户进行直接交流，同时发给每个客户一份反馈表，其中包括单位规模、年度预算，主要使用哪些公司的产品，有没有兴趣与其联系，有没有采购计划。整个流程走下来，大约半天的时间，销售人员就认识了这个市场最重要的 100 家客户，并在客户心目中树立起良好的、一流公司销售人员形象。

　　在喝咖啡的时候，每个销售人员分别接触两三个客户，闲聊中了解了客户的家人、爱好等个人情况及最近的计划安排等，得到了客户的一些个人资料。

　　利用喝咖啡和吃饭的时机，销售人员与客户建立了联系，虽然只有半天时间，却非常有收获，收到了很好的宣传效果。

　　新员工刚入职就可以参加这样的会议，这是一个良好的开端。

　　通过大客户开发案例学习，引导学生了解大客户开发的方法，对不同大客户开发方法进行比较分析，让学生了解，在大客户开发工作中，营销人员应不断地去尝试和创新，追求卓越成效。针对不同的情境，通过优化大客户开发方法，选择最有效的大客户开发方式和方法。

　　所以，企业进入一个新市场或接触一个新产品时，让营销人员挨家挨户去拜访客户的效果不一定好。企业可以通过组织或参与活动的形式，让营销人员利用轻松的环境获得客户的信息，同时在企业产品的介绍和宣传以及与客户建立互信方面获得较好的效果。

第一节　大客户开发线索获取方法

寻找大客户销售线索是大客户营销人员最基本的工作能力。那么，营销人员如何找到自己满意的大客户呢？

大客户开发线索获取的方法一般可分为个人开发方法和组织开发方法两类。所谓个人开发方法就是大客户营销人员个人进行大客户开发，获取大客户线索的方法。组织开发方法就是以企业为主体组织大客户开发工作，获取大客户线索的方法。

一、个人开发方法

大客户营销人员获取线索的个人开发方法有普访寻找法、熟人介绍法、资料查阅寻找法、连锁介绍法、中心开花法、网络搜寻法、参观展会寻找法、委托助手法、竞争对手寻找法等多种方法。这些方法也是大客户营销人员开发普通客户的常见方法。

1. 普访寻找法

普访寻找法又称地毯法、扫楼法、扫街法等，是指大客户营销人员在大客户开发线索获取过程中，或在特定区域内，用上门探访的形式，对可能成为大客户的单位、组织、家庭乃至个人逐一进行拜访，寻找大客户需求线索的方法。

普访寻找法是一个古老但比较可靠的方法。它的优点是可以使大客户营销人员在寻找大客户的同时，了解市场、了解客户，也可以使大客户营销人员尤其是新任大客户营销人员得到锻炼，缺点是比较费时费力，带有较大的盲目性。

2. 熟人介绍法

熟人介绍法是指大客户营销人员利用朋友、同学、亲戚等关系的介绍，寻找有可能进行合作的大客户需求线索的方法。

熟人介绍法是一种比较有效的寻找大客户的方法。它的优点是在一定程度上避免了大客户开发的盲目性，能够降低接近潜在大客户的难度，较好地赢得潜在大客户的信任，缩短销售时间，提高销售效率；缺点是需要仰仗朋友、同学等是否愿意介绍，以及是否全力介绍，这时大客户营销人员处于被动地位。

3. 资料查阅寻找法

资料查阅寻找法又称间接市场调查法，是指大客户营销人员通过查阅统计资料、名录类资料、大众媒体类资料等来获取大客户需求线索的方法。

资料查阅寻找法的优点是利用他人或企业已经存在的、可提供线索的资料，可以以较小的代价获得较准确的资料；缺点是因为可供查阅的资料往往多为公开发布的，时效性较差，如果对查阅资料工作不熟悉，往往会效率低、效果差。应用资料查阅寻找法时应注意的问题是要对资料的来源和资料的提供者进行资信分析，以确认资料与信息的可靠性。

4. 连锁介绍法

连锁介绍法是指大客户营销人员根据大客户需求和动机的相互联系与相互影响，利用现有大客户的社会关系，通过大客户之间的连锁介绍，寻找更多新客户的方法。连锁介绍的内容一般为新客户的姓名、单位、合作情况等，介绍方法有口头介绍、电话介绍、名片介绍、E-mail 介绍等。

连锁介绍法的优点是通过现有大客户的介绍，避免了大客户营销人员工作的盲目性，可以赢得新客户的信任，销售的成功率较高；缺点是现有大客户并没有为大客户营销人员介绍新客户的义务，较易造成大客户营销人员被动的工作局面。

5. 中心开花法

中心开花法又称名人介绍法、中心辐射法，是指大客户营销人员在某一特定范围内，寻找并争取有较大影响力、能产生示范效应的中心人物或中心企事业单位，利用中心人物或中心企事业单位的影响发展该范围内的潜在大客户的方法。

中心开花法的优点是可以利用中心人物或中心企事业单位的名望与影响力提高企业产品的声望与美誉度，能够节省大量的时间与精力；缺点是中心开花法把希望过多地寄托于中心人物或中心企事业单位，增加了销售的风险。有时很难确切地发现真正的中心人物或中心企事业单位，或中心人物、中心企事业单位的开发难度较大，也是这个方法的不足之处。

6. 网络搜寻法

网络搜寻法是指大客户营销人员运用各种现代信息技术与互联网信息平台来搜索潜在大客户需求线索的方法。它是信息时代的一种非常重要的寻找客户需求线索的方法。

互联网的普及使得在网上搜索潜在大客户线索变得十分方便，大客户营销人员可以利用搜索引擎、电商平台、企业官网等方法获取大客户开发线索。

网络搜寻法的优点是：成本低，速度快，属于双向互动的信息交流，可以更大范围地寻找客户，可以使产品介绍生动形象；缺点是部分大客户营销人员计算机操作不熟练或方法不得当会影响该方法的使用效果，同时计算机网络模糊了大客户的真实身份，可能传递有意歪曲的信息资料，给寻找大客户带来很多困难。

7. 参观展会寻找法

参观展会寻找法是指大客户营销人员利用各种交易会、展会寻找大客户需求线索的方法。国内每年都有不少交易会、展会，如广交会、高交会、中小企业博览会、房地产交易会、医疗器械展销会等。充分利用交易会寻找大客户，与大客户联络感情、沟通了解，是一种很好的大客户线索获取的方法。

参观展会寻找法的优点是大客户营销人员能在短时间内接触到大量的潜在大客户，而且可以获得相关的关键信息，对于有意向的大客户也可以作重点说明，约好拜访的时间。

8. 委托助手法

委托助手法也称"猎犬法"，是指大客户营销人员雇佣他人寻找大客户需求线索的一种方法。在西方国家，这种方法运用十分普遍。运用这种方法时，大客户营销人员雇佣有关人士来寻找潜在大客户，自己则集中精力从事具体的大客户开发与维护的工作。

行业间与企业间都存在着关联性，某一行业或企业生产经营情况的变化，首先会引起与其关系最密切的行业或企业的注意。适当地运用委托助手法来发掘新客户、拓展市场，是一个行之有效的方法。

9. 竞争对手寻找法

竞争对手寻找法是指利用竞争对手的客户来开发自己的大客户，也可以理解为争夺竞争对手的大客户。这种方法需要大客户营销人员随时关注竞争对手的客户情况，同时和竞争对手相比要具有竞争优势。

大客户营销人员寻找大客户的方法还有很多，在实际应用过程中，大客户营销人员可结合企业产品或项目性质确认有效的大客户线索获取方法，并将多种方法融会贯通，灵活组合运用。

大客户营销人员必须在众多的潜在大客户名单中挑选出最有希望、最有购买可能的大客户，这对大客户营销人员来说是十分重要的。

二、组织开发方法

在获取大客户需求线索方面，相对于个人开发方法，组织开发方法获取线索的效率和效果相对较好。随着对大客户营销工作的重视，企业越来越多地采用组织开发方法。

1. 渠道获取法

渠道获取法是指企业通过建立营销渠道来获取大客户线索的方法。企业可以通过在不同区域建立直销点、代理机构等渠道，通过这些渠道获取大客户开发线索。这也是获取大客户线索的一种传统方法。

2. 搭建平台获取法

搭建平台获取法是指企业通过搭建大客户服务与咨询平台，如客服中心、网络平台等，使大客户有需求时能够主动与企业进行联系，通过与大客户的沟通获得市场线索的方法。企业采用这种方法，需要树立良好的企业品牌形象，这样会取得意想不到的效果。这是一种被动的获取客户线索的方法，一般作为企业获取大客户线索的辅助方式。

3. 商务联盟

商务联盟是指企业通过整合社会资源，与行业协会、政府部门、相关企业等单位建立合作关系，通过有偿获取商务联盟单位的客户信息等数据，获取大客户开发线索的方法。如汽车销售公司和汽车相关平台合作，从平台获取有汽车需求的大客户线索等。

4. 组织活动法

组织活动法是企业通过自己或者与相关单位合作组织相关市场活动，吸引潜在大客户参加活动，从而获取大客户开发线索的方法。如报社通过组织房地产推介会，邀请房地产企业参加，从而获得房地产企业平面广告业务。

5. 广告获取法

广告获取法是企业通过线上或者线下媒体宣传，吸引客户联系企业，从而获取大客户开发线索的方法。这种方法可以和搭建平台获取法结合使用。

目前常见的大客户开发线索获取的方法还有会议营销法、俱乐部营销法、会展营销法、招投标法等，这些操作方法可以给企业创造与大客户直接接触的机会，加强企业与大客户之间感情交流的机会，能取得直接的、较好的效果。

下面几节内容我们主要介绍这几种方法。

第二节　会议营销法

一、会议营销概述

1. 会议营销的含义

会议营销指企业通过组织会议的形式与目标客户进行有效沟通，并向其展示企业形象，传递企业产品信息，逐步增进客户对企业及其产品或服务的认知度，最终促进购买的一种销售方法。

我们可以从以下几个方面来理解会议营销。

（1）会议营销是企业与其潜在目标客户有效沟通的一种方法。

（2）会议营销是通过组织会议的形式实现的，而非媒体广告或其他形式。

（3）会议营销的本质是沟通信息，赢得信任。在会议营销活动中，大客户营销人员通过与客户的交流沟通建立感情，最终树立和提升公司形象、促进产品销售。

会议营销需要先建立客户数据库，收集目标客户的数据，并对这些数据进行分析、归纳和整理，筛选出特定的销售对象，然后利用组织会议的形式，进行针对性的销售。举办一次会议营销，正式的会议时间很短，多不过三五天，少则几个小时，但是要想获得会议营销的成功，必然需要借助前期大量的部署和准备工作。

2. 会议营销的特征

与其他营销方式相比，会议营销具有以下特征。

（1）针对性强。会议营销采用直接与目标客户沟通的形式，使营销工作更加有效，提升了营销工作效率。

（2）缩短了营销环节。会议营销缩减了整个营销的过程，可以把寻找客户、客户信息收集、拜访客户、与客户洽谈、与客户签约等环节一次性完成，加快了销售的进程，是直接产生销售利润的最佳途径。

（3）集中性强，降低了平均销售成本。会议营销实现了同时与多个客户沟通，提升了大客户营销人员的工作效率，一次能获取多个商务线索、商机或者销售订单，这样可以降低每个客户的平均获取成本。另外，采用会议营销的方式，可以避开激烈的广告竞争，减少广告费用，降低市场宣传成本。

（4）隐蔽性强。会议营销是企业与大客户之间的直接互动，对市场整体影响较小，不易对竞争对手或者其他客户产生直接影响，不易激发竞争对手的竞争意识。

（5）对营销人员素质要求较高。会议营销涉及前期策划、会议准备、会议组织实施等多个环节，同时在会议沟通中，需要大客户营销人员与大客户之间实现有效的沟通，这对大客户营销人员的素质要求相对较高。

3. 会议营销类型

大客户会议营销的形式包括发布会、展览会、沙龙、交流会、高峰会、研讨会、座谈会、产品说明会等。会议营销的类型很多，从不同的角度可以将其分为不同的类型。

（1）根据会议现场的组织形式，会议营销可以分为圆桌式会议和会场式会议。

圆桌式会议就是会议现场的座位摆放采用环形形式，参会人员围绕成一圈开展会议（如图3-1所示）。圆桌式会议比较适合参会人员较少，参会人员相互之间需要较多沟通的会议，如研讨会、座谈会等。在会场式会议现场，讲台和座位分离，演讲者在讲台演讲，参会人员的座位排列分布如图3-2所示。会场式会议一般比较适合参会人员比较多且会议的主要内容是讲解的情况，如新产品推介会、讲座等。

图 3-1　圆桌式会议　　　　　　　　　　图 3-2　会场式会议

（2）根据目标客户的不同，会议营销可以分为终端客户会议和经销商会议。

终端客户会议就是企业针对终端客户举行的会议。终端客户会议的目的一般是实现销售，获取新客户，进行产品或者企业宣传等。经销商会议也就是企业面向经销商组织的会议，一般有经销商订货会和招商会。经销商订货会的目标主要是增加渠道的订货量；招商会的目标主要是企业进行渠道建设，扩大渠道营销力。

（3）根据会议营销的目的不同，会议营销可以分为订货会、招商会、企业宣传会议、技术或产品推广会议、客情维护会、新客户拓展会、市场推进会等。

4. 会议营销的目的和意义

会议营销的目的是加强企业与大客户在信息与情感方面的沟通，提升企业形象，扩大产品知名度、美誉度，提高大客户对企业及其产品的忠诚度和购买率。会议营销的目的一般会涉及以下几个方面。

（1）产品促销，实现销售。通过会议营销的沟通互动，及时了解并满足大客户的需求，可以加快产品销售的进程，有效地促进销售。

（2）获得大客户有效信息。通过会议营销的有效设计，可以在各个环节获取不同的大客户信息，如在签到环节可以获取大客户决策者的基本信息，在娱乐环节可以获取大客户工作方面甚至家庭相关信息，在会议互动环节可以获取大客户的现状及需求相关信息。

（3）面对面沟通，建立互信。会议营销有助于大客户营销人员与大客户之间进行面对面的有效的沟通，建立感情；同时可以加深大客户对企业的感情，对产品的了解和信任，不断提高大客户的忠诚度；也可以使大客户营销人员及时了解并满足大客户的需求，解决大客户遇到的问题，提高服务效率。

（4）树立和提升企业的形象。成功的会议营销不但可以达到服务销售的目的，同时也可以实现企业宣传的目的，从而有效地提升企业形象。

会议营销的意义是通过会议形式加强产品的市场培育，无论淡季还是旺季，都能为企业未来产品的畅销打下坚实的基础并创造良好的消费环境，它为企业与大客户之间架起一座沟通的桥梁，使产品的推广、宣传、销售、服务完美地结合在一起。

某集团与某市政协在当地某大酒店联合举办了"企业信息化应用成果及经验推广会"。参会代表包括市政协、市企业信息化办公室、市经贸委、市科技局的领导以及来自 TJ 股份、JC 股份、QF 股份、HJ 股份、SL 集团等二百多家该地区的企业领导。

该活动的流程如下：

（1）市政协主席在会上发表讲话；

（2）集团总裁代表集团向新老客户表示了真挚的感谢；

（3）集团华东区副总经理作了"企业信息化及 ERP 应用的中国特色"的主题演讲；

（4）集团客户代表谈了实施企业信息化的心得体会，并介绍其在企业信息化应用过程中的经验教训；

（5）举办颁奖典礼。特邀嘉宾市政协主席、科技局副局长、集团副总裁等分别为七家企业进行了颁奖。

通过此次推广会，集团强化了该地区企业信息化战略伙伴的形象，提升了新推广的软件在该地区的品牌知名度。

5. 会议营销的注意事项

（1）会议营销的影响面大，需要在前期做好充分的准备。

会议营销涉及的市场范围比较大，组织活动的要求相对比较高，企业及大客户营销人员如果没有准备好，就不要急于采用这样种营销模式，否则对企业整个市场的破坏性比较大。

（2）会议营销对大客户营销人员的要求比较高。

会议营销需要大客户营销人员具备组织、协调和沟通等多方面的能力，大客户营销人员的素质会直接影响大客户市场开发工作的顺利与否。

二、会议营销组织工作的内容

一般来说，会议营销组织工作的内容包括会议策划、会议准备、会议执行和后续跟踪。

1. 会议策划

企业根据营销需求确定会议目标并成立工作小组，进行市场调研分析；确定参加会议的人员、范围和人数，并进行会员招募和邀请；确定会议活动的时间、地点；确定会议主题、流程等；确定会议期间参与组织活动的成员及任务分工等组织事项。

2. 会议准备

活动前期的准备工作是会议营销成功的前提。会议准备阶段的具体内容包括场地选择、场地布置、准备会议宣传条幅和会议资料、明确成员分工、模拟彩排等，另外需做好会前的有效沟通、会议的应急预案及会议预算等工作。

会场选择应注意提升活动的整体规格和层次，体现企业形象。一般应该选择在当地知名度较高、档次较高、交通方便的星级酒店或饭店、政府会议礼堂等地点；根据会议组织规模及组织方式，选择其中面积较大的会议室、宴会厅、多功能厅作为会议场地，可以只选择会议场地，也可以既有会议场地，又有茶歇休息室等。会场应宽敞明亮、视野开阔、窗明几净、空气流通，以保证活动的总体效果。进入会场的方向性通道必须安排明显的指示牌，以引导客户顺利进入会场。

会场布置应简洁舒适，应准备会议签到表、桌签等；根据会议策划内容，会场可配备主题横幅、展板、电视、麦克风、录像、CD 光盘、投影、屏幕、笔记本电脑、产品、产品展示台、宣传资料（公司简介、产品介绍）等材料和设备。例如某活动场地布置要求：

1. 会场背景主题；

2. 横幅悬挂；

3. 讲台（贴上××商标）；

4. 宣传物品数量及位置；

5. 客户区桌椅的摆放（根据会场的具体情况而定），桌上必须摆放桌牌；

6. 咨询区（一般按 6 人的座位摆放）；

7. 检测区（一般按 3～6 台检测仪摆放）；

8. ×××展区（分 GZ 系和 HZ 系两个展床）；展床原则上要配备床头灯、床靠背；

9. 大厅指示牌（一块，注明××公司的会场所在）；

10. 抽奖箱（有××标识）；

11. 场馆平面图；

12. 交通图；

13. 主要工作及协调人员联系电话；

14. 布场人员到达会场时间；

15. 布场人员乘坐车辆安排等。

明确活动的组织成员分工。活动前应组织召开动员大会，明确工作人员的岗位、职责，分工详细，强化活动的组织性、统一性、协调性，以便实现预期目标。同时，活动前一天应组织现场模拟，理顺活动流程，如有必要，可事先举行现场活动彩排。例如某活动酒店协调事宜：

总负责人：×××

1. 酒店现场联系人：×××，联系电话：×××××××××；

2. 签到台；

3. 停车位；

4. 音响系统（包括无线和有线麦克风）；

5. 视频系统；

6. 一个讲台（台上有花篮）；

7. 桌牌；

8. 水杯；

9. 水壶；

10. 果盘；

11. 托盘；

12. 插线板；

13. 服务员；

14. 酒店工程部配合挂横幅等；

15. 对酒店工作人员的时间要求等。

以上各项工作要求必须在××时间内完成。

活动气氛要求：活动高潮时，员工应配合烘托气氛。负责人：各部门经理。

3. 会议执行

应做好会议的应急处理事项，做好接站和接待组织等服务，做好到会人员签到准备，按照会议流程执行实施。会议流程一般包括主持人开场白、领导致辞、专家讲座、客户交流沟通、参观等互动环节、签订合约、会议结束等，要注意会议期间专家与客户的互动、大客户营销人员与客户的交流沟通等环节的设计。

4. 后续跟踪

会议营销活动的成效不仅在于过程，更在于持续有效的客户跟踪和客户开发的管理。

对于大客户营销来说，具体包括：客户跟踪，建立客户档案；进一步接触有意向的客户；为准客户进行演示，服务促进；组织专门人员进行会议活动效果评估等管理工作。

> 会议营销涉及很多细节内容，比如会议策划阶段参会人员的确定、邀请、联络等工作；会议准备阶段会场布置环节的现场整体设计，桌椅摆放和话筒、投影、桌签等的准备工作；会议执行阶段现场的嘉宾接站、签到、会议资料发放、组织人员分工等，对这些细小环节，大客户营销人员必须考虑周全，认真确认核实。

第三节　俱乐部营销法

目前，许多企业采用俱乐部营销法进行大客户开发，即通过与特定的大客户群体签订协议、发放俱乐部会员卡，并由客户缴纳会费或不缴会费，以团体或个人的身份入会，使会员在与企业发生业务关系时可以享受价格、服务等优惠的经营形式。

某软件公司成立了大客户俱乐部，该俱乐部的宗旨是"帮助客户成功"，它的会员既有经济理论最前沿的管理思考者，也有国内外专家学者，还有该软件公司的用户，也包括名誉顾问与理事等。

该俱乐部成立的目的是：（1）架设一道用户与用户、用户与厂商之间的沟通桥梁，通过交流，加强企业与客户的沟通，从而为客户提供更有价值的服务；（2）通过聘请专业人士对俱乐部会员进行培训，可以帮助企业不断提升专业知识，增强企业保持领先、完善业务的能力；（3）实现客户之间的交流，帮助客户拓宽视野、广交朋友，分享俱乐部成员的应用经验，全面提高 ERP 的投资回报。

同时，该企业通过遍布全国的俱乐部互动开放平台，以案例带动应用、应用促进发展的方式，帮助客户总结并提炼出满足企业管理信息化需求的工具和方法。俱乐部主要活动形式有研讨会、论坛、TOUCH 会刊、私密微博社区等。

一、俱乐部营销概述

1. 俱乐部营销的含义

俱乐部是指企业组织的，让会员在平等、自愿、互利、互惠的基础上自主参加并享有相应权利和义务的协会或团体。

俱乐部营销是指企业通过组织吸收目标大客户参加俱乐部，并提供适合目标大客户需求的服务或活动，以培养企业的忠诚客户，从而使企业获益的大客户开发方法。

通过俱乐部营销企业可以做到与大客户零距离沟通、提供零距离服务。大客户俱乐部营销面向的一般是有价值的潜在大客户和有发展潜力的大客户。

俱乐部营销面向的大客户可以是终端客户，也可以面向经销商（代理商），但更多的情况是面向终端客户。无论哪种情况，企业俱乐部大都是非营利性组织，当然也有营利性组织。

某软件集团公司以大客户俱乐部为核心平台，通过发展全球技术合作伙伴、全球管理咨询合作伙伴、渠道合作伙伴和专家顾问联盟向大客户提供更全面的信息化整体解决方案服务。俱乐部成员包括：国家和地方政府的行业管理部门和协会成员，行业研究机构成员，软件行业的企业成员，集团客户等。

2. 俱乐部营销的功能

俱乐部营销具有以下六大功能：社交功能，沟通功能，服务功能，心理功能，促销功能、凝聚功能。其中，服务功能和促销功能是基本功能。

（1）社交功能。客户参加俱乐部，可以通过经验交流、联谊、娱乐、学习等活动方式来实现与其他会员的交往。

（2）沟通功能。通过俱乐部不仅可以实现企业与客户之间的沟通，也可以实现会员与会员、会员与潜在会员、企业与潜在会员之间的沟通。

（3）服务功能。这是俱乐部营销的基本功能之一。俱乐部可根据行业特点向会员提供基本服务（销售产品、服务跟踪）和增值服务（个性化服务、允许会员自助式服务等），更好地满足客户需求。

（4）心理功能。俱乐部营销可满足会员的多重心理需求，如受到尊重、消费安全、心理满足等心理需求。

（5）促销功能。这也是俱乐部营销的基本功能之一。俱乐部营销的目的就是服务于产品（或服务）营销，这有别于非会员的消费优惠和其他超值享受。

（6）凝聚功能。能否吸引会员、能否生存下去是俱乐部营销的关键。"适合的才是最好的"，开展俱乐部营销亦是如此，打造俱乐部的核心凝聚力至关重要，俱乐部需要采取必要的激励措施以吸引并留住会员。尽管俱乐部营销有很多优势，但是在不适宜或不具备条件的情况下生搬硬套，也不会收到好的营销效果。

3. 俱乐部营销的优势

俱乐部营销的根本目标在于与客户建立稳定的长久的关系。俱乐部营销既可以使企业拥有稳定的客户资源，也可以为企业树立良好的形象。

俱乐部营销的优势主要体现在：

（1）可获得市场需求的第一手资料。可以这样说，最真实、最可靠的调查来自真正的客户，而俱乐部给予了企业与客户沟通的最直接机会。客户加入俱乐部，可以让企业很方便地收集到大量客户的基本情况和需求信息；同时，俱乐部营销提供了企业与客户的沟通渠道，企业可以明确自己的客户群，掌握和了解客户群的特点，通过沟通及时了解客户的需求变化，为企业改进经营和服务策略提供客观依据。

（2）使产品研发更贴近市场需求。俱乐部本身就是一块良好的"试验田"，可以进行产品测试和产品试销，有利于提高产品成功上市的概率。这既使企业能立足市场需求，开发出适销对路的产品，同时也有利于降低产品上市风险。

（3）使企业能够紧密地"团结"重要客户。企业通过俱乐部营销可以稳定关键客户和潜在价值客户，也可以通过俱乐部营销把潜在价值客户发展为重点客户或关键客户。

（4）有利于品牌营造和树立企业形象。企业需要传播形象与品牌，需要提升美誉度，而俱乐部营销可以通过会员的传播，为企业建立良好的口碑，塑造好的企业形象。

（5）营销费用相对低廉。通过俱乐部模式，企业可以减少很多中间流通环节，降低产品流通成本，可以把这部分利润让渡给客户，使客户得到真正的优惠，实现共赢；同时企业可以通过俱乐部实现老客户的维护与开发，提高客户稳定性，降低客户开发成本。

（6）可以给客户带来安全感。当企业的新产品或服务上市时，客户可能会出于安全因素而徘徊观望，而俱乐部营销可提供一个企业全程跟踪客户的解决模式，减少了客户的顾虑。

二、俱乐部营销操作流程

俱乐部营销在操作上有一定的规律可循，但操作细则却因行业、企业而异。一般而言，俱乐部营销操作流程包括以下内容。

1. 设置组织机构

企业总部设置俱乐部管理中心，在各区域市场设立分俱乐部，隶属于分公司（或区域营销中心），而每个俱乐部可包括信息、交流、促销、企划、服务等几个职能小组。当然，组织机构的设置以能够实现先期规划的俱乐部职能为标准，以保证俱乐部的运营质量。

2. 编制会员章程

在会员章程中，企业要明确俱乐部宗旨、会员资格、会员权益、会员义务、会籍管理、组织机构、管理制度等事宜。会员章程是开展俱乐部营销的大纲。

3. 会员征集

设计会员申请表是一个重要环节，因为会员申请表是了解客户需求并面向客户营销的最基础工作。会员征集，亦称俱乐部的推广，包括会议推广、广告推广（包括在线和离线推广）、现场推广、活动推广等多种推广手段。除采用上述推广方式获得会员外，更多企业采用现有客户的产品（或服务）销售额达到一定积累后自动转为俱乐部会员的方法，也有付费入会的情况。

会员征集工作一般包括四个步骤：

一是选择特定客户。企业选择特定的、有具体特征、可以分辨的客户，并能够为这些特定的客户提供价值，满足其某些个性需求。

二是建立会员关系。客户关系建立方法主要有合同协议形式和预付款形式等，具体形式表现为发放会员卡。

三是会员价值体现。一般包括享受优惠（如折扣产品、积分优惠、超值服务等）、享受特色服务（如个性产品、个性服务等）、精神层面满足（如归属感、共同的兴趣爱好分享等）。

四是稳定客户关系。稳定客户关系的途径包括建立会员关系时确立的纽带关系的约束，会员价值体现了对客户的吸引和日常客户关系管理。

4. 会员管理工作

会员管理制度主要包括入会资格审查制度、入会（及退会、除籍）公告制度、资源共享制度、保密制度、销售服务制度等。具体操作方式是建立数据库、建立档案和会员级别管理。其中，客户数据库包括客户编号、姓名、自然状况、入会时间、会员级别、消费记录等方面，这是为其提供个性化服务的基础；档案包括电子版和纸介版，内容可参照数据库内容。

5. 制定营销策略

在这个环节需要企业打造沟通工具、明确沟通形式、确定促销优惠内容等。例如，企业可以编制内部刊物等作为与客户沟通的工具；可以通过专业人员邀约、在线沟通、会议或活动、电话跟踪回访等多种方式沟通；促销优惠可以采用基本优惠和特殊优惠形式。

6. 活动组织

积极与政府相关部门及行业协会建立广泛的联系，并取得相关支持，能够妥善办理开展活动所需要的手续。选择活动场所时，最好选择对会员便利并且有利于企业开展工作的地点，并且准备好会议设施，如桌椅、音响、讲台、幻灯机等，做好会场环境布置，如海报、展板、陈列柜、资料或样品陈列、企业形象展示板、俱乐部活动展示等。

第四节 会展营销法

会展是行业生产商、经销商、贸易商和客户等进行交流、沟通和商业促进的平台。会展的形式可以是展示会、交易会、展览会或商业市场。

企业可以通过会展建立并维持与利益相关者的关系，建立企业整体形象；也可以收集行业客户资料，了解行业现状及发展趋势，同时还可以展示形象、发布产品、直接销售与洽谈等。

一、会展营销概述

1. 会展营销的含义

会展营销是指企业通过组织或者参与会展，对企业产品、价格、服务等信息进行宣传并塑造企业品牌的市场推广活动。

通过会展营销，企业可以收集大客户信息，增强企业品牌和产品影响力。会展营销是企业促进销售的一种有效手段，同时企业可以借助会展的一些附加会议或论坛，使客户更深入地了解企业的产品或服务，增进客户关系。

2. 会展营销的特点

（1）营销主体的复杂性。会展营销的主体十分复杂，大到一个国家或城市，小到每个会展企业，甚至一次具体的会展参与者。每个主体的营销目的不一样，营销内容的侧重点也存在明显差异。一次会展可能会涉及众多的组织和企业，比如大型的国际性展览会可能由当地政府主办，由一家或者几家会展公司承办，其中个别较复杂的活动则由具体的企业承担。

（2）营销内容的整体性。会展的举办时间、地点、主题及内容等都是参展商所关心的。因此，会展营销的内容必须具有整体性，既包括举办会展的外部环境，如城市的安全状况、综合接待能力等，又包括会展的创新之处，能够给观众带来独特利益，以及独特的配套服务项目等。这一切都会影响参展商的购买行为。

（3）营销手段的多样性。会展营销的主体复杂性和内容广泛性决定了会展必须利用各种手段来开展宣传，以达到预期的营销目的。从传统的广播、电视、报纸，到各类行业杂志、专业会展杂志，到面向大众的路牌广告、地铁或出租车以及已渗透到各行各业的互联网，会展营销主体以平面或立体的方式，将大量的信息以最快、最直接的方式传递给大众。

（4）营销对象的参与性。许多时候，会展活动的主办者虽然熟悉会展的策划和运营，但对行业的认知程度可能并不深刻，因而在整个过程中必须广泛听取与会者和参展商的意见，结合自身能力、与会者和参展商的要求，尽可能地调整营销内容，以更好地满足与会者和参展商的需要。另外，在会展活动中，与会者和参展商的参与性都较强，主办者必须与其实现互动，提高与会者和参展商的满意程度。

3. 会展营销的功能

对于参与会展的企业而言，会展营销具有以下功能。

（1）会展可以展示企业品牌。通过会展提供的信息渠道和网络，企业可以迅速宣传自己的商品，同时可以实现在很短的时间内与目标客户直接沟通，将产品信息发送给特定的客户，并可对客户产生的反应即时响应。

（2）会展是生产商、批发商和分销商进行交流、沟通和贸易的汇聚点。专业性会展是其所代表行业的缩影，在某种程度上甚至就是一个市场，企业可以在会展中建立并维持与利益相关者的关系，建立企业在市场中的整体形象。

（3）企业可以通过会展收集有关竞争者、分销商和新老客户的信息，也可通过会展迅速、准确地了解国内外最新产品和行业发展趋势等，为制定下一步发展战略提供依据。

（4）企业可以通过会展降低营销成本。会展具备其他营销沟通工具的共同属性，据调查，会展相较于推销员推销、公关、广告等营销手段，获取客户的平均成本要低。在发达国家，通过参加会展进行产品推广已成为企业的重要营销手段。

（5）会展具有检验参展产品是否适销对路的功能。当今社会，面对不断变化的客户需求和市场竞争，以及产品生命周期越来越短等状况，不断创新、推出新产品已成为企业的常规工作。一个新产品是否具有市场需求空间，还需要市场对其进行检验，而会展是完成这项工作的最佳接口。新产品在会展上亮相，让不同的参会者从不同的角度对其做出评判，这为企业提供了宝贵的市场信息，从而有利于产品的最终定型和成功上市。

二、会展营销的方式

根据举办会展的主体不同，会展营销分为两种方式：自主办展和参与会展。在进入新市场的时候，企业营销人员可以利用会展介绍企业及产品，与客户建立初步的信任。

1. 自主办展

自主办展是指企业通过自主举办会展获得大量客户需求线索。这种方式可以使行业内供应商、中间商、客户在同一时间集中在一起。

自主办展一般分为会展前筹备、会展期间和会展结束后三个阶段,具体的操作步骤包括：市场分析、筹备阶段工作、组织安排、确定参展内容、确定会展提供的服务、会展宣传、期初和期中运作、布展、展览和展后阶段工作等。

2. 参与会展

参与会展是指企业选择参加行业相关的会展以获取销售线索。企业通过参与会展可以迅速了解市场行情,向国内外客户试销新产品、推出新品牌,同时通过和其他客户的接触,了解真正的客户需求、行业的发展趋势如何等。

参与会展之前首先要选择最适合的参展方式,参展方式可以简单地分为单独参展和集体参展两类。

单独参展是指企业作为一个独立个体参加会展,由企业独立完成参展工作。这是最普遍的参展形式,不仅需要一定的展览知识和技术,还需要花费一定的财力和人力。单独参展的企业有较大的自主权,可以设计出自己的特色,以显示企业实力、提高企业知名度。

集体参展一般都有专门人员负责展览组织工作,对于没有参展经验和相关市场知识、实力不够的中小企业来说是一种比较好的参展方式,尤其是在开拓国际市场时。选择集体参展时,企业在展出面积、展出时间、展台设计、展出风格、人员配备等方面会受限制。

不同的参展方式有不同的优势和劣势,企业应根据自身的需要和实力选择合适的参展方式。

三、会展营销的流程

会展营销的流程包括会展市场调研、会展策划、人员培训、会展资料设计制作、展台布置、会展服务和会展评估等工作。

（1）对企业进行有针对性的会展市场调研。收集有关本项目的各种资料,包括文字、图片以及录像等活动资料。对收集的资料要分类编排并归档。

（2）制订详细完整的会展策划方案。确定会展的目标市场、规模、展品,评估观众数量的多少、展览面积的大小以及参展的费用预算。

（3）实施前的培训。让全体会展实施工作人员理解策划方案,熟悉方案的要求,掌握方案实施的工作方法、步骤、技巧和注意事项。

（4）印刷材料的设计制作。利用会展的会刊、展前快讯、媒体报道等进行前期宣传,扩大企业的影响力,吸引更多的目标客户。

（5）展台的布置及展示，包括设备的调试安装，展台的人员配备。

（6）相关的会展服务，例如：根据参加会展客户的具体情况以及人数多少安排相应的车辆；根据参会客户的喜好，预订各种形式的餐会，推荐不同的用餐地点；根据参会客户的喜好，为其设计不同的休闲方式，设计专门的旅游线路，介绍下榻酒店附近的娱乐设施。

（7）做好对展后的评估工作，包括开好总结会，做好善后公关工作。

第五节 招投标法

随着社会发展，越来越多企业的采购采用招标的形式，尤其是企业大项目的采购，以及政府和企事业单位的采购。招投标法是企业通过与相关招标机构合作，或者通过网络等途径寻找招标信息，获取市场销售线索的一种方法。

一、招标

1. 招标的含义

招标是指在一定范围内公开货物、工程或服务、采购的条件和要求，邀请众多投标人参加投标，并按照规定程序从中选择交易对象的一种市场交易行为。

招标是企业根据自己的经营方向、规模和动机，按照规定条件，公开征求应征人递盘竞争，最后选定交易对象签约的一种交易活动。招标是一些国家用来采购物资、器材、设备或招商承建某项工程项目的常用的方法。通过招标活动，招标人可以在众多投标人的激烈竞争中选择最有利的条件成交。

2. 招标的特点

招标与一般的交易方式相比，主要有以下三个特点：

（1）招标是一次性递价成交的贸易方式。招标是由参加投标的企业按照招标人所提出的条件，一次性递价成交，双方无须进行反复磋商。

（2）招标是一种竞卖的贸易方式。

（3）招标是在指定的时间和指定的地点进行的，并事先规定了一些具体的条件。因此，投标必须根据招标企业规定的条件进行，如不符合其条件，则难以中标。

3. 招标信息和招标公告

（1）招标信息。

招标信息是指招标人或招标代理机构发布在报纸、电台、电视广播和网络媒体的项目公开招投标信息，包括招标公告、招标预告、中标公示、招标变更等信息，主要是为了说明招标的工程、货物、服务的范围、标段划分、数量、投标人的资格要求等，邀请特定或不特定的投标人在规定的时间、地点按照一定的程序进行投标的行为。

企业可以通过政府网站、公共资源交易平台、企业网站、第三方招标平台获取招标信息。

（2）招标公告。

招标公告的主要内容包括：招标人的名称和地址、招标项目的性质、数量、实施地点和时间以及获取招标文件的办法等。

4. 招标的方式

《中华人民共和国招标投标法》（以下简称《招标投标法》）规定，招标方式分为公开招标和邀请招标。国际上常采用的招标方式还有第三种议标。无特殊情况，我们应尽量避免采用议标方式。

（1）公开招标。

公开招标是指招标人以招标公告的方式邀请不特定的法人或者其他组织投标。公开招标，又称竞争性招标，由招标人通过国家指定的报刊、信息网络或其他媒介发布招标公告，吸引众多企业单位参加投标竞争，招标人从中择优选择中标单位。按照竞争程度，公开招标可分为国际竞争性招标和国内竞争性招标。

公开招标的法律要素有：招标人是以招标广告的方式邀请投标，邀请投标对象是不特定的法人和其他组织。

（2）邀请招标。

邀请招标是指招标人以投标邀请书的方式邀请特定的法人或其他组织投标。邀请招标，也称为有限竞争招标，由招标人选择特定的法人或其他组织，向其发出投标邀请书，由被邀请的法人或其他组织投标竞争，招标人从中选定中标者。

邀请招标的特点包括：① 邀请投标不发布公告，② 接受邀请的单位才是合格的投标人，③ 投标人的数量有限。

邀请投标的法律要素是：招标人是以投标邀请书的方式邀请投标，被邀投标对象是特定的法人或其他组织。

（3）议标。

议标，也称非竞争性招标或指定性招标，招标人邀请一家，最多不超过两家单位或组织来直接协商谈判，实际上是一种合同谈判的形式。其优点是节省时间，容易达成协议，可迅速展开工作；缺点是无法获得有竞争力的报价。

邀请招标的限制

为保证投标方式以公开招标为主的原则，并防止和减少招标中的不正当交易和腐败现象的发生，《投标招标法》第十一条作了限制邀请招标的规定："国务院发展计划部门确定的国家重点项目和省、自治区、直辖市人民政府确定的地方重点项目不适宜公开招标的，经国务院发展计划部门或者省、自治区、直辖市人民政府批准，可以进行邀请招标。"一般不适宜公开招标的项目有：

（1）技术复杂、有特殊要求或者受自然环境限制，只有少量潜在投标人可供选择；

（2）采用公开招标方式的费用占项目合同金额的比例过大；

（3）有其他不宜进行公开招标的原因。

5. 招标工作的组织方式

招标组织形式包括自行招标和委托招标。目前招标人采用委托招标形式的相对较多。

（1）自行招标。

自行招标是指招标人自身具有编制招标文件和组织评标的能力，可以依法自行办理招标。

自行招标的优点是过程环节比较少，节省时间和费用；缺点是专业水平不足，当涉及招标人多个部门时容易出现程序烦琐和效率低下的情况，导致招标工作时间延长。

（2）委托招标。

委托招标是指招标人委托招标代理机构，在招标代理权限范围内，以招标人的名义组织招标工作。

按照《招标投标法》的规定：

① 招标人有权自行选择招标代理机构，委托其办理招标事宜。任何单位和个人不得以任何方式为招标人指定招标代理机构。

② 招标人和招标代理机构的关系是委托代理关系。招标代理机构应当与招标人签订书面委托合同，在委托范围内，以招标人的名义组织招标工作和完成招标任务。

委托招标的优点是招标代理机构本身专业能力比较强，也有比较丰富的项目经验，可以确保在项目招标进行中不会出现什么状况，即使出现状况也可以很好解决问题；委托招标的缺点是不同招标代理机构资质等级不一样，服务质量也是参差不齐。

6. 招标文件内容

招标人应当根据招标项目的特点和需要编制招标文件。招标文件应当包括招标项目的技术要求、对投标人资格审查的标准、投标报价要求和评标标准等所有实质性要求和条件以及拟签订合同的主要条款。国家对招标项目的技术、标准有规定的，招标人应当按照其规定在招标文件中提出相应要求。招标项目需要划分标段、确定工期的，招标人应当合理划分标段、确定工期，并在招标文件中载明。

二、投标

1. 投标的含义

投标是与招标相对应的概念。投标是指投标人应招标人特定或不特定的邀请，按照招标文件规定的要求，在规定的时间和地点主动向招标人递交投标文件并以中标为目的的行为。

招标人和中标人应当依照《招标投标法》和《中华人民共和国招标投标法实施条例》的规定签订书面合同，合同的标的、价款、质量、履行期限等主要条款应当与招标文件和中标人的投标文件的内容一致。招标人和中标人不得再行订立背离合同实质性内容的其他协议。招标人最迟应当在书面合同签订后5日内向中标人和未中标的投标人退还投标保证金及银行同期存款利息。

2. 投标书内容

投标书内容一般包括标题、正文和落款等。

（1）标题。投标书标题一般为"投标申请书""投标答辩书"或"投标书"。

（2）正文。投标书正文由开头和主体组成。开头主要是写明投标的依据和主导思想。主体主要是把投标的经营思想和经营方针、经营目标、经营措施、要求、外部条件等内容具体、完整、全面地表述出来，力求论证严密、层次清晰、文字简练。

（3）落款。写明投标单位（或个人）的名称和投标日期。

3. 投标书的写作要求

投标书的写作要求实事求是、具体清晰、准确准时。

4. 投标书制作注意事项

投标书（投标文件）是评标的主要依据，是事关投标者能否中标的关键。综合一些投标者在制作投标书方面的失败教训，投标者在制作投标书的过程中，必须对以下四个方面引起足够重视。

（1）"投标须知"莫弄错。

"投标须知"是招标人提醒投标者在投标书中务必全面、正确回答的具体事项的书面说明，可以说是投标书的"五脏"。因此，投标人在制作标书时，必须对"招标须知"进行反复学习、理解，直至弄懂弄通，否则就会将"招标须知"理解错，导致投标书成为废标。

某"招标须知"要求投标人在投标书中提供近三年开发基于 WebSphere、Oracle 大型数据库的成功交易业务记录，而某投标者将"近三年"理解为"近年"。将"成功交易业务记录"理解为"内部机构成功开发记录"，以至于形成的投标书违背了"招标须知"，成为废标。

（2）"实质要求"莫遗漏。

《招标投标法》第二十七条规定："投标文件应当对招标文件提出的实质性要求和条件作出响应。"这意味着投标者只要对招标文件中的某一条实质性要求有遗漏，未做出响应，都将导致废标。

某招标文件规定，投标者须具备五个方面的条件。若投标者 A 遗漏了对"招标货物有经营许可证要求的，投标人必须具有该货物的经营许可证"这一要求做出响应；投标者 B 在投标书中遗漏了对"投标人必须取得对所投设备生产企业的授权文件"这一要求做出响应，则投标者 A 和投标者 B 都将因"遗漏"而被淘汰。

（3）"重要部分"莫忽视。

"标函""项目实施方案""技术措施""售后服务承诺"等都是投标书的重要部分，也是投标者是否具有竞争实力的具体表现。倘若投标者不重视这些重要部分，就会使投标者在商务标、技术标、信誉标等方面失分，很难中标。

如果投标者不重视"标函"，在"标函"中不能全面反映本公司的实力，不能充分表述本公司的业绩，就不能完全表达本公司对此招标项目的重视程度和诚意。

一些投标者对"技术措施"不重视，忽视对拟派出的项目负责人与主要技术人员简历、业绩和拟用于本项目精良设备名称的详细介绍，以致在这些方面得分不高而出局。

（4）"细小项目"莫大意。

在制作投标书的时候，有一些项目很细小，也很容易做，但稍一粗心大意，就会影响全局，导致全盘皆输。例如：投标书未按照招标文件的有关要求封记；未全部加盖法人或委托授权人印鉴，未在投标书的每一页上签字盖章，未在所有重要汇总标价旁签字盖章，未将委托授权书放在投标书中；投标者单位名称或法人姓名与登记执照不符；未在投标书上填写法定注册地址；未在规定的时间内缴纳投标保证金；投标书的附件资料不全；投标书字迹不端正，无法辨认；投标书装订不整齐，投标书上没有目录、页码，文件资料装订前后颠倒等。

总结与实践

本章小结

本章主要讲述了大客户开发线索获取的个人开发方式、组织开发方式；会议营销的含义、特征、类型、意义，会议营销的组织工作内容；俱乐部营销的含义、功能、优势，俱乐部营销适用的领域，俱乐部营销操作流程；会展营销的含义、特点、功能，会展营销的方式，会展营销的流程；招标的含义、特点，招标的方式、组织方式，招标文件的内容等；投标的含义，投标书的内容、写作要求，投标书制作的注意事项等。

思考题

1. 大客户开发线索获取的方法有很多，你认为哪种方法的效果比较好？为什么？
2. 你认为成功的会议营销应关注哪些问题？
3. 俱乐部营销的核心工作内容是什么？
4. 在会展营销中，企业如何获取销售线索？

课后练习

一、单选题

1. 汽车销售公司和汽车之家网站合作，从汽车之家网站获取有需求的客户线索，这种获取销售线索的方法是（　　　）。

   A. 渠道获取法　　　B. 商务联盟　　　C. 广告获取法　　　D. 委托助手法

2. （　　　）比较适合参会人员较少，相互之间需要较多沟通交流的情况。

   A. 圆桌式会议　　　B. 会场式会议　　　C. 客户类会议　　　D. 经销商会议

3. 客户通过参加俱乐部，可以实现与其他客户的交往。这属于俱乐部营销的（　　　）功能。

   A. 社交功能　　　B. 服务功能　　　C. 促销功能　　　D. 凝聚功能

4. 投标书的内容不包括（　　　）。

   A. 封面　　　B. 标题　　　C. 正文　　　D. 落款

5.用来邀请资格预审合格的投标人，按规定时间和条件前来投标的文件是（　　　　）。

    A.投标者须知　　　　B.投标书　　　　C.投标邀请书　　　　D.招标公告

二、多选题

1.下面大客户开发线索获取的方法中，（　　　　）属于组织开发方法。

    A.渠道获取法　　　　B.熟人介绍法　　　　C.商务联盟　　　　D.广告获取法

2.一般来说，会议营销组织工作的内容包括（　　　　）。

    A.会议策划阶段　　　　　　　　　　B.会议准备阶段

    C.会议执行阶段　　　　　　　　　　D.后续跟踪阶段

3.俱乐部营销的优势主要有（　　　　）。

    A.获得市场需求的第一手资料　　　　B.使产品研发更贴近市场需求

    C.有利于品牌营造和树立企业形象　　D.可以给客户带来安全感

4.中国主要采用的招标方式有（　　　　）。

    A.公开招标　　　　B.邀请招标　　　　C.议标　　　　D.拍卖

5.公开招标的法律要素包括（　　　　）。

    A.招标人是以招标广告的方式邀请投标

    B.邀请投标对象是不特定的法人和其他组织

    C.接受邀请的单位才是合格的投标人

    D.投标人的数量有限

三、判断题

1.俱乐部营销可以使企业与客户零距离沟通并提供零距离服务。（　　　　）

2.会议营销对营销人员的素质要求高。（　　　　）

3.没有参展经验和相关市场知识，实力不够的中小企业比较适合单独参展。（　　　　）

4.招标是一种竞买的贸易方式。（　　　　）

5.招标是由参加投标的企业按照招标人所提出的条件，一次性递价成交的贸易方式，双方无须进行反复磋商。（　　　　）

四、案例分析

某楼盘会展营销

    北京某房地产开发公司推出了一个新楼盘，并在嘉里中心办了一个展会，请来了四百多位有意向购房的人。这个展会不仅筹备得非常成功，而且楼盘介绍也非常全面，几乎当时就订购一空。

大家都在想：这么成功的展会一定会花不少钱吧？

据销售经理介绍，这个展会其实没有花多少钱，主要开支包括以下几项：

（1）大会议厅。

一般来说，在四五星级酒店租用大会议厅只需花费几千块钱。

（2）茶点。

酒店的茶点价格较高，所以该公司自己买了水果、点心，让服务人员早些进入场地并摆放好。

（3）服务。

酒店的服务费较高，所以该公司没有用宾馆的服务人员，而是到模特公司雇了10名模特。这些模特的专业水准非常高，一名模特一天300元。如果用半天时间办一个档次较高的展会，租用模特只需几千块钱的费用，还会给客户留下非常好的印象。

如果花了8000元办了一个非常成功的展会，覆盖100个客户，平均每个客户只花费80元。而如果销售人员挨家挨户地拜访客户，算上出租车费、员工工资、机票费、时间等，费用是非常可观的。通过举办展会，在半天之内就能够达到这么好的效果，那么整个销售工作会在时间和销售进度上占据主动。

请分析：

（1）该公司的新楼盘销售采用的是什么方法？

（2）采用这种方法的难点是什么？采用这种方法时需要注意哪些问题？

第四章

大客户信息收集

BF 商贸大客户信息收集

快递公司营销人员小郭负责开发国际小包业务市场。在一次周末聚会活动中，她经朋友介绍认识了 BF 商贸公司的卜经理。聚会后，小郭通过朋友介绍、网络查询和上门拜访等多种方式了解到 BF 商贸公司主要做跨境电商业务，同时也了解了卜经理及其公司业务情况。

卜经理留英回来后自主创业，他爱人是通过司法考试的研究生，夫妻二人头脑灵活，抓准了商机开展国际商贸业务，于 2011 年 9 月注册了 BF 商贸公司。该公司在工业园区，占地从一开始的 100 平方米扩展到了 600 平方米，工人 30 人，主要业务是在电商平台上销售服装、包类和美甲用品，业务稳定后每天都有上千单的业务，主要发往欧美和东南亚地区，有国际邮件寄递的明确诉求。

目前，BF 商贸公司主要通过顺丰快递把快件运到北京的货运代理公司，再交寄到北京邮政分公司，再通过邮政的国际小包、E 邮宝业务邮寄。

小郭掌握的这些信息，为后期成功开发大客户打好了基础，仅两年带来 1100 万元的收入。

通过上面的案例，我们可以初步了解大客户营销人员的工作，收集客户信息是大客户营销人员的重要工作内容。大客户信息收集工作对成功开发大客户具有重要意义，它需要大客户营销人员尽可能详细地掌握客户信息。这就要求大客户营销人员在大客户信息收集工作中要细致认真、兢兢业业。

通过对市场、行业的研究和分析，确定了目标行业后，企业就需要长期关注该行业的大客户，进行该行业的大客户开发渠道建设，挖掘该行业的大客户需求线索。然后有针对性地收集目标客户信息，确认目标客户开发的意义和价值。

第一节　大客户信息概述

一、大客户信息内容

大客户营销人员收集的客户信息主要包括背景资料、年度重大事件、关键决策者信息、竞争对手信息等，分为基本信息和拓展信息。

1. 基本信息

基本信息包括大客户的背景资料、年度重大事件、关键决策者信息等内容。

（1）背景资料。

背景资料包括大客户基础信息、生产经营状况、组织状况及购买行为情况等。

基础信息主要包括大客户全称或简称、所属的行业、所有制形式、隶属关系、部门设置、员工人数、办公地址及其交通状况等。生产经营状况包括大客户的经营规模、成立的时间和演变状况，法人代表和某些决策人的基本情况、电话（传真）号码、生产经营的产品大类，产品项目的数量、产品的主要销售地及市场反应情况，大客户的财务状况、所在的行业基本状况、竞争地位等。组织状况包括企业近期及远期的目标、规章制度、工作程序、组织机构的设置、职权划分、人事关系和主要领导人的风格等。购买行为情况是指大客户通常由哪个或哪些部门发现市场需求或提出购买申请，由哪个部门或机构对市场需求进行核准与说明，由哪个部门或机构对市场需求及购买进行描述、选择供应商等，选择的标准是什么，有几家供应商，供求双方的关系及发展前景等。

（2）年度重大事件。

年度重大事件主要是指大客户年度内要举行的厂庆、店庆、周年庆典、新产品上市、上新产品线、评优评奖、参展宣传等重大事项。针对年度重大事件，大客户会有一定的业务需求，这是大客户营销人员开发大客户、发展业务的好时机。

（3）关键决策者信息。

关键决策者是大客户内部直接或间接影响购买决策的人员，主要包括主管或分管领导、财务部门负责人、使用部门负责人等。不同的项目，其关键决策者可能也会有所不同。

关键决策者信息包括关键决策者的基础信息、家庭成员情况等。关键决策者的基础信息包括姓名、性别、年龄、民族、籍贯、文化程度、职务、电话号码、经济收入状况、宗教信仰、现居住地、私家车品牌、兴趣和爱好、毕业院校和专业、喜欢的运动、喜欢的餐厅和食物、喜欢阅读的书籍刊物、与同事的关系、在所在机构中的作用、年度工作目标、个人发展计划和志向以及其他重要情况等。家庭成员情况包括关键决策者家庭主要成员及其所属单位、职业、职务、爱好等。由于关键决策者的购买决策在一定程度上受到家庭成员的影响，所以大客户营销人员应尽量多地了解大客户的家庭状况及其家族成员的个人特征。大客户营销人员收集到的关键决策者个人资料越多，就越有益于大客户的开发成功。大客户营销人员在收集关键决策者个人资料时，要注意了解其是否有一些特殊经历，如是否当过兵、是否为某俱乐部成员等。如果大客户营销人员和大客户的经历或爱好相似，就能够迅速拉近双方的距离。

2. 拓展信息

拓展信息主要是指与大客户营销人员开发同一个大客户的其他企业的信息，即大客户营销人员的竞争对手的信息，主要包括竞争对手的优劣势、竞争对手开发大客户的现状、大客户使用竞争对手产品的情况、大客户对竞争对手产品的满意度、竞争对手的营销人员的名字及销售特点、竞争对手的营销人员与大客户的关系等。

拓展信息是企业大客户营销人员开发大客户的重要信息，它与能否成功开发大客户具有紧密关系。例如，竞争对手提供的服务方案或报价等会直接影响大客户的选择，也会直接影响开发大客户的效果。

大客户营销人员不可能在短期内了解大客户的所有信息，所以应在平时工作中不断积累、不断完善，保证和保持大客户信息的完整和有效。

二、大客户信息分类

大客户开发过程中涉及的信息相对比较广泛，按照不同的分类标准可分为不同的类别。

1. 按照信息的影响范围划分

大客户信息按照其影响范围可分为宏观环境信息、行业信息和客户信息。其中客户信息是大客户开发的核心信息，是企业成功开发大客户的关键信息；宏观环境信息对企业来说是影响范围最广、时效性相对较长的信息，对企业开发该行业的大客户具有普遍影响。

（1）宏观环境信息。宏观环境信息是大客户开发过程中企业了解大客户发展趋势和外部环境的重要内容，包括人口、经济、政治法律、社会文化、自然和科学技术等外部环境因素，这些环境因素可能会给大客户发展带来机遇，也可能会给大客户发展带来威胁，这些都会影响大客户的战略制定，也会影响到大客户的决策。所以，大客户开发过程中，要更好地服务于大客户，就需要企业全面了解大客户所处的环境，包括宏观环境。客户宏观环境信息是企业市场规划人员在市场分析阶段就开始收集的，也是企业营销人员分析大客户需求和制订大客户服务方案的基础信息。客户宏观环境信息是影响企业了解大客户所在行业生产经营的最基础信息。

（2）行业信息。行业信息包括大客户所在行业的行业发展趋势，行业的资源供应、市场需求、市场竞争状况等信息，还包括服务于该客户的竞争对手的信息等。企业只有清晰地了解大客户所在行业的信息，才能更有效地分析大客户面临的问题，为大客户提供满足个性化需求的解决方案。同时，了解行业信息，企业可以更好地制定开发该行业大客户的策略。

（3）客户信息。客户信息即大客户信息的基本信息，包括客户背景资料、年度重大事件、关键决策人资料等，这些是企业开发大客户的关键信息，也是对企业开发大客户产生直接影响的信息。例如涉及客户采购项目的采购数量、采购规格、品种、关键决策者团队等信息。企业只有全面了解大客户信息，才能在开发大客户过程中准确判断大客户需求，有效设计大客户开发策略。

2. 按照信息涉及的内容划分

按照信息涉及的内容，大客户信息可分为客户内部信息和客户外部信息。客户内部信息是涉及大客户及其关键决策者的信息。客户外部信息是影响大客户的外部环境信息，一般包括大客户所在行业的竞争信息和宏观环境信息。

3. 按照大客户信息来源划分

按照信息的来源，大客户信息可分为一手资料和二手资料。一手资料是指大客户营销人员通过市场观察、实验等调查方法获取的客户信息。二手资料是指大客户营销人员通过网络、报纸等途径或者咨询相关组织获得的客户信息。

4. 按照大客户信息的获得渠道划分

按照信息的获得渠道，大客户信息可分为网络信息、纸媒信息、第三方购买信息、市场调研信息等。

第二节　大客户信息收集渠道和方法

收集和分析大客户信息是成功开发大客户的基础，也是决定能否成功开发大客户的重要环节。大客户信息掌握得翔实与否，直接影响后期大客户分析、大客户开发结果。只有全面地掌握大客户的信息，企业才能做到"知彼知己、百战不殆"，才能更好地分析大客户需求，设计更有效的大客户开发策略。

企业收集到大客户的相关信息后，分析客户需求，为后期开发客户奠定基础。

一、大客户信息收集渠道

大客户信息收集渠道有企业内部信息系统查询、网络查询、图书报纸等查询、第三方购买、市场调研等。

1. 企业内部信息系统查询

企业内部信息系统查询是最经济的大客户信息获取渠道。经过长期发展，大部分企业都积累了大量的客户信息，尤其是伴随着客户关系管理软件的不断推广和使用，企业积累的大客户信息量越来越大。大客户营销人员进行大客户开发时，首先可以通过企业内部的客户信息系统查询相关大客户信息，比如企业现有大客户的开发、大客户相关的行业信息及竞争对手信息等。

大客户营销人员通过企业内部信息系统挖掘分析企业大客户相关信息，可以缩短信息收集时间，提高大客户开发效率。这种渠道是最方便、成本最低的客户信息收集渠道。

2. 网络查询

随着通信网络和计算机技术的发展，网络信息越来越丰富，网络查询也成为一种使用较为广泛的大客户信息收集渠道。

大客户开发初期，大客户营销人员可以通过一些公开的网站等网络渠道收集客户相关信息，如客户的官网、相关统计网站、行业网站等。另外，所有的企事业单位大客户都需要在管理部门注册备案，如市场监督管理局、税务局、技术监督局、行业协会等，大客户营销人员可以通过相关部门的网站平台查询相关大客户信息。

3. 图书报纸等查询

大客户为了扩大自己的生产和销售、塑造企业形象和提升社会影响力，会不断地通过各种报纸、杂志、电视、宣传页等媒体形式宣传企业和产品、重大决策、年度重大事件等。所以，大客户营销人员可以通过查询相关书籍、期刊、报纸、电视等收集客户的基本信息。大客户营销人员要做"有心人"，要随时注意收集客户发布在大众媒体的信息，尤其是大众出版物和当地主流媒体，这也是较便捷的信息收集渠道。

4. 第三方购买

第三方购买是比较快捷的大客户信息获取渠道。在市场经济不断发展的今天，市场上有很多专门从事信息调研的市场调查机构，他们主要提供市场信息或者提供市场调查服务。

伴随着经济发展，我国不仅有很多直接或间接涉及调查研究的机构，还有一些提供信息有偿分享的第三方平台。大客户营销人员可以通过这些平台购买需要的大客户信息。但是通过这种渠道获取信息一般成本比较高，大客户营销人员要在自己的权限范围内或者通过企业批准后进行信息获取。通过第三方购买渠道获取的信息一般针对性不强。如果要获取大客户的重要信息，企业或者大客户营销人员最好委托市场调研机构进行专门调研。

5. 市场调研

市场调研是最直接的大客户信息获取渠道。大客户营销人员对于难以获取的重要信息，可以通过企业营销调研系统有针对性地进行市场调研，获取需要的大客户信息。一般情况下，大客户营销人员通过建立自己的关系网络来获取客户信息，如通过自己的关系网或者大客户的内部人员，或者大客户拜访获取大客户信息。

首先，大客户营销人员可以通过自己的关系网，如同学、同事、同事亲属、同乡、朋友、家人、老客户等了解目标大客户情况，通过这种方式获取信息，既准确又快捷，既省时又省力，往往可以获得事半功倍的效果。

其次，大客户营销人员也可以通过大客户的内部人员收集大客户信息。大客户内部工作人员掌握的大客户信息最多、最真实，是收集大客户资料的最佳渠道，所以大客户营销人员应该注意在大客户内部建立良好的人际关系。

最后，大客户营销人员如果没有更多的渠道了解大客户信息，或者不能通过其他渠道获取必需的大客户信息，这时就可以走访调查大客户，即大客户营销人员通过直接业务推介、企业参观、征询产品或服务意见、客户走访等方式拜访大客户，在拜访过程中通过询问、观察等方式获取大客户信息。

大客户营销人员收集信息的渠道还有很多，如客户的网站、热线电话、内刊、板报、广播等，大客户营销人员应注意挖掘大客户的内部资源，以获得更多真实的大客户一手资料。

另外，大客户营销人员可以将这些渠道有效组合应用，以有效获取大客户信息，为分析大客户需求奠定基础。

邮政企业履行着普遍服务的职责，大多数企事业单位和公众客户或多或少会使用邮政业务，尤其投递业务更是深入千家万户、每一个单位。大客户营销人员可以借用投递的机会或征询服务意见等机会，通过面谈或电话交流取得客户的一手资料。

二、大客户信息收集方法

1. 大客户信息收集基本方法

开发大客户需要的客户信息范围比较广，信息内容比较多，需要大客户营销人员利用多种方法收集大客户信息。大客户信息收集的方法主要有内部资料查询法、网络资料查询法、文献查询法、人员访谈法、有偿购买法等。

（1）内部资料查询法。内部资料查询法是指营销人员在开发大客户时，充分利用企业内部的数据资料查找信息的方法。

（2）网络资料查询法。网络资料查询法是指营销人员通过网络查询收集大客户信息的方法。网络资料查询法是使用最为广泛的信息查询方法。

（3）文献查询法。文献查询法是指营销人员通过相关期刊、书籍等出版物查询大客户信息的方法。

（4）人员访谈法。人员访谈法是指营销人员通过对大客户内部人员、大客户相关人员或者行业内部专业人士进行走访，获得大客户相关资料的一种方法。营销人员对大客户内部人员进行走访是最直接的大客户信息获取方法，使用这种方法时营销人员应注意，在走访之前必须做好已有信息的梳理，确定沟通目的并设计好沟通方案，这些内容要紧密结合需要了解的信息，以达到获取有效信息的目的。

（5）有偿购买法。有偿购买法是一种有偿获得信息的方法。营销人员可以通过向咨询公司、数据库公司、顾问公司等中介机构购买需要的大客户相关信息。通过这种方法获得的资料虽然大多数属于二手资料，但省时且来源广。

2. 大客户信息收集方法应用

不同类型的大客户信息需要不同的信息收集方法，大客户营销人员要结合企业所处的环境和自己的工作经验，合理地设计信息收集方法。根据大客户信息的不同内容，可以考虑采用以下方法收集信息。

（1）宏观环境信息。

宏观环境信息涉及面比较广，包括与行业相关的经济、政策、技术、文化、人口、地理等环境信息。搜集宏观环境信息的方法相对比较多，主要采用二手资料收集方法，如内部资料查询法、网络资料查询法等。

① 内部资料查询法。企业市场部门在前期进行市场规划和大客户行业选择时，已收集了相关的宏观环境信息，并进行了相应的行业分析。大客户营销人员在开发大客户时可以充分利用企业内部积累的宏观环境信息，快速地了解大客户所在行业的宏观环境。

② 网络资料查询法。大客户营销人员通过相关政府网站、行业网站、搜索引擎搜索等方法收集大客户所在行业的宏观环境信息。如通过中国统计信息网、地方政府网站等可以收集经济方面的信息；通过中国政府网、国家政策网、政府行业相关管理网站、地方政

府网站等可以收集国家政策、地方政策等相关信息。

（2）行业信息。

行业信息是相对比较专业的信息，包括行业发展趋势、行业特征及共性问题、行业产业链、行业竞争、竞争对手等信息。这需要大客户营销人员通过行业专业人士或者行业相关的平台去获取。获取行业信息的方法主要有网络资料查询法、人员访谈法、文献查询法、有偿购买法。

① 网络资料查询法。大客户营销人员通过相关行业协会、智库平台等网站查询行业信息。如果竞争对手是上市公司，还可以通过相关的证券平台详细查询竞争对手的基本信息。

② 人员访谈法。大客户营销人员通过对行业专家、大客户内部人员的访谈了解行业发展趋势、行业竞争情况、行业目前面临的问题等信息。

③ 文献查询法。大客户营销人员可以通过行业年鉴、报刊、行业协会出版物等查询客户所在行业发展趋势及竞争信息。

④ 有偿购买法。随着市场经济的发展，国内外新兴起的各种信息公司，如咨询公司、顾问公司等，他们能够收集、整理和提供各种信息资料；同时，各类专业研究机构、大学的研究部门也会提供各种信息资料。企业可以通过向信息服务单位有偿支付购买相关行业资料。

（3）大客户基本信息。

大客户基本信息是大客户的基础信息，内容相对比较具体、详细。一般来说，大客户基本信息收集的方法有内部资料查询法、网络资料查询法、人员访谈法、文献查询法、有偿购买法等。

① 内部资料查询法。对于现有大客户，大客户营销人员可以利用企业内部的客户资源获取其基本信息。如通过客户管理系统了解客户的基础信息；通过和企业其他业务部门沟通，实现客户资源共享，获取客户的相关信息；通过企业的各种统计资料、原始记录、营业日记、订货合同、客户来函等，了解企业在营销过程中收集的各种需求变化情况和意见反映；通过售后服务部门收集客户的反馈，了解客户对产品或服务的要求。

② 网络资料查询法。大客户营销人员可以通过国家工商管理部门、税务部门等网站查询大客户的一般信息；可以通过客户官网、搜索引擎、智库等可以收集大客户的一般信息和经营信息。

③ 人员访谈法。大客户营销人员可以通过对大客户的供应商、经销商等进行访谈，了解大客户的经营信息、关键决策者信息等；通过对大客户内部人员的访谈，了解大客户

的经营信息、项目需求信息和关键决策者信息。

④ 文献查询法。大客户营销人员可以通过黄页、期刊、报纸等查询大客户的背景信息和经营信息。

⑤ 有偿购买法。大客户营销人员可以通过有偿支付的形式向社会上的相关数据库公司、咨询公司、顾问公司等中介机构购买大客户的相关资料。

（4）拓展信息。

拓展信息涉及企业竞争对手的商务活动信息，属于商业机密，具有一定的隐蔽性。

① 竞争对手的基本信息。关于竞争对手的基本信息及其优劣势，可以通过网络资料查询、人员访谈等方法和渠道获得。

② 大客户营销人员可以通过对大客户内部人员的访谈，了解大客户项目进展及竞争对手等信息，了解大客户关键决策者对竞争对手服务方案的认可度。

> 涉及大客户的信息很多，不同类型的大客户信息获取的渠道是不一样的。有些大客户信息，如客户采购项目的信息和相关决策者的信息可能难以获取，这不但需要大客户营销人员能够灵活运用大客户信息收集方法，还需要大客户营销人员具有迎难而上、积极进取、勇于探索的精神，努力尝试采用各种方法获取大客户信息。

第三节　大客户信息处理

大客户信息处理是保证客户管理正常化的重要手段。

一、大客户信息"清洗"

大客户信息来源非常广泛，通过大客户信息"清洗"，可以将重复的、异常的、不完整的信息进行"清洗"，保证大客户信息的一致性、完整性和有效性，将大客户信息转化为高质量的信息，同时对信息内容进行"脱敏"处理，保护客户隐私等信息安全。

在大客户信息获取阶段，信息"清洗"的目的是将错误的、无意向的、不相关的线索或相关内容排除，留下有意向的、有需求的大客户的线索，这样大客户开发的线索就转化成了商机。商机是更高质量的线索，是真正的可以开发的潜在大客户。大客户营销人员通过对商机有计划地、持续地、有效地跟进，可以逐步推进大客户开发，将潜在大客户转化成为现实大客户。

信息"清洗"前首先需要对信息进行预处理，主要是将信息导入处理工具，再浏览信息，对信息进行初步分析、判断，然后进行具体的信息"清洗"。信息"清洗"流程包括：缺失值"清洗"、格式内容"清洗"、逻辑错误"清洗"、非需求数据"清洗"、关联性验证等。

在逻辑错误"清洗"阶段，由于不同渠道收集到的客户注册资金的信息可能会不同，这可能是客户中间追加或者减少注册资金造成的，所以会出现差异。这就需要大客户营销人员进行评估判断，修正矛盾内容。

二、大客户信息整理与归档

一般来说，收集到的大客户信息大部分是零散的、碎片化的信息，而且信息有可能分布在营销团队中不同人员手里，这样不利于大客户营销人员对信息的了解和掌握，不利于大客户营销人员对大客户的认知和分析，这时就需要大客户营销人员将这些信息按照内容或者类别进行区分整理。

1. 大客户信息整理

大客户开发工作对大客户信息的需求量是非常大的。大客户营销人员需要科学地设计信息目录和索引，把大量的大客户信息分类，实现信息的有效管理，便于查阅者查询，同时便于大客户信息的更新和修订，最终为大客户需求分析、服务方案策划提供依据，同时也为大客户服务方案的实施提供帮助。

2. 大客户信息归档

大客户营销人员应按大客户信息性质和管理系统要求将其输入相应的工具，妥善存储并归档，这是营销人员的工作职责。一般来说，大客户信息的存储工具有客户资料卡、客户信息登记表、客户卷宗、资料袋、音/视频存储设备、客户管理系统等。

大客户信息档案包括客户档案和关键决策者档案。

（1）客户档案包括基本信息、重要信息、核心信息、过程管理信息等。

① 基本信息包括客户的电话、地址、传真等联系方式；采购、财务、销售、配送、总经理、董事长等各层次人员的权限、联系方式、性格、爱好等基本信息。

② 重要信息包括客户组织架构、发展历史、发展方向、经营目标、产品定位、产品宣传、销售区域、销售收入、利润额等状况；客户的竞争对手、供应商、经销商、中介服务机构状况、客户的资源等信息；客户对项目的计划、竞争对手、行业竞争地位等资料。

③ 核心信息包括企业计划和提供的服务策略。

④ 过程管理信息包括该大客户开发过程的记录、所有的谈判记录、谈判参与人的身份，大客户营销人员在谈判过程中的回答，下一步的策略，客户产品的订购、库存增降情

况的记录。大客户的交易记录主要包括大客户每月的销售额、采购量，本企业产品占大客户订购总量的份额，单品销售分析，大客户每次订购货款的多少以及订购时间和频率等。

（2）关键决策者档案包括关键决策者个人一般情况、家庭成员情况、行为数据等。

① 个人一般情况包括关键决策者的姓名、性别、年龄、民族、出生地、文化程度、职务、工作单位、居住地及邮政编码、电话号码、经济收入、宗教信仰等资料。

② 家庭成员情况包括主要家族成员及其所属单位、职业、职务、职称、收入以及价值观念、特殊偏好、购买和消费行为等资料。

③ 行为数据包括关键决策者的消费需求、购买动机、需求特征、需求的重要程度、实际购买能力、购买决策权限范围、购买时间、地点、方式等资料。

大客户信息是否全面和正确，决定了大客户需求分析与判断的准确性，从而影响大客户服务方案的针对性和有效性；同时，正确掌握大客户关键决策者信息有助于对其决策偏好和行为进行准确判断。所以，大客户信息处理工作做得是否充分，对成功开发大客户具有直接影响。

总结与实践

本章小结

　　本章主要讲述了大客户信息的内容、分类；大客户信息收集渠道、收集方法及其应用；大客户信息的"清洗"、整理与归档。

思 考 题

　　1. 在大客户开发过程中，如何解决关键决策者的信息难以收集这个问题？

　　2. 企业在大客户营销工作中积累了大量的信息，如何才能实现这些信息的共享？

　　3. 在一些企业，大量的大客户信息掌握在大客户经理手中，大客户经理的变动可能会造成大客户及信息的流失，企业如何有效解决这个问题？

课后练习

一、单选题

　　1. 下面哪项属于大客户拓展信息？（　　　　）

　　　　A. 关键决策者信息　　　　　　　　B. 客户周年庆典

　　　　C. 竞争对手的情况　　　　　　　　D. 购买行为情况

　　2. 以下选项中，最方便、成本最低的大客户信息收集渠道是（　　　　）。

　　　　A. 网络查询　　　　　　　　　　　B. 图书报纸查询

　　　　C. 第三方购买　　　　　　　　　　D. 企业内部信息系统查询

二、多选题

　　1. 大客户的基本信息包括（　　　　）。

　　　　A. 关键决策者资料　　　　　　　　B. 拓展信息

　　　　C. 年度重大事件　　　　　　　　　D. 企业背景资料

　　2. 大客户信息收集渠道包括（　　　　）。

　　　　A. 第三方购买　　　　　　　　　　B. 企业内部信息系统查询

　　　　C. 市场调研　　　　　　　　　　　D. 网络查询

三、判断题

1. 宏观环境信息的影响范围最广，时效性相对较强，是大客户开发的核心信息。（　　）

2. 大客户开发人员通过客户拜访获得的信息属于一手信息。（　　）

四、案例分析

BF 商贸大客户开发案例

快递公司营销人员小郭成功地开发了 BF 商贸大客户，两年累计创收 1100 万元。这和她对大客户需求的详细了解分不开。首先，她将国际小包业务开发定位在跨境电商市场，然后通过线上线下进行了大量行业信息收集，了解跨境电商的业务流程。

开发 BF 商贸其实挺偶然的。在一次周末聚会活动中，小郭经朋友介绍认识了做跨境电商的 BF 商贸公司的卜经理。聚会后，她通过朋友介绍和网络查询等方式了解到 BF 商贸公司负责人卜经理及其公司的情况。然后她对卜经理进行了上门拜访，了解其发件模式。

在明确了大客户需求后，小郭结合大客户需求为 BF 商贸公司制订了跨境寄递服务方案。最后双方在收寄时限（优化流程）、寄递价格（开放协议资费优惠）、增加上门取件频次等方面达成共识，同时为大客户提供打包、配料、辅助查询等增值服务，为大客户节省了大量运输成本和人工成本，大客户非常满意，双方达成了长期合作协议。

试分析案例中营销人员小郭是通过哪些渠道收集大客户相关信息的？

第五章

大客户需求分析

知识目标

- 了解大客户采购分析；
- 了解大客户决策及其类型；
- 熟悉大客户决策内容；
- 掌握大客户需求分析方法。

技能目标

- 能判断大客户采购类型；
- 能分析大客户短期偿债能力；
- 能判断大客户需求。

素养目标

- 尽职尽责；
- 诚实守信。

不重视信用管理的惨重教训

某机械制造厂 A 拥有一项机械加工的专利技术，在不到五年的时间里，从小作坊式的企业发展成为拥有 5000 多职工，产品出口到 30 多个国家，年出口额 20 亿美元的大型企业，而且仍以每年 30% 速度持续增长。A 的欧美各国客户和东南亚国家客户均向其大量采购产品，市场需求稳定增长。

A 的大部分生产原材料从国内采购，由于数量很大，共有七家国内机械原材料公司向其供货。开始一两年，每家供货公司的销售额在 600 万元左右，后来供货规模更大，而所有供货都是采用 D/A 90～120 天。这七家供货公司的老板虽然也对赊销如此大额的货物表示担心，但考虑到 A 的规模和效益，尤其是这么多年来 A 没有发生拖欠货款的情况，所以也就没有变更付款政策。

突然有一天，这七家供货公司接到了关于 A 的破产通知书。这时，七家供货公司合计有 5000 多万元的应收账款还没有收回。经过破产企业财产清算，这七家供货公司在债务人偿付了破产费用、职工工资和其他福利费用、税金、银行本息后，和其他债权人一起分得了部分货款。但核算下来，每家供货公司的损失都在 50% 以上。

后来得知，A 虽然利润很大，但其资产多为固定资产和应收账款，银行存款等流动资产很少。同时 A 的负债金额非常庞大，而且多为必须马上偿付的短期借款。所以，A 很容易出现不能及时偿付的状况。

案例中七家供货公司与大客户合作过程中，缺乏对大客户财务状况的了解和分析，最后发生了货款不能收回的情况，造成了巨大的损失。那么，大客户营销人员在大客户分析工作中应该注意哪些问题呢？

以上案例中，由于七家供货公司对客户偿债能力分析不够充分，给公司带来了巨大损失。所以，大客户营销人员在客户需求及客户信用分析时，不能浮于表面，而应不断补充相关知识，尽职尽责，进行大客户分析时要具体、清晰，不然可能会给企业带来意想不到的损失。

这就涉及大客户需求分析的内容。准确地分析和判断大客户需求，是成功开发大客户的关键。大客户需求分析是综合性的分析，它包括大客户采购特征分析、大客户财务分析、大客户切入点分析等内容。

第一节　大客户采购分析

大客户采购和消费者个人购买的特征不同。大客户采购决策的内容相对比较多，主要包括：产品规格、价格幅度、订购数量、确定供应商、付款方式、交货时间和地点、售后服务条款等。

一、大客户采购的特征

1. 理性购买

大客户采购主要用于生产经营。盈利是大客户经营的最终目标，为了保证稳定生产，大客户采购需要长期稳定的合作，而且采购量比较大。尤其在市场竞争比较激烈的环境下，面对众多选择，大客户采购既关心所购产品或服务的质量和价格，也关心企业长期合作的稳定性，所以必须具备相当的理性。

2. 系统化采购

大客户采购主要以解决生产经营中的问题为主要目标，越来越趋于系统化采购。系统化采购是指购买者从一个供应商处购买完整的成套设备及其所需求的各项服务，俗称"一揽子"交易。这种方式适用于大规模项目采购，尤其是政府大型采购，现在大客户采购也越来越多采用这种方式。针对大客户系统化采购的变化趋势，企业就需要为大客户提供系统化销售，就是要从解决大客户问题的角度设计服务方案。企业作为系统供应商，就要为大客户提供完整的问题解决方案。

3. 采购公开透明化

大客户采购越来越规范，大多采用公开招投标的形式。由于采购规模比较大，采购对生产经营的影响也比较大，所以大客户对采购尤为重视。同时，由于预算和经营成本的压力，大客户通过采购招标，可以在保证供应商提供的服务方案能够满足其需求的前提下，选择出报价最优的投标者。

4. 缺乏弹性

受生产计划和经营规模的限制，大客户必须采购相应的原材料，所以大客户采购需求缺乏弹性，受采购外在因素的影响比较小。

5. 衍生需求，需求波动较大

大客户采购一般用于生产经营，它的采购需求随着产品市场消费需求的变化而变化。消费市场需求上升或者下降，就会带来大客户需求的上升或下降，而且消费市场需求稍有变化，就会给大客户需求带来比较大的变化，所以大客户需求与消费市场需求相比市场变化的弹性更大。

6. 决策参与者多，决策者更专业

大客户采购由于受多方面的影响，采购影响者比较多。例如采购设备，可能需要技术部门、财务部门、采购部门、后勤部门等相关部门的参与，决策参与者相对个人家庭购买要多。另外，大客户采购决策者多年从事企业采购工作，不论是专业背景还是工作经验方面，都表现得相对比较专业，决策参与者都在不同的专业领域具有一定的决策权。

7. 决策过程较长

大客户采购由于涉及的内容比较多，在采购时会多方询价，而且采购采用招投标等形式，采购过程比较复杂，采购流程相对比较规范。大客户采购可能会经过多阶段、多次的沟通和洽谈，采购决策过程相对比较长。

二、大客户采购类型

1. 按照采购定位分类

按照采购定位不同，大客户采购可以分为购买导向、采购导向和供应链管理导向三种。

（1）购买导向。

在购买导向定位下，大客户采购一般注重短期性，采用强的战术。在商品质量和有效性同等条件下，更注重价格。采用的策略一般是标准化采购策略和多来源采购策略。在这两种采购策略中，大客户在保证商品质量能够满足基本要求前提下，更加关心价格。

（2）采购导向。

在采购导向定位下，大客户在寻求产品质量改进和降低成本方法的同时，更加关注产品质量的改进和产品供应的稳定性，以便在保证稳定生产的同时，也可以降低交易成本。同时，在采购导向定位下，大客户注重采购环节的共同设计和关注长期供应合同，目标是和供应商共同获利。

由于市场、技术、竞争对手等一直处于变化之中，电信公司需要不断改善设备，提高服务质量。如购买新的电话交换机、购买计算机设备用来提供更大的上网带宽。电信公司每一次设备改善都需要投资，都要进行购买。如果每次购买都从众多的供应商中进行比较选择，时间和精力都耗费较多。所以，电信公司常会将订单交给值得信任的合作伙伴，这种合作伙伴关系往往是通过供应商名单或长期合作协议来确定的。

（3）供应链管理导向。

供应链管理导向定位下，采购被赋予更广泛的战略和价值增值操作。大客户更关注整个价值链的竞争。这就需要企业为大客户提供生产经营的全面服务。

20世纪初，香港某商贸集团是美国某零售连锁店的服装采购代理商。后来合作升级，该零售连锁店针对消费市场需求的变化进行了针对性的服装设计，需要该商贸集团根据服装设计样图和方案在东南亚市场选择合适的面料、服装配饰、服装生产加工企业等，完成服装的原材料采购和加工生产，最后将加工完成的服装供应给该零售连锁店。这样，该商贸集团就从该零售连锁店的服装采购代理商成功地转变为服装供应链管理商。

2. 按照采购内容是否变化和是否新购分类

按照采购内容是否变化和是否新购，大客户采购可以分为重复采购、修订重购和新购。

（1）重复采购。

重复采购也称直接再采购、连续重购，是指大客户按原来的采购需求直接向企业再次采购，采购内容不做变动，完全根据之前的采购协议，或者按照常规、惯例进行重复购买。

重复采购是最简单的采购，这种采购决策过程最简单，参与者最少，有的无须专门决策，甚至可以自动进行。一般来说，大客户对曾经采购过的同类产品、低值易耗品，或者对自己熟悉并满意的供应商，会采取这种重复性的、惯例化的购买决策。

在这种情况下，企业不必重复推销，只要注意保持产品或服务的质量水平，使现有大客户感到满意。

对于竞争对手的这类客户，虽然竞争机会较少，但企业应积极开拓，争取获得订单，设法先从零星少量交易开始，然后慢慢渗透，逐步扩大。

（2）修订重购。

修订重购也称变更重购、修正再采购，是指大客户为了更好地完成采购任务，重新修订采购方案，适当改变了欲采购的产品规格、型号、价格、数量和条款，或寻求更合适的供应商。

在这种情况下，大客户采购工作相对比较复杂，需要进行一些新的市场调查，收集新的市场信息，做新的决策，通常参与购买决策的人也比较多。针对修订采购，大客户原有供应商为了不失去大客户，会采取有效的措施以改进工作。但是，对于新的供应商来说，则有了更大的竞争机会，此时企业应抓住良机，努力扩大销售。

（3）新购。

新购又称全新采购，是指大客户首次购买某种产品或服务。

新购会经过大客户采购流程的所有环节，需要投入较多的人力，花更多的时间收集相关信息，因此这类采购的决策过程会更复杂，决策所需时间会更长。由于是大客户的第一次采购，采购决策者对所购产品不是十分了解，成本和风险增大。

新购对大客户营销人员来说是一次全新的挑战，同时也是最好的营销机会。大客户营销人员应采取各种有效的公关方式，影响采购决策者，与大客户建立良好的伙伴关系。

三、大客户采购流程

大客户采购流程比消费品购买流程复杂。大客户采购流程一般包括问题识别、确定需求、说明需求、寻求供应商、征求供应建议书、供应商选择、订购、绩效评价等八个环节。

图 5-1　大客户采购流程图

1. 问题识别

在问题识别环节，大客户会寻找生产经营中存在的问题，对这些问题进行分析和确认，并为解决这些问题做好准备。大客户一般会通过以下两种途径寻找问题：

一是内部刺激。内部刺激是大客户生产者或者管理者在生产经营过程中发现并提出生产经营存在的问题的过程。

当大客户由于设备老化或者原材料质量不高造成次品率较高时，就需求设备维修或者购买新设备，或者重新选择原材料供应商。由于产品项目更新较慢，当大客户的产品出现滞销现象时，就需求更新产品项目。

二是外部刺激。由于大客户内部经营管理者致力于日常事务，没有认识到生产经营中存在的问题；或者由于外部环境的变化，给大客户带来潜在的生产经营等方面的问题，这时就需要外部刺激引起反应。

某大客户在行业协会相关活动中了解到同行业竞争对手的盈利水平，这才认识到自身盈利水平相对较低，需要提高收入，降低成本。大客户营销人员可以通过营销活动对大客户进行"教育"，通过外部刺激促使客户认识问题。

2. 确定需求

大客户认识到自身存在的问题后，经过分析，明确解决问题的途径，确定所需产品或服务等需求。对于标准化的产品，易于确定需求，但对于服务和非标准化的产品就需要大客户决策团队协商确定。

在这一环节，大客户营销人员可以及时向大客户推介产品或服务，帮助大客户确定需求。

3. 说明需求

大客户确定需求之后，需要对产品或服务的品种、规格、型号、功能、质量、特征、数量和服务等方面做出详细的技术说明，这些可以作为采购人员的采购依据。大客户一般需要组建专业的团队或者委托专业机构从事这项工作。

大客户营销人员可以通过提供产品或服务的数据和价格，强化产品的优势，或者通过提出新工艺、新产品以及更专业、更优质的解决方案，争取获得市场机会。

4. 寻求供应商

大客户确定采购说明书后，即可收集供应商信息，筛选出具有一定能力和资质且信誉比较好的供应商并进行沟通。大客户一般会通过电话、计算机查询或者拜访等形式进一步对潜在供应商进行调研，最后选择几家合适的供应商作为合作备选对象。所以，企业应通过各种媒体宣传扩大知名度，树立良好的企业形象，通过设立热线、官网、区域分公司等渠道，方便大客户查询和沟通，以增强企业在这一环节的竞争力。

5. 征求供应建议书

大客户会向备选的供应商征求建议，即邀请供应商提供项目建议书，以便于进一步评估和筛选。目前，大多数大客户采用的是招投标的形式。

在这一环节，大客户营销人员应争取参与大客户的采购标准制定，以影响大客户采购标准，同时了解竞争对手以及大客户内部的关系，以便及时拦截竞争对手。

大客户营销人员应分析判断大客户的需求，根据大客户的采购说明书和招投标说明的内容设计服务方案或者制作标书，按要求提供所需材料，力求项目建议书具有较强的说服力和吸引力。

6. 供应商选择

大客户对供应商提交的建议书进行评估，一般会根据供应商的产品质量、技术性能、产品价格、商业信誉、交货和服务能力等进行综合评价，选择最适合、最具吸引力的供应商。大客户在做出选择之前，可能会与可能性较大的供应商进行沟通谈判，争取较好的采购条件。最后，大客户会确定一个或者几个供应商进行合作。大客户选择多个供应商，目的是使供应商之间展开竞争，以免受制于人。

7. 订购

大客户确定了供应商后，会通过谈判尽量压低成本，并争取有利的付款方式，以降低风险，最后根据谈判最终达成的技术规格、所需数量、产品价格、交货时间、支付方式、退货条款、保证条款等事项，列出合作订单并签订订购合同。签约意味着大客户与供应商企业之间正式确立了合作关系。

目前，大客户采购开始从订单采购逐步向综合订单的"系统化采购"过渡，以建立双方较为密切的、稳定的合作关系。

8. 绩效评价

大客户在采购结束后，会对供应商的供货和服务进行绩效评估，以确定维持、修正或中止供货关系。供应商评价一般采用询问使用者的方式，以了解使用者对产品或服务是否满意，检查和评价合同履行情况等，进行综合评估。

供应商企业应按照协议约定供货或提供服务。大客户营销人员要维护好客户关系，形成稳定的销售渠道，同时密切关注大客户的评价标准和评价客观性。

四、大客户采购参与者分析

大客户的组织管理结构决定了其内部资源的分配、利用，决定了其内部决策权的使用，决定了其内部信息的流动。

大客户营销人员不但要了解大客户的采购流程，还必须了解大客户的不同部门在采购中的权力和作用，避免大客户开发的盲目性。下面我们从部门层级、职能和角色几个方面来分析大客户采购参与者。

1. 参与者的部门层级分析

大客户采购参与者的部门层级可划分为决策层、管理层、操作层。不同层级在不同采购中的作用是不一样的。

（1）决策层。

决策层是大客户的领导层，制定发展战略、建立组织机构、优化运营流程是他们的主要工作。重要的采购决策一般由大客户的决策层负责；对于不重要的采购，则可能授权下属部门进行决策。对于决策层来说，任何采购都是一种投资，如果愿意，他们始终拥有最终采购决定权。在采购中，决策层将做出五个重要的决定：是否购买？何时购买？预算多少？最终选择哪个供应商？是否签订合同？

（2）管理层。

对于中小型规模的采购，管理层可能就是采购的决定者。每个大客户的组织机构都有一定的授权，一些采购需求只需要管理层签字就可以。对于大型的采购，牵扯的部门很多，管理层具有根据本部门需求提出建议的权利。他们虽然不能决定，但往往具有否决权。

（3）操作层。

操作层是直接接触产品或服务的大客户内部人员，往往是最终的使用者。虽然他们不能在采购中做出决策，但是他们对产品或服务的好坏最有发言权，他们的意见也会影响采购决策。

操作层的满意程度最终决定了企业产品或服务在大客户采购数量中的占比，或者再次合作的可能性。有时一些操作层人员也会参与采购，成为采购的直接影响者。

2. 参与者的职能分析

按照参与者在采购中的职能区分，大客户采购参与者划分为使用部门、技术部门、采购部门。不同部门在采购中的作用是不同的。

（1）使用部门。

使用部门是使用采购产品或服务的部门，往往是采购的最初发起者和最终使用的评估者。

（2）技术部门。

技术部门往往负责某个采购领域的规划和投入使用后的维护，一般具有否决权。一些日常设备的采购往往直接由技术部门负责。

（3）采购部门。

集中采购是大客户减少采购成本的一种有效的方法，这样更能够从供应商处得到更多的优惠。采购部门是大客户为了实施集中采购而设置的部门。不同行业的大客户对于采购部门有不同的称呼，采购部门往往依据采购指标对采购进行评估和谈判。

3. 参与者的角色分析

大客户采购会涉及多个部门，决策参与者比较多，他们在采购中扮演不同的角色，主要包括发起者、使用者、影响者、决策者、批准者、购买者、控制者。

（1）发起者是提出和要求购买的人，可能是大客户内部的使用者或者任何人。

（2）使用者是大客户内部使用产品或服务的人。大多数使用者首先提出购买建议，并协助确定产品规格。

（3）影响者一般指影响购买决策的人，他们常协助确定产品规格，并提供评价方案的情报信息。比如技术部门、财务部门等，作为影响者，技术人员尤为重要。

（4）决策者指大客户采购参与者中有权决定采购项目和供应商的人。在日常采购中，决策者就是采购者；在复杂采购中，决策者则可能是企业的部门主管或业务副总经理。

（5）批准者指有权批准决策者或者购买者所提方案的人。

（6）购买者指具体执行购买任务的人员，他们负责选择供应商并与其谈判、签约。

（7）控制者指有权阻止大客户营销人员或销售信息与采购中心成员接触的人，如经理秘书、采购代理人、门卫、接待员和电话接线员等。

第二节　大客户财务分析

大客户财务分析是指通过收集、整理大客户财务会计报告中的有关数据，并结合其他相关信息，对大客户的财务状况、经营成果和现金流量等情况进行综合比较和评价，清晰地反映出大客户的经济活动和财务状况。大客户财务状况分析涉及财务报表分析和财务指标分析等内容。其中，财务指标分析的内容比较多，包括获利能力、经营能力、偿债能力、发展能力。这里主要介绍偿债能力，偿债能力包括短期偿债能力和长期偿债能力两个方面。大客户营销人员首先需要了解的就是大客户的短期偿债能力。大客户营销人员通过大客户短期偿债能力分析可以了解大客户的短期支付能力，从而结合其他相关分析做出大客户开发决策。

一、大客户财务报表分析

财务报表主要包括资产负债表、利润及利润分配表和现金流量表。从这三张财务报表可以分析以下四项主要内容：

（1）大客户的获利能力。大客户的获利能力分析即分析大客户利润的多少、利润额的增长速度等，是判断大客户有无活力、管理效能优劣的基础。

（2）大客户的偿债能力。大客户偿债能力分析的目的在于确保投资的安全。具体从两个方面进行分析：一是分析大客户短期偿债能力，看其有无能力偿还到期债务，主要从分析、检查大客户资金流动状况来做判断；二是分析大客户长期偿债能力，主要是通过分析其财务报表中不同权益项目之间的关系，权益与收益之间的关系，以及权益与资产之间的关系来进行判断的。

（3）大客户的经营能力。大客户的经营能力分析即大客户成长性分析。

（4）大客户的经营效率。大客户的经营效率分析主要是分析财务报表中各项资金周转的速度，以判断大客户各项资金的利用效果和经营效率。

1. 资产负债表分析

资产负债表是反映大客户在某一特定日期（如月末、季末、年末）全部资产、负债和所有者权益情况的会计报表，是大客户经营活动的静态体现，根据"资产＝负债＋所有者权益"这一平衡公式，依照一定的分类标准和一定的次序，将某一特定日期的资产、负债、所有者权益的具体项目予以适当排列编制而成（如表5-1所示）。

表5-1　GLDQ 资产负债表

报表日期：20××.××.××　　　　　　　　　　　　　　　　　　单位：万元

项目	金额	项目	金额
流动资产		**流动负债**	
货币资金	13，641，314.39	短期借款	2，030，438.47
交易性金融资产	37，082.05	拆入资金	30，002.03
衍生金融资产	28，549.42	交易性金融负债	—
应收票据及应收账款	873，823.09	应付票据及应付账款	5，303，173.12
应收票据	—	应付票据	—
应收账款	—	应付账款	—
应收款项融资	2，097，340.46	预收款项	—
预付款项	312，920.20	合同负债	1，167，818.04
其他应收款（合计）	14，733.85	卖出回购金融资产款	47，503.38
应收利息	—	吸收存款及同业存放	26，100.67
应收股利	—	应付手续费及佣金	—
其他应收款	—	应付职工薪酬	336，535.55
买入返售金融资产	—	应交税费	230，135.56
存货	2，787，950.52	其他应付款（合计）	237，939.57
合同资产	7854.55	应付利息	—
一年内到期的非流动资产	—	应付股利	—
待摊费用	—	其他应付款	—
待处理流动资产损溢	—	预提费用	—
其他流动资产	1，561，730.19	一年内的递延收益	—
流动资产合计	21，363，298.72	其他流动负债	6，438，225.43
非流动资产		**流动负债合计**	15，847，871.82
发放贷款及垫款	527，380.56	**非流动负债**	
可供出售金融资产	—	长期借款	186，071.38

（单位：万元）续表

项目	金额	项目	金额
持有至到期投资	—	应付债券	—
其他债权投资	50,220.23	租赁负债	—
长期应收款	—	长期应付职工薪酬	14,985.98
长期股权投资	811,984.11	长期应付款（合计）	—
其他权益工具投资	778,840.59	长期应付款	—
其他非流动金融资产	200,348.33	专项应付款	—
投资性房地产	46,342.09	预计非流动负债	—
在建工程（合计）	401,608.27	递延所得税负债	141,111.11
在建工程	—	长期递延收益	43,703.37
工程物资	—	其他非流动负债	—
固定资产及清理（合计）	1,899,052.51	**非流动负债合计**	**385,871.84**
固定资产净额	—	**负债合计**	**16,233,743.66**
固定资产清理		**所有者权益**	
生产性生物资产	—	实收资本（或股本）	601,573.09
公益性生物资产	—	资本公积	12,185.03
油气资产	—	减：库存股	−518,227.39
使用权资产	—	其他综合收益	739,606.02
无形资产	587,828.88	专项储备	0
开发支出	—	盈余公积	349,967.16
商誉	20,190.27	一般风险准备	49,757.58
长期待摊费用	856.79	未分配利润	10,284,159.63
递延所得税资产	1,155,029.22	**归属于母公司股东权益合计**	**11,519,021.12**
其他非流动资产	78,811.80	少数股东权益	169,027.59
非流动资产合计	**6,558,493.65**	**所有者权益（或股东权益）合计**	**11,688,048.71**
资产总计	**27,921,792.37**	**负债和所有者权益（或股东权益）总计**	**27,921,792.37**

首先对资产要素进行分析。资产是指由大客户过去的交易或事项形成的、由大客户拥有或者控制的、预期会给大客户带来经济利益的资源。一般包括流动资产和非流动性资产。其中非流动性资产包括长期投资、固定资产、无形资产和其他资产等。资产分析的内容具体包括：

（1）流动资产分析。流动资产是指大客户可以在一年或者超过一年的一个营业周期内变现或者运用的资产。流动资产分析是对大客户的现金、各种存款、短期投资、各种应收应付款项、存货等进行分析。流动资产比往年增加，说明大客户的支付能力与变现能力增强。

（2）长期投资分析。长期投资分析是对大客户一年期以上的投资，如对公司控股、实施多元化经营等进行分析。长期投资的增加，表明大客户的成长前景看好。

（3）无形资产分析。无形资产分析主要是对商标权、著作权、土地使用权、非专利技术、商誉、专利权等进行分析。商誉及其他无确指的无形资产一般不予列账，除非商誉是购入或合并时形成的。取得无形资产后，应登记入账并在规定期限内摊销完毕。

其次要对负债要素进行分析。负债是指大客户在过去的交易或事项中形成的、预期会导致经济利益流出的现时义务。负债一般包括流动负债和非流动负债。

（1）流动负债分析。流动负债是指在一年或者一年以内的一个营业周期内偿还的债务。流动负债包括短期借款、应付账款、应付票据、应付工资、应付福利费、应交税费、应付股利、预提费用、其他应付款等。

（2）非流动负债分析。非流动负债是指偿还期在一年或超过一年的一个营业周期以上的负债。非流动负债包括长期借款、应付债券、长期应付款等。

最后进行所有者权益分析。所有者权益是指大客户资产扣除负债后，由所有者享有的剩余权益。所有者权益的来源包括：所有者投入的资本、其他综合收益、留存收益等，通常由股本（或实收资本）、资本公积（含股本溢价或资本溢价、其他资本公积）、其他综合收益、盈余公积和未分配利润等构成。

2. 利润表及利润分配表分析

利润表也称收益表、损益表，它是总括反映大客户在某一会计期间（如年度、季度、月份）内经营成果的一种会计报表。利润分配表则是展示大客户净利润的分配去向及年末未分配利润结余情况，属于利润表的附表。

大客户营销人员要重点关注利润表中的营业利润。因为营业利润是大客户的核心利润，是其持续竞争力的体现（如表5-2所示）。

表5-2 GLDQ 利润表

报表日期：20××.××.××　　　　　　　　　　　　　　　　　　　　　　　　单位：万元

项目	金额
一、营业总收入	19，003，807.16
其中：营业收入	18，916，365.41
利息收入	87，441.75
二、营业总成本	15，486，831.11
其中：营业成本	13，349，611.96

（单位：万元）续表

项目	金额
利息支出	15，870.06
手续费及佣金支出	36.45
研发费用	690，408.50
营业税金及附加	179，882.78
销售费用	975，302.25
管理费用	605，760.87
财务费用	－ 330，041.76
三、其他经营收益、公允价值变动收益	**181，867.74**
投资收益	56，028.18
资产处置收益	1，696.51
加：其他收益	151，540.60
公允价值变动收益	－27，397.55
四、营业利润	**3，698，843.79**
加：营业外收入	7，219.10
减：营业外支出	16，463.30
五、利润总额	**3，689，599.59**
减：所得税费用	452，492.66
六、净利润	**3，237，106.93**
归属于母公司所有者的净利润	3，218，457.04
少数股东损益	18，649.89
七、其他综合收益的税后净额	**18，026.47**
（一）归属于母公司所有者的其他综合收益的税后净额	17，559.93
（二）归属于少数股东的其他综合收益	466.54
八、综合收益总额	**3，255，133.40**
归属于母公司所有者的综合收益总额	3，236，016.97
归属于少数股东的综合收益总额	19，116.43

对利润表进行分析，主要从以下两个方面入手：

（1）收入项目分析。大客户通过销售产品、提供劳务取得各项营业收入，也可以将资源提供给他人使用，获得租金与利息等营业外收入。收入的增加，意味着大客户资产的增加或负债的减少。

（2）费用项目分析。费用是收入的扣除，费用的确认、扣除正确与否直接关系到大客户的盈利。所以，分析费用项目时，首先，应注意费用包含的内容是否适当，确认费用应贯彻权责发生制原则、历史成本原则、划分收益性支出与资本性支出的原则等；其次，要对成本费用的结构与变动趋势进行分析，分析各项费用占营业收入百分比，分析费用结构是否合理，对不合理的费用要查明原因。同时对费用的各个项目进行分析，查看各个项目的增减变动趋势，以此判定大客户的管理水平和财务状况，预测大客户的发展前景。

3. 现金流量表分析

财务状况变动表是反映大客户在一定会计期间（通常是年度）内资金的来源渠道和运用去向的会计报表，是一张综合反映大客户理财过程以及财务状况变动的原因与结果的报表。

现金流量表记录了大客户账上真实的现金流入和流出，大客户涉及现金的活动分为三大类：经营活动、投资活动和筹资活动（如表5-3所示）。

表5-3　GL现金流量表

报表日期：20××.××.××　　　　　　　　　　　　　　　　　　　单位：万元

项目	金额
一、经营活动产生的现金流量	
销售商品、提供劳务收到的现金	15，589，038.43
收到的税费返还	248，429.31
收到的其他与经营活动有关的现金	469，832.80
经营活动现金流入小计	16，389，276.43
购买商品、接受劳务支付的现金	12，179，312.13
支付给职工以及为职工支付的现金	890，127.71
支付的各项税费	818，405.29
支付的其他与经营活动有关的现金	1，553，049.21
经营活动现金流出小计	14，465，412.70
经营活动产生的现金流量净额	1，923，863.73
二、投资活动产生的现金流量	
收回投资所收到的现金	952，063.98
取得投资收益所收到的现金	30，541.17
处置固定资产、无形资产和其他长期资产所收回的现金净额	663.18
处置子公司及其他营业单位收到的现金净额	—
收到的其他与投资活动有关的现金	432，264.94
投资活动现金流入小计	1，415，533.28
购建固定资产、无形资产和其他长期资产所支付的现金	452，864.68
投资所支付的现金	356，105.60

（单位：万元）续表

项目	金额
取得子公司及其他营业单位支付的现金净额	42，587.54
支付的其他与投资活动有关的现金	554，202.45
投资活动现金流出小计	1，405，760.26
投资活动产生的现金流量净额	9，773.02
三、筹资活动产生的现金流量	
吸收投资收到的现金	1，467.00
其中：子公司吸收少数股东投资收到的现金	1，467.00
取得借款收到的现金	3，759，979.15
发行债券收到的现金	—
收到其他与筹资活动有关的现金	—
筹资活动现金流入小计	3，761，446.15
偿还债务支付的现金	2，947，543.11
分配股利、利润或偿付利息所支付的现金	1，423，601.44
其中：子公司支付给少数股东的股利、利润	41，160.71
支付其他与筹资活动有关的现金	1，501，451.35
筹资活动现金流出小计	5，872，595.90
筹资活动产生的现金流量净额	−2，111，149.75
四、汇率变动对现金及现金等价物的影响	−37，239.21
五、现金及现金等价物净增加额	−214，752.22
加：期初现金及现金等价物余额	2，637，257.18
六、期末现金及现金等价物余额	2，422，504.96

现金流量表分析主要从三个方面进行。

（1）现金净流量与短期偿债能力的变化。如果本期现金净流量增加，表明大客户短期偿债能力增强，财务状况得到改善；反之，则表明大客户财务状况比较困难。但是如果大客户的现金净流量过大，表明大客户未能有效利用这部分资金，其实是一种资源浪费。

（2）现金流入量的结构与发展的长期稳定性的关系。经营活动是大客户的主营业务，这种活动提供的现金流量可以不断用于投资，再生出新的现金流，来自主营业务的现金流量越多，表明大客户发展的稳定性也就越强。大客户的投资活动是为闲置资金寻找投资场所，筹资活动则是为经营活动筹集资金，这两种活动所发生的现金流量，都是辅助性的，服务于主营业务。如果这一部分现金流量过大，表明大客户财务缺乏稳定性。

（3）投资活动与筹资活动产生的现金流量与未来发展的关系。分析投资活动时，一定要注意分析是对内投资还是对外投资。对内投资的现金流出量增加，意味着固定资产、无形资产等的增加，说明大客户正在扩张，这样的大客户成长性较好；如果对内投资的现金流入量大幅增加，意味着大客户正常的经营活动没有充分吸纳现有的资金，资金的利用效率有待提高；对外投资的现金流入量大幅增加，意味着大客户的现有资金不能满足经营需要，从外部引入了资金；对外投资的现金流出量大幅增加，说明大客户正在通过非主营业务活动来获取利润。

4. 财务报表分析方法

要了解大客户经营业绩与财务状况，既需要有大客户财务报表数据，还需要掌握实用的分析方法才行。以下是财务报表的五种分析方法。

（1）比较分析。比较分析是为了说明财务信息之间的数量关系与数量差异，为进一步的分析指明方向。这种比较可以是将实际与计划相比，也可以是将本期与上期相比，还可以是将本企业与同行业的其他企业相比。

（2）趋势分析。趋势分析是为了揭示财务状况和经营成果的变化及其原因、性质而对未来进行预测。用于趋势分析的数据既可以是绝对值，也可以是比率或百分比数据。

（3）因素分析。因素分析是为了分析几个相关因素对某一财务指标的影响程度，一般要借助差异分析的方法。

（4）比率分析。比率分析是通过对财务比率的分析，了解企业的财务状况和经营成果，往往要借助比较分析和趋势分析方法。

上述各方法有一定程度的重合。在实际工作当中，比率分析方法应用最广。

5. 企业信用调研

在分析大客户财务能力的同时，大客户营销人员还要关注大客户的信用情况。一般可以从以下几个方面考虑：

（1）外部渠道信用调研。对大客户的信用调研可以从国家企业信用平台、社会第三方信用平台、与大客户相关联的组织等企业外部进行调研。

一是国家企业信用平台，这种渠道相对来说比较权威，内容比较公正，具有一定的可信度；二是社会第三方信用平台，这也是一种有效的渠道，尤其是对涉外大客户进行调研时，可以考虑采用这种方式，但是这种渠道会涉及费用问题，同时不同的第三方信用平台的信息可信度不同，需要大客户营销人员去判断；三是与大客户相关联的组织（如大客户的供应商、代理商、管理机构等），但是这种渠道获得的信息可信度需要自行判断，所以可作为一种补充方式。

（2）内部渠道信用调研。对大客户进行信用调研，也需要企业建立自己的大客户信用管理系统，通过大客户在以往业务中的信用情况来确定大客户的信用，这对判断长期合作的大客户的信用比较有效。

（3）大客户领导者或关键决策者素质。在目前社会环境中，大客户的信用情况与大客户领导或关键决策者的素质具有一定的关系，所以在大客户信息调研的过程中，除了了解大客户的财务等信息，还要了解大客户领导者的品格和素养。随着社会法律等相关管理手段的不断完善，对企业经营管理的管控会更加有效，所以大客户领导者的自身素养对客户信用的影响力会越来越小。

二、大客户短期偿债能力分析

短期偿债能力是指大客户偿还短期债务的能力。短期偿债能力不足，不仅会影响大客户的资信，增加今后筹集资金的成本与难度，还可能使大客户陷入财务危机，甚至破产。一般来说，大客户应该以流动资产偿还流动负债，而不应靠变卖长期资产，所以应用流动资产与流动负债的数量关系来衡量短期偿债能力。

短期偿债能力分析最常用指标有流动比率、速动比率、现金比率和营运资金。

1. 流动比率

流动比率表示每1元流动负债有多少流动资产作为偿还的保证，反映了大客户流动资产对流动负债的保障程度。计算公式如下：

$$流动比率 = 流动资产合计 / 流动负债合计$$

一般情况下，该指标越大，表明大客户短期偿债能力越强。流动比率越高表明资产的流动性越强，短期偿债能力越强。如果流动比率大于1，说明大客户流动资产大于流动负债。

从债权人的立场上说，流动比率越高越好，因为流动比率越高，债权越有保障；但从经营者和所有者的角度看，并不一定要求流动比率越高越好。

一般来讲，流动比率为2是比较合适的，此时大客户的短期偿债能力较强，对大客户的经营也是最有利的。

2. 速动比率

速动资产是指一定期限内可以快速转换为现金供企业经营和管理所需之用的各种资产。速动资产的计算方法为流动资产减去变现能力较差且不稳定的存货、预付账款、一年内到期的非流动资产和其他流动资产等之后的余额。也就是说，存货、一年内到期的非流动资产和其他流动资产不属于速动资产。

速动比率表示每1元流动负债有多少速动资产作为偿还的保证，进一步反映了流动负债的保障程度。计算公式如下：

$$速动比率 = （流动资产合计—存货净额）/ 流动负债合计$$

速动比率越高，表明资产的流动性越强，说明大客户短期偿债能力越强。速动比率大于1，说明大客户速动资产大于流动负债，大客户有足够的能力偿还短期债务。

一般情况下，该指标越大，表明大客户短期偿债能力越强。通常该指标在1左右比较合适。

3. 现金比率

现金比率就是货币资金率，是现金类资产与流动负债的比率。所谓现金类资产，是指库存现金、银行存款、短期有价证券等现金及其等价物。

现金比率表示每1元流动负债有多少现金及现金等价物作为偿还的保证，反映了大客户可用现金及变现方式清偿流动负债的能力。

现金类资产是大客户可以立即用于偿付流动负债的资源，因此反映了大客户的实际偿债能力，其缺陷在于它是取自资产负债表的数据，总体上仍是反映某一时点的静态指标，当期企业经营活动中现金的净值流量情况未能在指标中反映。

（1）当现金类资产仅指货币资金时，现金比率的计算公式表示如下：

$$现金比率 = 货币资金 / 流动负债 × 100\%$$

（2）当现金类资产包括货币资金和现金等价物时，就是把大客户持有的期限短、流动性强、易于变现、价值变动风险较小的投资视为现金等价物。则：

$$现金比率 = （货币资金 + 现金等价物）/ 流动负债 × 100\%$$

现金比率能真实地反映大客户实际的短期偿债能力。一般而言，现金比率越高，大客户的短期偿债能力越强；现金比率越低，大客户的短期偿债能力越弱。

但是与流动比率、速动比率相似，现金比率过高，也可能说明大客户现金及等价物闲置过多，周转不灵，资产运营效率低，经营者过于保守。

现金比率可以准确地反映大客户的直接偿付能力，当大客户面临支付工资日或大宗进货日等需要大量现金时，这一指标更能显示出其重要作用。

4. 营运资金

营运资金指流动资产减去流动负债后的差额，也称净营运资金，表示大客户在经营活动中可供运用、周转的流动资金净额。计算公式表示如下：

$$营运资金 = 流动资产—流动负债$$

从财务的角度看，如果流动资产高于流动负债，表示大客户具有一定的短期偿付能力。该指标越高，表示大客户可用于偿还流动负债的资金越充足，大客户的短期偿付能力越强，大客户所面临的短期流动性风险越小，那么也就说明大客户的财务支付能力好。

营运资金是绝对指标，受企业规模、行业特征影响较大。

该大客户需不需要继续开发？

大客户经理小王对大客户 A 公司进行了前期的调查和沟通，已经和 A 公司总经理建立了良好的关系，但是小王发现 A 公司目前的财务现金流很差，如果给 A 公司提供服务，可能会面临收不到款的风险。

大客户经理小王应该去开发这个大客户吗？

三、大客户长期偿债能力分析

长期偿债能力是指大客户对债务的承担能力和对偿还债务的保障能力。长期偿债能力分析是企业债权人、投资者、经营者和与企业有关联的各方面都十分关注的重要问题。

一般来说，大客户的长期负债主要是用于长期投资，因而最好是用投资产生的收益偿还利息与本金。通常以负债比率和利息收入倍数两项指标衡量企业的长期偿债能力。

长期偿债能力则反映了大客户对未来到期债务（一般为一年以上）有效偿付的能力。只有大客户有较强的长期偿债能力，大客户营销人员才能及时收回业务款项。大客户长期偿债能力越强，企业业务收入安全程度也就越高。

如果合作项目周期较长，大客户营销人员也要关注大客户的长期偿债能力。

长期偿债能力分析常用的比率分析方法，其主要财务指标包括资产负债率、产权比率、利息保障倍数等。

1. 资产负债率

资产负债率是负债总额和资产总额之比值。它表明债权人所提供的资金占大客户全部资产的比重，揭示了大客户出资者对债权人债务的保障程度。因此，该指标是分析大客户长期偿债能力的重要指标。其计算公式是：

$$资产负债率 = 负债总额 / 资产总额 \times 100\%$$

资产负债率表明大客户所运用的全部资金中有多少是债权人提供的。这一比率越小，表明大客户的长期偿债能力越强。如果这一比率过大，则表明大客户的债务负担重，大客户资金实力不强。

不同的财务信息使用者对资产负债高低的要求不同。对于债权人来说，最关心的是资金安全程度，即是否能到期收回本金和利息，因此要求资产负债越低越好；对于大客户来说，利用较少量的自有资金投资，形成较多的生产经营资产，不仅扩大了生产经营规模，而且在经营状况良好的情况下，还可以得到较多的投资利润，则希望负债比率高一些。但如果这一比率过大，不仅对债权人不利，大客户也有倒闭的危险。

因此，大客户资产负债率必须维持在一个合理的水平上。一般认为这个合理的水平是 50%，这就是我们通常所说的资产负债率警戒线，但资产负债率的高低也因大客户性质和经营状况不同而异，在很大程度上取决于经营者对大客户前景的信心和对风险所持的态度，如果大客户的利润水平较高且比较稳定，资产的流动状况比较好，这时资产负债率可高于 50%，但也应有一个上限，这个上限可由财务部门根据大客户的具体情况制定。

资产负债率指标侧重于分析债务偿付的安全性，因此还应与产权比率结合起来分析，揭示财务结构的稳健程度和自有资金对偿债风险的承受能力。

2. 产权比率

产权比率也称债务股权比率，是总负债额与所有者权益总额的比率。其计算公式如下：

$$产权比率 = 负债总额 / 所有者权益总额 \times 100\%$$
$$= 资产负债率 / (1 - 资产负债率) \times 100\%$$

该指标反映了由债权人提供的资本与股东提供的资本的相对关系，反映了大客户基本财务结构是否稳定。产权比率高表示高风险、高报酬的财务结构，产权比率低表示低风险、低报酬的财务结构。该指标同时也可表明债权人投入的资本受到股东权益保障的程度，或者大客户清算时对债权人利益的保障程度。它是衡量大客户长期偿债能力的指标之一，产权比率高，表明大客户的偿债能力弱；产权比率低，表明大客户的偿债能力强。

负债经营率越低，大客户投资者投入资金越多，大客户财务状况的稳定性就越好，大客户长期偿债能力就越强。反之，长期负债比重越高，大客户还本付息的压力就越大。

大客户资金报酬率低于长期负债利率的情况下，大客户偿还长期负债利息和本金的能力就越小；大客户资金报酬率高于长期负债利率的情况下，大客户长期偿债能力会增强。因此，可以借助于负债经营率指标来确定大客户的长期偿债能力大小。

3. 利息保障倍数

利息保障倍数也称为已获利息倍数，是指大客户经营业务收益与利息费用的比率，用以衡量偿付借款利息的能力。其计算公式：

$$利息保障倍数 = (税后利润 + 所得税 + 利息费用) / 利息费用 \times 100\%$$

其中，利息费用是支付给债权人的全部利息，既包括计入财务费用中的利息，也包括计入固定资产成本中的资本化的利息。该指标反映了大客户经营收益是所支付债务利息的多少倍。利息保障倍数越大，说明大客户有较多的利润可用于支付利息。债权人通过分析这一指标，可衡量获得利息收回本金的安全程度。

> 大客户的偿债能力不仅需要通过大客户财务分析来判断和评价，还与大客户的领导者和关键决策者的品格、素养有关。大客户领导者和关键决策者是否具备诚实守信、信守承诺的职业道德是企业判断大客户信用的重要内容。

第三节　大客户需求分析

大客户需求分析必须以大客户为中心，以大客户需要解决的问题为中心。大客户营销人员要站在大客户的角度，以帮助大客户解决问题为目标，有针对性地进行大客户需求分析。大客户的问题一般存在于其生产经营活动和重要事件活动中。

一、基于价值链的大客户需求分析

任何一个企业的经营活动都是其产品或服务在设计、生产、存储、销售、交货和售后服务等活动的聚合体。这些活动可分为基本活动和辅助活动两类，基本活动包括内部后勤、生产作业、外部后勤、市场和销售、售后服务等；而辅助活动则包括采购、技术与研发、人力资源管理和企业基础设施建设等，这些活动构成了一个价值创造的动态过程，即价值链（如图 5-2 所示）。

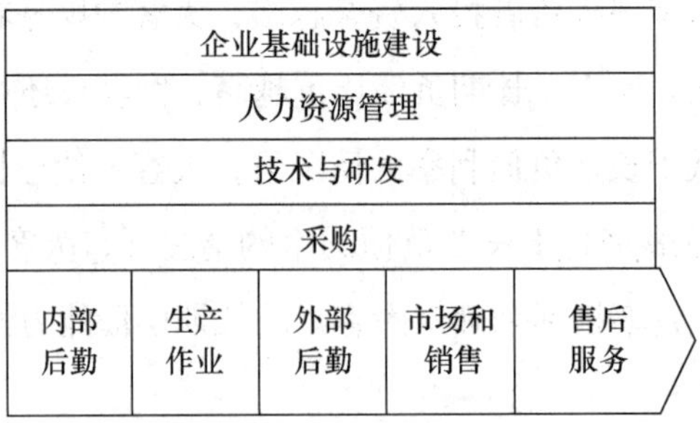

企业基础设施建设				
人力资源管理				
技术与研发				
采购				
内部后勤	生产作业	外部后勤	市场和销售	售后服务

图 5-2　大客户价值链图

大客户营销人员要了解大客户的具体需求，必须做好以下四个方面的工作：一是要梳理和了解大客户的生产经营活动；二是判断大客户具体生产经营活动中存在的问题；三是针对大客户的问题提供个性化的问题解决方案，确定大客户需求；四是结合企业资源，寻求切入点。

1. 了解大客户生产经营活动

要了解大客户的具体需求，先要了解大客户的生产经营活动。大客户的生产经营活动包括大客户价值链的基本增值活动和辅助性增值活动。大客户价值链的基本增值活动都是一般意义上的生产经营活动，包括原材料供应、产品开发、生产、储运、市场营销和售后服务等活动。这些活动有先后顺序的限定，相互联系，相互影响，组成了大客户的生产经营业务流程。大客户价值链的辅助性增值活动包括组织管理、人力资源管理、技术开发、财务和采购管理等。

所以，大客户营销人员要梳理清楚大客户的业务流程，了解各环节的相互关系。例如，大客户购进先进设备，就可以减少生产环节工序、减少人员数量、降低次品率、缩短加工时间、提高生产效率。另外，大客户营销人员还需要了解大客户价值链的辅助性增值活动。

2. 分析大客户具体生产经营活动，发现问题

大客户营销人员了解了大客户的生产经营活动后，可以分析大客户生产经营的各环节，发现大客户生产经营中存在的问题，这样才能为大客户提供有效的服务。大客户生产经营各环节存在的问题涉及以下几个方面。

（1）原材料供应环节：可能会涉及原材料、半成品的质量监控、运输、存储、调配、入库和出库等问题。

（2）生产环节：可能会涉及设备更新、维修、员工培训、现场管理等问题。

（3）市场销售环节：可能会涉及市场调研、广告宣传、渠道建设和维护、产品促销、客户开发、客户维护、投标、回款等问题。

（4）成品发货环节：可能会涉及成品检测、进出库管理、发货和运输等问题。

（5）售后服务环节：可能会涉及客户沟通平台建设，服务方案涉及的产品运输、安装、维修、调换货、信息反馈等问题。

（6）采购环节：可能会涉及采购说明书制定、供应商信息收集、供应商分析、商务谈判、组织采购、签订采购合同、绩效评估、招标等问题。

（7）研发环节：可能会涉及确定研发方式、需求分析、产品研发、市场测试、产品商品化推广等产品研发和服务方面的问题。

（8）人力资源管理环节：可能会涉及组织设计、绩效管理、员工招聘、考核、绩效评估、人事管理等问题。

（9）财务管理环节：可能会涉及筹资、投资、账务管理、资金归集和发放等问题。

3. 确定大客户需求

大客户生产经营中存在的或者需要解决的问题就是大客户需求。大客户需求可以是整套系统化问题解决方案，也可以是其中一部分产品或服务需求。如果大客户经营管理能力比较强，那么大客户需求就可能只是提供产品或服务；如果大客户能力弱，那么其需求就可能是一整套问题解决方案。从价值链角度分析，大客户需求主要涉及以下几个方面。

（1）原材料供应需求。大客户根据生产计划会编制当年的原材料需求计划，这是大客户营销人员需要关注的，相应地，可以给大客户提供库存管理方面的服务，比如仓储、库存管理软件等服务。

（2）生产设备的采购与维护需求。企业可以为大客户提供设备采购和更新、设备维护、人员培训等一整套服务。

（3）生产环节成品的库存和运输需求。企业可以考虑为大客户提供物流一体化服务方案，帮助大客户实现存储、调配、运输等。

（4）市场销售环节大客户可能有企业形象宣传、产品宣传等广告策划与宣传需求，销售渠道建设或合作需求，产业链各环节物流一体化配送服务需求，产品促销策划与实施需求，销售款项的支付与归集需求等。

（5）售后服务环节大客户可能有售后服务外包需求，客户维护平台设计需求以及客户维护的需求。

（6）采购环节大客户可能有招投标、进口采购等需求。

（7）研究和开发环节大客户可能有技术引进或联合研发需求，产品市场测试需求。

（8）人力资源管理环节大客户可能有组织架构调整、企业绩效管理、员工招聘等需求，也可能会有人事管理服务外包需求。

（9）财务管理环节大客户可能有融资、投资需求，财务账务外包需求，财务资金归集需求等。

4. 结合企业资源和服务能力确定切入点

首先，大客户的需求可能涉及面比较广，但是企业的服务能力是有限的，所以企业需要结合自己的资源来分析可以为大客户提供哪些服务，可以帮助大客户解决哪些问题。

其次，企业服务大客户的能力不仅与企业自身的产品或服务有关，更与企业的资源整合能力有关，包括企业内部资源和社会资源的整合能力。

一般来说,大客户的采购需求是系统采购,这就需要企业提供系统销售服务,为大客户提供问题整体解决方案。

二、基于重大事件的大客户需求分析

大客户在其重大事件及重要活动中,往往会举办一些公关活动或者企业文化建设活动,这也是大客户营销人员需要关注的大客户需求。

大客户营销人员要抓住大客户重大事件带来的机会进行大客户开发。首先,明确大客户具体活动的目的,即大客户营销人员在了解到大客户需求线索后,与进行大客户沟通,明确大客户举办活动的目标和期望;其次,从大客户的角度分析完成此重大事件或活动需要做哪些工作;最后,分析大客户需求,即结合大客户活动策划内容,发现大客户的需求,大客户营销人员应该结合自己企业产品、服务等内容,整合企业内外部资源,为大客户提供问题解决方案,满足大客户实施活动的需求。

第四节 大客户资格鉴定

在收集大客户信息的基础上,大客户营销人员需要对大客户进行分析判断,针对不同类型的大客户采用不同的开发策略,以提高大客户开发工作的绩效。

一、MAN 分析

1. MAN 介绍

只有具备准客户资格,大客户才能作为销售对象列入准客户名单中。如何判断大客户是否具备准客户资格,一般从三个方面进行分析:是否有购买能力(Money,金钱),是否具有决定权(Authority,决定权),是否有需求(Need,需求),也就是我们常说的 MAN 分析。

MAN 分析的三个构成要素分别是购买能力、决定权和购买需求。大客户只有同时具备这三个要素,才可能成为合格大客户。

2. MAN 分析

(1)M,大客户购买能力分析。

购买能力是判断潜在客户是否能成为目标客户的重要条件。任何潜在的需求,只有具备了购买能力之后,才能成为现实的需求。大客户的购买能力可分为现有购买能力和潜在购买能力。

进行购买能力鉴定时，首先要鉴定大客户现有购买能力。具有购买需求及现有购买能力的大客户，是最理想的销售对象；其次应注意对大客户的潜在购买能力进行鉴定。一味强调现有购买能力，不利于大客户市场开发。大客户营销人员应掌握大客户的潜在购买能力，为企业提供更为广阔的市场空间。当大客户值得信任并具有潜在购买能力时，大客户营销人员应主动协助大客户采取多种方式解决购买能力问题。

（2）A，大客户购买决定权分析

潜在客户或许具有某种需求，也有购买能力，但如果没有购买决定权，营销人员的大客户开发工作还是不能成功。

了解大客户是否有购买决定权、谁是关键决策者，尤其是大型的、管理部门较多的大客户，可以为大客户营销人员提供有效的沟通方向。了解大客户决策系统和决策方式，掌握其内部主管人员的决策权限，针对大客户决策中心不同角色的决策者分别进行有效沟通，是成功开发大客户的关键。

（3）N，大客户购买需求分析。

大客户需要解决什么问题，对企业产品或服务是否有需求，这是决定大客户开发能否成功的主要因素。若大客户不需要企业的产品或服务，即使有购买能力，有购买决定权，大客户也不会购买。大客户购买需求分析是指大客户营销人员通过分析潜在大客户面临的问题，对潜在大客户是否具有真正需求、需要什么样的产品或服务、什么时间有需求、需求量是多少等问题进行分析。

大客户需求具有个性化。大客户营销人员要想准确把握潜在客户的需求并非轻而易举之事，需要具有丰富的经验和专业知识技能，对大客户信息及其所在行业信息进行不断的积累，通过专业分析，才能准确地判断大客户需求。

对大客户需求进行分析之后，如果营销人员确认潜在客户没有需求，或者企业产品或服务不能满足大客户需求，或者不能有效帮助大客户解决问题，营销人员可以整合社会资源服务大客户或者继续跟踪大客户，一旦确定能够满足大客户需求，有助于解决大客户的实际问题，就要及时开发大客户。

需要说明的是，大客户的需求是可以创造的。随着科学技术的发展和企业服务能力的不断提升，大客户营销人员可以帮助大客户发现问题，挖掘和创造大客户需求。此外，大客户也可能由于某些原因暂时不具有购买能力，这就需要大客户营销人员通过个性化服务方案满足大客户需求。

二、MAN 分析应用

通过对大客户进行 MAN 分析，即大客户营销人员从大客户购买能力、购买决定权和购买需求三个方面判定大客户的具体情况，再针对不同的情况制定大客户开发策略，这样才能更有效地开发大客户，提高企业绩效。

1. 大客户 MAN 类型划分

大客户的购买能力、购买决定权和购买需求可以进行以下分类：

M 表示大客户有购买能力，m 表示大客户不具有购买能力。

A 表示大客户决策者有购买决定权，a 表示大客户决策者没有购买决定权。

N 表示大客户有购买需求，n 表示大客户没有购买需求。

这样，我们可以将大客户划分为八种类型，分别是：M+A+N、M+A+n、M+a+N、m+A+N、m+a+N、m+A+n、M+a+n、m+a+n。

2. 大客户 MAN 开发应用

针对以上不同类型的大客户，大客户营销人员需分别采用不同的开发策略。

（1）M+A+N 类型。这类大客户是最理想的大客户。对此类大客户，大客户营销人员应及时跟进，根据大客户需求提供个性化的问题解决方案。

（2）M+A+n 类型。大客户营销人员可以接触这类大客户，但需要大客户营销人员具有较强的专业能力，大量收集大客户的生产经营信息，熟悉大客户及其所在行业的发展情况，积极挖掘大客户需求，为大客户提供创造性服务。

（3）M+a+N 类型。大客户营销人员可以接触这类大客户，但需要大客户营销人员不断扩大交际圈，提升自己的交际能力，通过多种途径找到大客户企业中具有购买决定权的人，进行大客户决策者开发工作。

（4）m+A+N 类型。大客户营销人员也可以接触这类大客户，但大客户营销人员必须认真分析、判断大客户的财务状况，调查大客户的经营现状及信用条件。如果大客户财务状况、经营现状较好，信用良好，则可以为大客户提供分期付款等融资方式，实现大客户的开发。

（5）m+a+N 类型。这类客户是最常见的大客户，可以长期培养。开发这类大客户的风险较大，大客户营销人员应谨慎行动，可以长期跟踪观察。

（6）m+A+n 类型。这类大客户可以长期培养。对这类大客户，大客户营销人员可以为其提供行业发展信息或者竞争对手信息，以推进大客户的生产经营发展，提升大客户效益。

（7）M+a+n类型。面对这类大客户，大客户营销人员应熟悉大客户行业环境，为大客户发展提供专业的咨询建议；同时，大客户营销人员可以为这类大客户的决策者提供专业培训，提升决策者的专业能力和经营管理能力，以推进与大客户的关系。

（8）m+a+n类型。这类大客户属于大众客户，大客户营销人员可以停止与这类客户接触。

大客户营销人员通过对大客户的有效分析，可以确定不同类型大客户的开发策略，充分利用有限的时间和资源，提升营销效果和业绩。如果大客户营销人员不对大客户进行分析，对所有大客户都同样对待，那么就会在不可能的大客户身上浪费较多精力，同时可能忽略那些真正的大客户，最终影响大客户营销人员的绩效。

总结与实践

本章小结

　　本章主要讲述了大客户采购的特征、类型、采购流程及采购参与者分析；大客户财务报表分析、短期偿债能力分析和长期偿债能力分析；基于价值链的大客户需求分析，基于重大事件的大客户需求分析；大客户资格鉴定。

思 考 题

　　1.在大客户采购过程中，大客户为什么愿意和供应商建立长期的关系？

　　2.了解大客户采购流程对大客户需求分析有什么意义？

　　3.如果大客户的短期偿债能力强，大客户是不是一定会及时结算项目款项？为什么？

　　4.对于企业来说，基于价值链的大客户需求和基于重大事件的大客户需求有什么不同？

　　5.大客户营销人员针对不同的潜在大客户，如何更好地提升自己大客户开发工作的绩效？

课后练习

一、单选题

　　1.按照大客户采购参与者的角色分析，大客户决策团队中有权决定采购项目和供应商的是（　　　）。

　　　　A.影响者　　　　B.批准者　　　　C.决策者　　　　D.控制者

　　2.资产负债率属于（　　　）。

　　　　A.短期偿债能力指标　　　　　　B.长期偿债能力指标

　　　　C.经营能力指标　　　　　　　　D.获益能力指标

　　3.大客户采购流程的第一个阶段是（　　　）。

　　　　A.确定需求　　　　　　　　　　B.寻求供应商

　　　　C.说明需求　　　　　　　　　　D.问题识别

　　4.对于m+A+N类型的大客户，营销人员应该采用哪种开发策略？（　　　）

　　　　A.调查其业务状况、信用条件等，根据结果确定要不要给予融资

B. 需要挖掘大客户需求

C. 长期观察并培养，使之具备条件

D. 理想的销售对象

5. 如果大客户是直接再采购，一般来说，企业开发大客户的切入点是在（　　　）。

A. 问题识别环节　　　　　　　B. 寻求供应商环节

C. 说明需求环节　　　　　　　D. 绩效评价环节

二、多选题

1. 在采购导向下，大客户采购的特征包括（　　　）。

A. 同一质量水平下注重商品价格

B. 关注产品质量的改进和产品供应的稳定性

C. 注重采购环节的共同设计和长期供应合同

D. 注重短期、采取强战术

2. 按照大客户采购参与者的角色分析，下面选项中属于控制者的是（　　　）。

A. 经理秘书　　　　　　　　　B. 采购代理人

C. 总经理　　　　　　　　　　D. 接待员

3. 资产负债表的资产要素分析包括（　　　）。

A. 流动资产分析　　　　　　　B. 长期投资分析

C. 无形资产分析　　　　　　　D. 所有者权益分析

4. 判断大客户短期偿债能力的指标有（　　　）。

A. 速动比率　　　　　　　　　B. 资产负债率

C. 流动比率　　　　　　　　　D. 现金比率

5. 大客户需求 MAN 分析中，M、A、N 分别代表（　　　）。

A. 需求　　　　　　　　　　　B. 决定权

C. 金钱　　　　　　　　　　　D. 欲望

三、判断题

1. 购买者从一个供应商处购买完整的成套设备及其所需要的各项服务属于系统采购。
（　　　）

2. 商务大客户采购市场需求是衍生需求，市场缺乏弹性。（　　　）

3. 操作层是大客户内部直接接触产品或服务的人员，在采购中不直接参与决策，所以大客户营销人员不必在意他们。（　　　）

4. 按照大客户采购参与者的角色分析，开发大客户时接待员属于影响者角色。（　　　）

5.一般来说，判断大客户的短期偿债能力的指标中，流动比率比速动比率更准确。
（　　）

四、案例分析

丢单，往往源于太关注对手

几年前，国内某汽车4S店连锁集团需要信息化系统，而针对该大客户，M公司的竞争对手是国内知名软件企业A公司。由于M公司的产品与竞争对手的产品相比有一定的差距，加之对方在汽车流通行业有成功的案例，所以M公司处于劣势。

在这种情况下，M公司的一线销售经理找了几个顾问，开始加班加点做单据开发，开发的都是汽车行业的一些业务单据，如保险单、上牌单等，试图在下次展示过程中体现出自己的专业性。

一周之后，双方进行了沟通，但沟通结果很不理想，该大客户反映："你们的产品比不上A公司，他们的产品更成熟，功能也更强大。"最终，项目没有取得实质性的进展。

这时M公司发现：除了业务系统的需求外，该大客户有一个更加重要的需求，就是实现对几十家下属4S店财务的集中管控，这个需求比供应链的业务需求更重要、更强烈。而A公司的产品恰恰是不支撑这个需求的，因为两种软件的技术架构不一致。

于是，M公司设法又安排了一次与该大客户的沟通。沟通的重点就是这个技术问题，以及在管理上带来的差别。

第二次沟通取得了极好的效果，一举扭转了劣势，该大客户也不再纠结于M公司的业务功能，最终与M公司签订了合同。

请分析：

（1）第一次沟通的结果为什么不理想？

（2）请分析M公司最后成功获得订单的原因。

第六章

客户价值计算与判断

知识目标

- 理解客户价值的含义；
- 掌握大客户终身价值计算；
- 理解 RFM 模型；
- 掌握 RFM 模型客户价值计算；
- 了解判断大客户的影响因素；
- 掌握大客户标准指标。

技能目标

- 能计算客户终身价值；
- 能使用 RFM 模型计算客户行为价值；
- 能够根据客户价值标准判断大客户。

素养目标

- 具有全局意识；
- 求真务实。

七家银行私人银行客户门槛：起步价800万元

ZH私人银行佛山分部在南海正式开业，除该行外，NH佛山分行私人银行分部也拟在季华园附近布点新办公点，而GF银行等商业银行也在计划开拓私人银行业务。

据了解，目前国有银行佛山分行私人银行的目标群体中，普遍资产800万元仅是起步，对于这部分目标群体，私人银行能够提供哪些服务？佛山私人银行市场到底有多大？这部分目标群体为何热衷于选择私人银行业务？

客户：多来自中小企业主，资产超800万仅是起步

据了解，目前佛山各私人银行门槛各不相同。GH佛山分行私人银行的门槛为资产800万元。NH、ZH私人银行均要求客户金融资产超过800万元等值人民币。在四大国有银行中，JH佛山分行私人银行的门槛是最高的，要求服务的主要对象是在该行资产1000万元以上的客户。商业银行中，ZS银行私人银行客户的资产门槛为1000万元。而GF银行和ZX银行私人银行的门槛分别为600万元和300万元。

据了解，中小企业主是私人银行客户的主要群体。私人银行客户多来自南庄陶瓷行业、石湾钢铁行业、张槎针织行业、顺德家具行业，这些私人企业老板是私人银行客户群体的主要来源。除企业主外，一些知名企业掌门人及其高层管理者也已成为或者已列入私人银行的主要目标客户群体。

市场：潜在客户较多

佛山地区私人银行业务的需求很旺盛，随着房地产投资、信托投资、民间借贷投资这几项主要的高净值客户投资渠道的规范及收紧，高净值客户投资资产也将重新寻找新的投资方式及投资渠道，由此将带动银行私人银行业务的发展。

比较：本土私人银行胜在"接地气"，了解客户需求

尽管佛山的私人银行进入高速发展期，但在佛山真正意义上的私人银行发展还受到部分制约。

不过对本土银行来说，最有价值的地方在于它更了解客户需求，可以提供更贴近客户需求的个性化解决方案以及区域特质的业务。

目前，多数佛山私人银行能够根据客户投资偏好和需求，提供包括资产管理服务、保险服务、信托服务、税务咨询和规划等综合性的财富管理服务。

通过以上案例，我们可以了解到不同企业的大客户选择标准是不同的，同一企业在不同环境下的大客户选择标准也是不同的。企业需要结合行业背景、企业发展战略、企业资源状况、市场竞争等实际情况，从企业全局发展角度综合考虑，制定企业大客户选择标准，而且要根据环境变化阶段性地进行调整和优化。

客户价值与客户关系管理是密不可分的。只有实施客户关系管理，企业才能实现以客户为中心的客户价值管理。通过"一对一"客户营销，满足不同价值客户的个性化需求，提高客户忠诚度和稳定性，实现客户价值提升，从而全面提升企业绩效。

企业提升客户价值的方式可以分为向上购买、交叉购买和推荐他人购买。向上购买即把同一品牌的高端产品或服务销售给同一客户，替换原来的低端产品或服务。交叉购买即把不同产品或服务销售给同一客户。推荐他人购买即客户把企业的产品或服务推荐给其他客户。

第一节　客户价值概述

一、客户价值的含义

关于客户价值的认识有三种：一是从企业自身的角度，客户价值是指企业从客户的购买中所实现的收益；二是从客户的角度，客户价值是指客户从企业产品或服务中得到的需求满足；三是从企业和客户共赢的角度，客户价值是指客户交换价值。

本章的客户价值是指从企业自身的角度考虑的。客户价值是企业通过与客户建立长期稳定的关系，为客户长期提供产品或服务，并因客户按相应价格支付而取得收益，即客户对企业的有用性，客户为企业带来的长期收益和效用。

客户价值一般包含两层含义：一是客户的历史价值；二是客户的未来价值。客户价值用公式表示为：

$$V = A + B$$

其中：

V 表示客户价值；

A 表示客户的历史价值；

B 表示客户的未来价值。

客户价值是衡量客户对企业利润贡献大小的标准，也是企业对客户进行获取、保持、营销等活动的重要依据之一。

二、客户价值分类

客户价值按照评估指标的不同可分为利润指标和非利润指标。

1. 按照利润指标评估的时间范围不同划分

按照利润指标评估时间范围的不同，客户价值可划分为历史价值、未来价值和客户终身价值。

（1）历史价值。

历史价值是指到目前为止客户已经为企业带来的收益。

如移动公司2020年成功开发了某企业客户，该客户2020年至2024年分别给移动公司带来了120万、150万、200万、250万和280万的收入。到2024年年末移动公司采用历史价值评估该客户价值为1000万（120万＋150万＋200万＋250万＋280万）。

（2）未来价值。

未来价值是指客户将来继续与企业维持关系的时间内，将会给企业带来的收益。未来价值包括当前价值和潜在价值。

当前价值是指企业对客户的营销策略不变的情况下，客户将来继续给企业带来的收益；潜在价值是指企业由于采取更为积极的客户保持策略，使客户的购买行为向有利于增加企业收益的方向发展时，客户在当前价值基础上给企业带来的收益的增加量。

（3）客户终身价值。

客户终身价值（Customer Lifetime Value，CLV）是指该客户在与企业保持关系的整个期间内为企业带来的收益总和。

2. 按照非利润指标内容不同划分

按照非利润指标内容的不同，客户价值可分为行为价值和影响价值。

（1）行为价值。

客户的行为价值是指客户与企业交易时表现出的态度和行为特点对企业产生的影响价值。行为价值包括客户的资信度和交易关系。

客户的资信度是指客户的偿还能力和信用程度。它直接影响企业对大客户的识别。

按照交易关系的不同，客户可分为交易型客户和关系型客户两种。交易型客户是指客户与企业只是以完成交易为目的，客户追求的是短期利润，只关心产品、服务及价格。关系型客户是指客户与企业之间达成了长期合作的稳定关系，客户期望通过与企业建立密切、持久的联系而得到利益。

（2）影响价值。

客户的影响价值是指除客户本身为企业带来的价值之外的价值。影响价值包括客户的宣传价值、品牌价值、网络价值和信息价值。

宣传价值是指客户的舆论宣传给企业带来的价值。客户的舆论宣传有两种价值取向，一种是客户对企业的产品和服务很满意，就会正面宣传企业的品牌；另一种就是对企业的产品和服务不满意，对企业进行负面宣传。

品牌价值是指客户的品牌形象给企业带来的价值。当客户是著名公司或进行有影响力的重大项目时，客户的品牌影响力能够提升企业的形象，即企业可以从客户的品牌间接获益。

某企业集团是一个传统企业，与某著名电商企业达成战略合作，从而带动了该企业集团在电子商务行业的业务发展。该著名电商企业作为电商行业引领者的形象，为该企业集团电子商务业务发展提供了很好的宣传效果。

网络价值是指客户的网络资源带给企业的价值。

某企业的大客户 A 集团具有遍布全国城乡的网点，这为该企业迅速开拓全国市场提供了良好的市场渠道，使企业能够很快地把新产品推向全国城乡消费市场。

信息价值是指客户的信息资源对企业的价值。

对客户信息的掌握会直接影响企业对客户需求的把握，进而影响企业产品或服务的创新。企业的很多新业务的推出很多是从客户那里得到灵感的。通过对一些代表性客户的研究，企业能够知道什么样的业务是客户真正需要的。

第二节　基于贡献的客户价值计算方法

计算客户价值最直接的方法就是对客户带给企业的利润进行评估。

客户价值计算就是核算客户的历史利润贡献和潜在利润贡献。根据客户价值的大小，企业可以采用不同的客户维护和客户流失挽回等营销策略。

房地产行业估计一个购房者一生会有四次购房：首次购房、首次换房、二次换房和退休购房。所以，对于房地产公司来说，一个客户的终身价值就是该客户这四次购房的价值总和。房地产公司的营销策略也是围绕客户生命周期中的四次购房而制定的，这也对房地产公司的资源分配起到了一定的指导作用。

影响客户价值的主要因素有：所有来自客户初始购买的收入；所有与客户购买有关的直接可变成本；客户购买的频率；客户购买的时间长度；客户购买其他产品的喜好及其收入；客户推荐给朋友、同事及其他人的可能性；适当的贴现率。

一、客户历史价值计算

历史价值是某客户到目前为止给企业带来的利润，即该客户带来的所有业务收入减去企业开发与维护该客户的所有成本。

客户历史价值是客户价值评估分析的一个重要组成部分，它是指每个客户目前已经为企业所带来的收益值。

如果只知道一个客户所带来的收入，而不了解花费在这个客户身上的成本（直接和间接的），那就没意义。

客户历史价值计算如下：

（1）如果企业按照利润指标计算客户历史价值，则可以采用下面公式：

$$V_0 = \sum_{i=1}^{n} p_i$$

其中：

V_0 是客户的历史价值；

p_i 是该客户第 i 年产生的利润；

i 是客户价值的计算年度。

（2）如果企业按照收入指标计算客户历史价值，则可以采用下面公式：

$$V_0 = \sum_{i=1}^{n} r_i - \sum_{i=1}^{n} c_i = \sum_{i=1}^{n} (r_i - c_i)$$

其中：

V_0 是客户的历史价值；

r_i 是客户第 i 年产生的收入；

c_i 是客户第 i 年开发和维护的成本。

例如：下面是 YZ 企业的 A 客户 2018—2023 年的收入和成本支出表：

表 6-1　2018—2023 年 A 客户的收入和成本支出统计表

单位：万元

年份	2018	2019	2020	2021	2022	2023	合计
收入	15	23	18	30	15	21	122
成本支出	6	3	4.6	3.6	6	3	26.2
利润	9	20	13.4	26.4	9	18	95.8

解：该客户每一年产生的利润和为：

$$V_0 = \sum_{i=1}^{n} p_i = \sum_{i=1}^{n} (r_i - c_i) = 9+20+13.4+26.4+9+18 = 95.8 （万元）$$

或者

$$V_0 = \sum_{i=1}^{n} r_i - \sum_{i=1}^{n} c_i = 122-26.2 = 95.8 （万元）$$

该客户的历史价值为 95.8 万元。

二、客户未来价值计算

客户未来价值包括当前价值和潜在价值。

当前价值是指客户按照目前购买行为模式将会给企业带来的收益。当前价值是根据客户的业务发展和行业市场竞争分析，来预测该客户按照目前的状态可以维持多长时间的。

潜在价值是指企业采取更为积极的客户保持策略，使客户的购买行为向有利于企业增加收益的方向发展时，客户未来可望为企业增加的收益。潜在价值一般是根据不同客户保持策略下增加收益的效果进行统计数据分析和经验预测的。

例如：结合上面案例，YZ 企业根据 A 客户的业务发展，预测出该客户还可以维持 3 年。根据目前的状态，A 客户每年产生利润 5 万元，那么 A 客户的当前价值 V_1（不考虑折现）就是：

$$V_1 = 5 \times 3 = 15 （万元）$$

如果 YZ 企业采用有效的客户维持措施，那么 A 客户每年产生的利润将增加 2 万元，而且 A 客户将从原来的可以维持 3 年增加到 5 年，那么 A 客户的潜在价值 V_2（不考虑折现）就是：

$$V_2 = 2 \times 3 + (5+2) \times (5-3) = 20 （万元）$$

那么，该客户的未来价值 V' 就是：

$$V' = V_1 + V_2 = 35 （万元）$$

三、客户的终身价值计算

客户终身价值是客户的历史价值和未来价值折现总和。

如婴儿需要尿不湿，但他不会一辈子都使用尿不湿，而只需要两三年，所以对于尿不湿来说，他的生命周期只有 2～3 年。

客户终身价值的计算公式如下：

（1）考虑现金折现因素。

$$客户终身价值 = \sum（每年客户带来的收益 \times 折现系数）$$

具体的计算公式：

$$CLV = \sum_{i=1}^{n} \frac{(r_i - c_i)}{(1+d)^i}$$

其中：

CLV 是客户终身价值；

r_i 是客户第 i 年产生的收入；

c_i 是客户第 i 年开发和维护的成本；

d 是第 i 年现金折现率。

（2）不考虑现金折现因素。

客户终身价值 $CLV =$ 客户历史价值 $V_0 +$ 客户未来价值 V'

$$CLV = \sum_{i=1}^{n} p_i = V_0 + V'$$

例如：结合上面的案例，YZ 企业 A 客户的客户终身价值就是：

$$CLV = V_0 + V' = 95.8 + 35 = 130.8（万元）$$

第三节　基于行为分析的客户价值计算方法

一、客户行为价值分析的 RFM 模型

1. RFM 模型

美国数据库营销研究所 Arthur Hughes 的研究提出，客户数据库中的三个要素构成了数据分析最好的指标：最近一次消费（Recency）、消费频率（Frequency）、消费金额（Monetary）三项指标，这三项指标构成了 RFM 模型（如图 6-1 所示）。一般的分析型 CRM（Customer Relationship Management）着重于以客户贡献度来分析客户价值，而 RFM 分析则侧重于以客户的行为来分析客户价值。

2. RFM 模型指标分析

RFM 模型是衡量客户价值和客户创利能力的重要工具和手段。该模型通过一个客户的最近一次消费、消费频率和消费金额三项指标来描述该客户的价值状况。

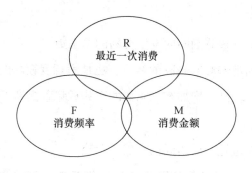

图 6-1　RFM 模型图

（1）最近一次消费。

最近一次消费是指客户上一次交易距离目前的时间长度。它是客户新鲜度指标，客户新鲜度越高，表明客户再次购买的可能性越大。

理论上讲，上一次消费时间越近的客户应该是比较好的客户，对提供的商品或服务也最有可能关注。也就是说，最近才与企业发生交易的客户，是最有可能再次发生交易的客户。

如果企业要扩大市场占有率，那么企业就要抢占竞争对手的市场；但是在一个成熟的市场，企业若想取得业绩增长，就要密切地关注客户的购买行为，那么最近一次消费指标就是企业客户开发工作第一个要利用的工具。

客户最近一次消费信息是持续变动的。

客户距上一次购买时间满一个月之后，在数据库里该客户就成为最近一次消费为 1 个月的客户。但是如果最近一次消费指标为 3 个月的客户一天前又发生了交易，该客户就成为最近一次消费为一天的客户。

最近一次消费指标的功能：① 为企业维护客户提供依据，② 营销管理人员利用最近一次消费报告可以监督事业的健全度。

优秀的营销管理人员会定期查看最近一次消费分析，以掌握业务变化趋势。月报告如果显示最近一次消费为 1 个月（上一次购买很近的客户）的人数有所增加，则表示该公司下一个月业绩可能会稳定增长；反之，如果上一次消费为一个月的客户越来越少，则表示该公司下一个月业绩可能会出现下降趋势。

最近一次消费分析报告是客户维护的一个重要指标。最近购买企业的产品、服务或者光顾企业的客户，是最有可能再次购买企业产品或服务的客户。要吸引一个几个月前消费过的客户再次购买，比吸引一个一年多以前消费过的客户要容易得多。

（2）消费频率。

消费频率是客户在某一核算期间内发生交易的总次数。

一般可以说某一期间消费频率越高的客户，也是满意度较高的客户。说明客户相信企业品牌或对企业忠诚度比较高。增加客户购买的次数意味着提高了市场占有率。

（3）消费金额。

消费金额表示客户在最近一段时间内消费的金额。

例如：某企业的客户数据显示，排名前10%的客户，其消费金额比下一个等级的客户的消费金额多出至少2倍，占公司总营业额的40%以上。

分析消费累计金额百分比发现，前40%的客户贡献了公司总营业额的80%；而前60%的客户贡献了公司总营业额的90%以上。不同等级客户的平均消费：表现最好的10%的客户平均消费金额为1195美元，而平均消费金额最少的10%的客户平均消费金额仅有18美元。

如果企业的预算有限，只能把服务信息提供给2000个或3000个客户，那么企业会将信息邮寄给前40%贡献了企业总营业额80%的客户，还是那些贡献不到企业总营业额1%的客户？

企业可以根据三个维度对客户进行分类，从而实现数据库营销。一般对RFM指标进行五等级划分，就得到RFM模型分析的125个客户类型，不同类型的客户具有不同的客户特征和行为。

二、基于行为分析的客户价值计算

客户的消费行为具有一定的延续性和趋势，所以企业通过分析客户的购买行为对客户未来的行为作出预测，从而可以预测出客户的价值。

最近一次消费、消费频率、消费金额是测算客户价值最重要也是最容易的方法，也充分表现出这三个指标对营销活动的指导意义。

客户终身价值（CLV）=购买次数频率×客户忠诚度保持的时间×毛利润

例如：某化妆品专卖店的客户李女士三年购买了12次化妆品，平均每个订单200元，商品本身成本50%，其他营销成本是80元，每个订单完成成本为7元。李女士的客户终身价值为：

$$CLV = 200 \times 12 \times (1 - 50\%) - 80 - 12 \times 7 = 1036 （元）$$

三年中李女士花费了2400元，企业获得利润1036元。因此对企业来讲，该客户的终身价值为1036元。

又例如：某超市的两个客户甲和乙保持了 5 年。客户甲平均每个月到超市消费 4 次，每次平均消费金额为 800 元左右，购买货物的利润率为 40%。客户乙平均每年消费 2 次，每次消费金额为 50000 元左右，购买货物的利润率为 15%。

那么对该超市而言，这两个客户哪个价值更大一些呢？

$CLV_甲$=800×4×12×40%×5=76800（元）

$CLV_乙$=50000×2×15%×5=75000（元）

使用 RFM 模型计算该超市甲、乙两个客户的客户终身价值，结果显示，这两个客户的价值基本一样，但客户甲的价值稍大一些。

> 根据两种不同的客户价值计算方法，我们既可以计算客户历史价值，也可以预测客户的当前价值和潜在价值。前提是企业要长期积累客户财务数据和客户消费的行为数据，以求真务实的态度来准确地计算出客户价值。

第四节　大客户判断与选择标准

企业主要根据客户价值对大客户进行判断与选择，但是也会受到其他因素的影响。对于企业来说，大客户不是越多越好，大客户的数量要符合企业的发展战略，要与企业的内部资源规模相匹配，同时也要与行业市场发展环境相一致。

一、大客户选择标准的影响因素

企业制定大客户选择标准的理论依据是"80/20"法则。企业可以根据"重要的少数，和次要的多数"的原理确定大客户范围，制定出大客户选择标准。

对于重要客户的选择，每个企业都会制定一定的标准。企业制定大客户标准会受到行业或业务类型、企业战略、企业内部资源、市场竞争程度等影响。企业制定的大客户选择标准就是企业判断大客户的标准。

1. 行业或业务类型的影响

不同行业大客户的选择标准不同，差异相对比较大。对于零售行业而言，针对的客户基本是个人和家庭客户，购买量或者金额相对比较小，大客户选择的标准相对就比较低。而对于生产大型设备的机械制造行业，主要针对的是企业客户，生产的产品主要是客户用于再生产的设备或者机器，单位产品价值相对较高，所以大客户选择标准就高一些。

石家庄某零售企业，将每年消费达到 5 万元以上的客户作为大客户的选择标准；而某车辆制造企业，每辆车的售价达 200 万元以上，对大客户的选择标准高一些，即年均产生销售收入 1000 万元以上的客户。

即使在一个企业内，不同类型业务的大客户选择标准也可能不同。

在银行业，同一银行理财业务的大客户标准与私人银行大客户标准就不同。某银行理财业务大客户的标准是理财投资 20 万元以上，而私人银行业务大客户的标准是存款达到 600 万元以上。

2. 企业战略的影响

企业大客户标准的制定和企业经营战略关系密切，如果企业经营战略重视市场占有率或者开发更多的新客户，那么企业关注的就是新市场和新客户开发，对于客户维护关注相对较少，企业投入大客户营销的资源就相对较少，需要提供个性化服务的大客户数量就相对比较少，大客户选择标准就会比较高。

相反，如果企业经营战略重视客户价值提升，那么企业就会更加关注"重要的少数"，大客户维护的资源相对就多一些，大客户选择标准相对就会低一些。

在快递行业，相对于其他企业而言，SF 公司更关注个人快递市场，90% 以上的业务收入来自大量标准快递的寄递服务，所以大客户数量就比较少，大客户选择标准相对比较高。

3. 企业内部资源的影响

大客户营销是个性化的营销。企业如果要实现大量的个性化营销，就需要拥有大量的资源，包括人、财、物、服务等方面的资源。

企业如果拥有较丰富的资源，就可以更有针对性地为客户提供个性化的服务，那么企业大客户选择标准就可以低一些。相反，如果企业没有充足的资源，提供个性化服务的能力有限，就要求企业的大客户少一些，大客户选择标准制定得高一些。

YZ 企业拥有充足的社会资源，包括近百万的人力资源，同时拥有大量的营业、投递、运输网络等，可以为更多的客户提供高质量的、个性化的服务，所以其大客户选择标准相对较低，大客户数量较多。

4. 市场竞争程度的影响

市场经济的不断发展给各个行业带来了激烈的竞争，企业竞争最终就是客户资源的竞争。如果市场竞争比较激烈，企业原有大客户数量就会减少，于是相对重要的客户就会成为企业关注的对象；同时，企业为了提升现有客户价值并成功开发新客户，在激烈竞争的环境下就必须为客户提供个性化、高价值的服务，企业大客户选择标准就会降低。

同理，如果该市场竞争不是很激烈，企业就会关注最重要的部分客户，大部分客户只能享受标准化的服务，企业大客户选择标准就会提高。

随着外资银行的不断加入，广东佛山地区私人银行业务竞争愈来愈激烈，私人银行客户起步门槛有所降低。

二、判断大客户需考虑的因素

大客户是企业的关键客户，是与企业建立长期稳定关系的客户。一般企业判断大客户价值会从以下几个方面进行考虑：客户采购量、客户采购集中性、对服务水准的要求、客户对价格的敏感度、客户是否希望与企业建立长期的伙伴关系、客户是否与企业定位一致。

（1）客户采购量。

一般情况下，客户采购量越大，就越能保证企业生产持续进行，对企业生产经营越重要。即使客户采购实现的利润不是最高，但是大量的采购可以消化企业库存，保证企业生产经营的顺利进行。

（2）客户采购集中性。

客户考虑到采购风险，往往会选择几家供应商，使客户在竞争中实现采购利润最大化，同时可以保证生产经营过程中物料的稳定供应。如果客户采购比较分散，那么该客户对企业的价值就相对较低；如果客户采购比较集中，那么该客户对企业的价值就相对较高。

（3）对服务水准的要求。

如果客户需要企业提供标准化服务，那么这类客户就可以轻易地更换供应商，该类客户就容易流失。对服务要求较高的客户，需要企业提供个性化的服务，客户与企业之间将建立较深的关系，对于企业来说有利于保持客户的稳定性。

（4）客户对价格的敏感度。

价格敏感度越高的客户，对企业的忠诚度越低。一旦市场出现更低价格的供应商或者物料，这类客户就可能会更换供应商。所以，价格敏感度高的客户忠诚度就低，客户终身价值也会降低；而价格敏感度低的客户，对企业忠诚度较高，客户关系维持时间相对较长，客户价值就高。

（5）客户是否希望与企业建立长期的伙伴关系。

对于具有长期合作意向的客户，企业应该更加关注，因为这样的客户由于长期合作，其客户终身价值就高。

（6）客户是否与企业定位一致。

企业选择关键客户时要考虑实际情况，要根据自身的发展定位和目标进行选择，以选择与企业定位一致的客户为优。

三、大客户选择标准

企业制定的大客户选择标准一般有单一变量标准和综合变量标准两种类型。

1. 单一变量标准

企业在确定大客户标准时，仅仅采用了某一个变量，那么该企业大客户选择标准采用的就是单一变量标准。常见的单一变量标准有以下几类。

（1）交易类指标：主要有交易次数、交易额、利润、毛利率、平均单笔交易额、最大单笔交易额、退货金额、退货次数、已交易时间、平均交易周期、销售预期金额等。

（2）财务类指标：主要有最大单笔收款额、平均收款额、平均收款周期、平均欠款额、平均欠款率等。

（3）联络类指标：主要有相关任务数、相关进程数、客户表扬次数/比例、投诉次数/比例、建议次数/比例等。

（4）特征类指标：主要是客户自身的一些特征，比如企业规模、注册资金、区域、行业、年销售额、是否为上市公司等。一般来说，对于潜在大客户，由于还没有发生交易，企业就可以采用特征类指标进行大客户判断和选择。

一般企业大多采用单一变量来制定大客户选择标准。单一变量标准具有以下特点：

（1）简单易行。对于大多数企业而言，选择单一变量标准利于进行大客户判断和选择，利于大客户工作的开展。

（2）直观易量化。企业采用单一变量标准制定大客户选择标准时，标准一般直接采用该变量的实际值，易于企业内外部相关人员的理解。

（3）用单一变量制定的大客户选择标准对大客户的判断不够全面。一般来说，单一变量大客户选择标准采用的变量基本是交易额、利润或毛利率。这些变量都是对大客户过去价值的判断，缺乏对大客户未来价值的预测，较少考虑大客户的长期价值，不利于企业的长期决策。

2. 综合变量标准

综合变量标准是指企业确定大客户标准时考虑多个变量或维度，通过综合考虑来确定大客户选择标准（如表6-2所示）。

表6-2　客户价值评估表

一级评估指标	二级评估指标	评估内容	备注
利润水平	利润率	产品价格：A.高　B.中　C.低　D.未知 比其他客户价格：A.高　B.中　C.低　D.未知 在行业中企业利润水平：A.高　B.中　C.低　D.未知 最后达到利润率：A.高　B.中　C.低　D.未知	9—12分，利润率高 5—8分，利润率适中 1—4分，利润率低 非D选项不少于2项
销量	订货量	比其他客户：A.高　B.中　C.低　D.未知 预期客户的订货单：A.高　B.中　C.低　D.未知 最后达成订货量：A.高　B.中　C.低　D.未知	9—12分，销量大 5—8分，销量适中 1—4分，销量低 非D选项不少于2项
市场吸引力	品牌效应	客户知名度：A.高　B.中　C.低　D.未知 客户级别：A.知名　B.中　C.小　D.未知 交易对企业形象的影响：A.高　B.中　C.低　D.未知 对其他客户的影响：A.高　B.中　C.低　D.未知	9—12分，品牌影响力大 5—8分，品牌影响力适中 1—4分，品牌影响力小 非D选项不少于2项
	社会影响力	交易社会关注度：A.高　B.中　C.低　D.未知 在地区的影响：A.高　B.中　C.低　D.未知 项目或交易的示范程度：A.高　B.中　C.低　D.未知 客户是否愿意宣传我们企业：A.高　B.中　C.低　D.未知	9—12分，社会影响力大 5—8分，社会影响力适中 1—4分，社会影响力小 非D选项不少于2项
竞争吸引力	对渠道的影响	客户类型：A.大　B.中　C.小　D.未知 客户在地区潜在销售能力和范围：A.高　B.中　C.低　D.未知 和企业的密切程度：A.独家　B.多品牌　C.其他　D.未知 客户在销售方面力量：A.高　B.中　C.低　D.未知	9—12分，对渠道影响大 5—8分，对渠道影响适中 1—4分，对渠道影响小 非D选项不少于2项
	对竞争地位的影响	客户来源：A.大　B.中　C.小　D.未知 该类产品竞争程度：A.高　B.中　C.低　D.未知 对改善本企业在行业地位：A.高　B.中　C.低　D.未知 本企业的竞争力：A.低　B.中　C.强　D.未知	9—12分，竞争影响力大 5—8分，竞争影响力适中 1—4分，竞争影响力低 非D选项不少于2项

续表

一级评估指标	二级评估指标	评估内容	备注
交易前景	订货趋势	客户销售能力：A.强　B.中　C.低　D.未知 客户配套要求：A.高　B.中　C.低　D.未知 客户进一步订货的许诺：A.高　B.中　C.低　D.未知	9—12分，订货可能性大 5—8分，订货可能性适中 1—4分，订货可能性小 非D选项不少于2项
	客户前景	客户技术实力：A.强　B.中　C.弱　D.未知 客户资金：A.强　B.中　C.弱　D.未知 客户人力资源：A.强　B.中　C.弱　D.未知 客户从业经验：A.强　B.中　C.弱　D.未知 客户经营理念：A.长远　B.稳定　C.短期　D.未知 好的项目或产品：A.多　B.中　C.少　D.未知	9—12分，发展潜力大 5—8分，发展潜力适中 1—4分，发展潜力小 非D选项不少于2项
	行业前景	外部环境：A.支持　B.一般　C.限制　D.未知 客户所在行业前景：A.发展快　B.平稳　C.衰退　D.未知 客户所在行业性质：A.高新　B.传统　C.其他　D.未知 客户产品市场前景：A.广阔　B.一般　C.差　D.未知	9—12分，行业潜力大 5—8分，行业潜力适中 1—4分，行业潜力小 非D选项不少于2项

注：A、B、C、D选项赋值分别为12分、8分、4分、0分。备注中所指分数为根据得分和权重计算的分值。

综合变量标准是一个相对标准，通过对客户多维度打分，加权平均计算出客户得分，再进行大客户判断。

具体计算步骤分为三步：一是分别对各级指标赋权重；二是根据实际情况对各项评估内容进行判断选择，并打分；三是根据得分和权重分别计算各级指标得分，计算出大客户得分。

首先，根据各评价内容得分和权重，采用加权平均法分别计算出各二级指标得分，计算公式：

$$V_{ij} = \sum_{k=1}^{n} V_{ijk} b_{ijk}$$

$$i=1,2,3,\cdots,n; j=1,2,3,\cdots,n$$

其中：

i 表示各一级指标的序号；

ij 表示各一级指标所属各二级指标的序号；

ijk 表示各一级指标所属各二级指标的各评价内容的序号；

V_{ij} 表示各二级指标得分；

V_{ijk} 表示各二级指标的各项评价内容的打分；

b_{ijk} 表示各二级指标的各项评价内容的权重。

其次，根据各二级指标得分及其权重，加权平均分别计算各一级指标得分，计算公式：

$$V_i = \sum_{j=1}^{n} V_{ij} b_{ij}$$
$$i=1,\ 2,\ 3,\ \cdots,\ n$$

其中：

V_i 表示各一级指标的得分；

V_{ij} 表示各二级指标的得分；

b_{ij} 表示各二级指标的权重。

最后，根据各一级指标得分及其权重，加权平均分别计算该客户综合得分，计算公式：

$$V = \sum_{i=1}^{n} V_i b_i$$

其中：

V 表示该客户的综合得分；

V_i 表示各一级指标的得分；

b_i 表示各一级指标的权重。

综合变量标准的特点是：

（1）确定大客户的准确率高。由于综合变量标准从多个角度对客户进行了评价和判断，相对比较客观，评估大客户价值的准确性要高。

（2）需要企业具有较高的统筹管理水平。在企业经营管理中，企业营销相关的数据分布在不同的部门，要对客户进行综合性的评估，就需要企业能够对各个方面的信息进行有效收集、分析，并评估客户的价值。

（3）综合变量的数值是相对评判值，不易理解。企业采用综合变量标准时需要将不同性质的变量统一量化，标准一般是一个代表性的数值，不便于经营管理人员的理解。

总结与实践

本章小结

本章主要讲述了客户价值的含义、分类；客户历史价值、未来价值和客户终身价值；使用 RFM 模型计算客户行为价值；大客户选择标准的影响因素、判断大客户需考虑的因素、大客户选择标准。

思 考 题

1. 非利润指标对客户价值的判断有什么作用？

2. 企业大客户标准设置得高一些好还是低一些好？它受哪些因素的影响？

3. 在客户终身价值计算中，历史价值和未来价值哪个对企业更有意义？

4. 营销人员如何判断客户是不是重要客户？需要考虑哪些方面的因素？

课后练习

一、单选题

1. 预测客户未来价值时，由于企业采取了更为积极的客户保持策略，使客户的购买行为向有利于企业增加收益的方向发展，可望为企业增加的收益称为（　　）。

  A. 历史价值　　　　　　　　B. 当前价值

  C. 潜在价值　　　　　　　　D. 客户终身价值

2. 保险公司与邮政企业合作，利用邮政企业覆盖全国的网点销售保险业务。这说明邮政企业对保险公司具有（　　）。

  A. 未来价值　　　　　　　　B. 品牌价值

  C. 历史价值　　　　　　　　D. 网络价值

3. 某邮政分公司的客户 A 这几年已经为该邮政分公司带来利润 1200 万元。预测客户 A 还能维持 3 年，将会带来利润 800 万元。客户 A 的未来价值是（　　）。

  A. 2000 万元　　　　　　　　B. 1200 万元

  C. 800 万元　　　　　　　　D. 400 万元

4. 某邮政分公司的 VIP 客户甲的生命周期预计为 5 年，平均每月使用邮政业务 30 万元，销售利润率为 25%，则甲的客户终身价值是（　　　）。

　　A. 30 万元　　　　　　　　　B. 150 万元

　　C. 450 万元　　　　　　　　 D. 1800 万元

5. 下面选项中不属于单一变量标准的特点的是（　　　）。

　　A. 确定大客户准确率高　　　　B. 简单易行

　　C. 直观易量化　　　　　　　　D. 对大客户判断不够全面

二、多选题

1. 相对于单一变量标准，综合变量标准的特征是（　　　）。

　　A. 简单易行　　　　　　　　　B. 准确率高

　　C. 不够直观　　　　　　　　　D. 判断不够全面

2. 下面选项中属于客户影响价值的是（　　　）。

　　A. 宣传价值　　　　　　　　　B. 品牌价值

　　C. 历史价值　　　　　　　　　D. 网络价值

3. RFM 模型中，R、F、M 分别代表（　　　）。

　　A. 最近一次消费　　　　　　　B. 消费需求

　　C. 消费频率　　　　　　　　　D. 消费金额

4. 关于最近一次消费的说法，正确的有（　　　）。

　　A. 最近一次消费是客户新鲜度指标

　　B. 客户最近一次消费信息是持续变动的

　　C. 最近一次消费越高，说明客户对企业忠诚度比较高

　　D. 客户新鲜度越高，表明客户再次购买的可能性越大

5. 企业制定大客户选择标准的影响因素有（　　　）。

　　A. 行业或业务类型　　　　　　B. 企业战略

　　C. 企业占有的资源　　　　　　D. 市场竞争程度

三、判断题

1. 客户终身价值就是客户从注册成立到最终注销的整个存续过程中的社会价值。（　　　）

2. 行为价值包括客户的资信度和交易关系。（　　　）

3. 如果市场竞争比较激烈，企业的大客户选择标准相对就会提高。（　　　）

4. 当前价值是指客户按照目前购买行为模式将会给企业带来的收益。（　　　）

5.消费频率是客户新鲜度指标，客户新鲜度越高，表明客户再次购买的可能性越大。
(   )

四、案例分析

让人不理解的选择

某传统小型木漆生产厂A，其生产技术相对比较落后，油漆质量达不到绿色环保标准，生产量也不大，但是产品价格很低。目前A的客户主要是一些农村地区的家具生产厂家和其他木制品企业。

有一天，A的经理获知国内某名牌家具厂B有大量用漆需求。经过市场调查和了解，知道B主要生产高档实木家具，生产用漆需求量很大，主要面向全国各大中型城市和国外部分市场的高档家具市场消费者。但是，B以生产"绿色环保、零污染"的家具为使命，产品宣传以绿色环保为核心理念。

通过前期的调研和分析，A的经理最终没有将B作为企业目标客户。

请分析：你认为A的经理的选择正确吗？为什么？

第七章

大客户营销策划方案

知识目标

- 掌握大客户营销策划方案的含义；
- 理解大客户营销策划方案的特征；
- 掌握大客户营销策划方案的内容。

技能目标

- 会撰写大客户营销策划方案；
- 能评价大客户营销策划方案。

素养目标

- 具有服务意识；
- 具有创新意识。

一个方案，让客户点头

A企业的营销主管安排营销人员小张开发新客户谢某，小张决定先拜访谢某。

初次见面，一番寒暄之后，小张切入了主题。他将A企业的简介、产品、政策一一向谢某做了详细介绍，但谢某听后只是淡淡地说："你们企业的产品不错，不过另一个企业的产品价格比你们低，所以你们的产品我无法采购。再加上市场前景无法预测，我们还是有机会再合作吧。"面对谢某的拒绝，小张尽管不甘心，却没有其他办法说服对方，只好告辞。

谢某是A企业锁定的理想客户。面对小张的无功而返，A企业派出了另一位经验丰富的营销人员小李。小李接到任务后，并没有像小张一样急于拜访客户。因为他知道小张已经失败了一次，如果草率前去，不但会给客户开发带来难度，恐怕还会引起客户的反感，导致客户开发失败。小李先对谢某所在的公司做了全面了解，然后就开始进行详细的市场调研，制订了一份完备的方案。拿着这份方案，小李信心十足地去拜访谢某。

起初，谢某对小李并不十分热情，只是淡淡地应付了几句。小李见状，开门见山地向谢某介绍了自己的市场推广方案，从谢某的企业所在市场的基本情况，如人口数量、市场规模、消费水平、市场结构等，到竞品情况，如价格、政策、主要销售区域、存在的问题以及销量分析等，再到阐述A企业和产品的定位，以及与竞品相比的优劣势所在，这些让谢某觉得小李水平不一般。最后，小李还为谢某操作A企业的产品提供了一些具体建议，包括：详细的价格设置、通路设置、消费群体和主要消费场所锁定、操作要点及步骤、企业投入与扶持、谢某需要投入的资源和投入产出比等。谢某看着小李这份完整而详尽的市场推广方案，听着他细心、有针对性的讲解，频频点头。

最后，谢某表示马上与A企业签订合同，并邀请小李担任他的经营顾问。

同样的产品和资源，面对同一个客户，小张开发该客户为什么会失败？小李又为什么能获得成功呢？原因在于有的营销人员只注重产品销售和营销业绩，采用程序化的推介方式，很难取得客户的认可，往往被客户拒之门外。但是换一种营销方式，通过充分地了解客户的需求，向客户提供一份适用的问题解决方案，却能收到意想不到的效果。为什么不同的客户开发方式取得的结果会有这么大的差距呢？

从案例中我们可以了解到，营销人员小李成功的基础在于，他针对该客户做了大量的市场调研工作，包括对客户存在问题的具体分析；然后针对客户需求提出了具体的问题解决方案。这就告诉我们，在开发大客户时，营销人员必须具备客户服务意识，针对客户的具体需求创新性地设计个性化服务方案，不能一味地推介自己的产品。

大客户开发是企业营销工作的重要内容，但是随着市场发展和竞争不断加剧，大客户的要求也越来越高。这就需要大客户营销人员不断提升自己开发客户的能力和水平。如何在剧烈变化的市场环境中有效实现大客户开发呢？这是每个大客户营销人员要思考和关注的问题。

第一节　大客户营销策划方案概述

大客户开发的方式有多种，有传统营销方式，也有关系营销方式等。随着市场发展和营销理念的推进，采用大客户营销策划方案开发客户的方式被越来越多地应用。

一、大客户营销策划方案的含义及特征

大客户营销策划方案不同于企业的营销策划，也不同于项目策划或者活动策划。它主要是面向或者服务于大客户的，是针对大客户问题提出的个性化解决方案。

1. 大客户营销策划方案的含义

大客户营销策划方案是企业为大客户提供服务的计划，是指企业针对大客户的具体需求或者需要解决的问题，整合企业和社会资源，为大客户提出的个性化问题解决方案。

大客户营销策划方案是以大客户为中心的，针对大客户的特定问题提出的解决方案，以帮助客户解决问题，满足客户需求，最终实现客户满意与客户忠诚，达到与客户建立稳定的合作关系为目的。

大客户营销策划方案可以从以下几个方面理解：

（1）大客户营销策划方案的服务对象是具体客户。它是针对某大客户提供的营销策划方案，而且是针对该大客户现阶段的具体情况提出的服务方案。所以，针对不同的大客户，针对同一大客户不同阶段提出的大客户营销策划方案，其内容应该是不同的。

（2）大客户营销策划方案的制订依据是大客户的需求或者大客户需要解决的问题。大客户营销策划方案是围绕大客户需求展开的。大客户需求是大客户营销策划方案的基础，也是大客户评判方案是否适用的依据。

（3）大客户营销策划方案的目的是解决大客户的问题，满足大客户的需求。大客户营销策划方案是在大客户需求的基础上，为大客户提供的解决问题的具体方案，它不同于产品或服务的销售。

（4）大客户营销策划方案是整合企业及社会资源而制订的，是一个系统化的大客户问题解决方案。

（5）企业制订大客户营销策划方案的目标是实现客户满意与客户忠诚，与大客户建立稳定的合作关系。

2. 大客户营销策划方案的特征

大客户营销策划方案具有目的性、个性化、长远性、双赢性的特征。

（1）目的性。

从企业自身的角度看，企业制订大客户营销策划方案一般是以开发或者维护该大客户为目的，在获得收益的同时，还与客户建立合作关系；从客户的角度看，大客户营销策划方案的主要目的是为其解决问题。

（2）个性化。

个性化是指每个大客户营销策划方案是针对具体大客户、具体环境的特定需求而制订的。不同大客户的需求是不同的，同一大客户在不同阶段的需求也是不同的，所以针对不同大客户或同一大客户不同阶段需求的营销策划方案都是不同的，是个性化的。

（3）长远性。

大客户营销需要企业与大客户之间建立长期互信关系，这就决定了企业在制订大客户营销策划方案时要以实现与大客户长期合作为目标。大客户营销策划方案不同于以实现销售为目标的市场营销策划方案。

（4）双赢性。

企业要与大客户之间建立长期合作关系，就要在制订大客户营销策划方案时，既要考虑企业自身的利益，又要考虑大客户的利益，有时大客户的利益甚至要超越企业自身利益。只有这样，企业才能获得大客户的满意与忠诚，才能与大客户建立长期合作关系。也只有这样，企业才能获得较高的客户生命周期价值。

二、大客户营销策划方案的内容

大客户营销策划方案的内容主要包括：策划的主要内容简述，拟开发大客户的需求分析，企业满足大客户需求的能力分析，项目合作内容或解决方案，实施计划与目标。

1. 策划的主要内容简述

这部分内容是项目背景概述，主要是描述与大客户服务项目相关的市场环境和大客户基本情况，指出环境变化给大客户带来的问题或发展商机，以及解决该问题对大客户的重要影响和重要意义。

这部分内容的主要作用是点题，通过环境变化引出大客户需求或者大客户需要解决的问题，从而引起大客户的关注。

2. 拟开发大客户的需求分析

这部分内容主要陈述项目团队对大客户需求的理解，准确判断和提出大客户的需求或面临的问题，即结合大客户的发展规划和市场环境变化，对大客户的需求或存在问题进行分析，明确提出大客户面临的具体问题。

这部分内容是整个策划方案的基础。准确地分析大客户需求是取得大客户认可的首要工作，也是成功设计大客户服务方案的依据。

3. 企业满足大客户需求的能力分析

这部分内容主要是针对大客户需求提出企业在满足其需求或解决其问题方面所拥有的资源优势及服务能力，以及企业整合社会资源的能力。

这部分内容是企业向大客户宣传企业形象、展示企业实力和优势的内容。通过对企业品牌和资源等优势的分析，增强大客户对企业解决问题能力的认识，增加大客户对企业的信心。

4. 项目合作内容或解决方案

这部分内容主要是满足大客户需求的具体服务方案介绍，主要包括该服务方案的内容及具体实施措施。

这部分是整个策划方案的核心内容，是企业服务大客户的整体思路体现，也是取得大客户认可的关键环节。这部分内容需要将企业能力和大客户需求进行有效结合，同时要具有方案的可操作性、解决大客户问题的有效性以及设计思路的创新性。

5. 实施计划与目标

这部分内容是服务方案的具体实施步骤及服务进度时间安排，主要是确定各阶段的具体工作内容和任务。这部分是策划方案实施的初步规划和依据。同时，这部分内容也明确划分了双方在实施环节的工作内容，以及在实施过程中需要协作的内容。

一般来说，大客户营销策划方案包括以上五部分内容，不过针对不同大客户的开发情况，大客户营销人员还可以对策划内容进行适当的调整，以方便大客户更好地理解，最终达成合作目的。

第二节　大客户营销策划方案的撰写

一、撰写大客户营销策划方案的原则

撰写大客户营销策划方案必须遵循一些原则，以更好地实现策划方案的价值，真正帮助大客户解决问题，同时也使企业与大客户之间建立互信关系。撰写大客户营销策划方案应遵循以下原则：

1. 以客户为中心的原则

以客户为中心的原则是大客户营销策划方案撰写的基本原则。大客户营销策划方案就是针对具体大客户的具体需求提供的个性化服务方案，所以必须以服务该大客户为中心，否则对大客户就没有价值，大客户也不会为此买单。

该原则主要体现在策划方案从背景分析、大客户需求分析、企业满足大客户需求的能力分析，到项目合作内容或解决方案，都是围绕大客户及大客户需求进行的，以实现为大客户解决问题的目的。策划方案针对大客户进行的个性化设计是获得大客户认可的前提条件。

2. 实事求是的原则

实事求是的原则是撰写大客户营销策划方案的基本要求。大客户的背景及需求等，都是需要大客户实际面对的，企业只有进行客观的分析，才能取得大客户的认同。

同时，策划方案中对企业自身的资源和能力介绍也要实事求是，既不能过于夸大，更不能无中生有，这是与大客户长期真诚合作的姿态。否则，企业即使实现了与大客户合作，但是由于难以实现承诺，将会为后期的策划方案实施和与大客户建立长期合作关系埋下隐患。

3. 可行性原则

可行性原则是大客户营销策划方案价值实现的有效保障。可行性原则主要是针对项目合作内容或解决方案部分，要结合实际，具有后期实施的可操作性。大客户营销策划方案如果缺乏可操作性，就无法有效实施，那么策划方案本身就是"镜中花""水中月"，为项目后期的实施工作带来很大困难，也将会使项目前期的投入化为泡影。

4. 创新实用的原则

创新实用的原则是创造客户价值、提升企业相对竞争力的有效途径。大客户营销策划方案既要针对大客户的具体需求提出有效的解决方案，又要有效地整合企业资源和社会资源，创造性地提升服务效益和效率，实现共同价值最大化，达到企业与大客户共赢的目的。

由于不同的大客户在不同阶段面临的内外部环境是不同的，这就要求大客户营销策划方案具有个性化，而不能是千篇一律的；否则既不能很好地满足大客户的需求，又不能提升大客户的价值，很难取得大客户的认可和满意。

二、大客户营销策划方案的写作

大客户营销策划方案一般由标题、主体、附件三部分组成。

1. 标题

大客户营销策划方案的标题是对策划内容的大致说明。标题应简洁明了，让人一目了然；同时，标题的要素要全面，让客户看到后能有一个直观的大致印象。

（1）标题的组成要素。

标题一般由三个要素组成，分别是服务对象、服务内容和文体形式。

大客户营销策划方案的标题首先必须明确该策划方案的服务对象，其次必须明确该策划方案服务项目涉及的主要内容。所以，大客户营销策划方案的标题要有该策划方案服务的大客户名称和该策划方案服务项目的主要内容。

如：新华人寿保险公司北京分公司客户维护项目策划方案

以上举例中，服务对象是新华人寿保险公司北京分公司，服务内容是客户维护，策划方案是该文的文体形式。该标题表明该策划方案主要是针对新华人寿保险公司北京分公司的客户维护工作而设计的。

（2）标题的类型。

标题的构成形式有两种类型：一种是单一标题式，另一种是正副标题式。

单一标题式是指只有一个主标题的形式。

如：建新中药医院配送项目策划方案

正副标题式是指标题由正、副两个标题组成的形式。

如：优化服务助力电商发展——绿地照明电器公司寄递项目策划方案

（3）标题写作的注意事项。

标题中不可出现"大客户"这三个字。大客户属于企业客户管理范畴，它主要是对企业内部客户管理而言的；而大客户营销策划方案属于营销范畴，是针对大客户而制订的服务方案，所以大客户营销策划方案中一般不出现"大客户"三个字，当然标题中也不可出现这三个字。

2. 主体

主体部分是大客户营销策划方案的核心部分，也是整个策划书的主体部分，主要包括以下内容。

（1）策划的主要内容简述。

这部分内容的作用主要是点题，引起大客户决策者的关注。

该部分内容主要是通过分析大客户内外部环境及其背景的变化，提出大客户将要面临的或者需要解决的问题，引起大客户的关注；同时提出大客户解决该问题的重要性，激发大客户的兴趣，增加大客户的紧迫感。

（2）拟开发大客户的需求分析。

这部分内容是整个策划方案的基础。准确地分析大客户需求是取得大客户认可的首要工作，也是成功设计大客户服务方案的依据。

分析大客户需求时要逻辑清晰，提出的大客户需求要具体、准确。大客户营销人员要结合大客户状况及市场环境的变化，依据相关专业知识对大客户需求进行分析。既要站在大客户的角度考虑问题，又要高于大客户的站位，真正从行业专家的角度帮助大客户诊断问题。

（3）企业满足大客户需求的能力分析。

这部分是企业向大客户宣传企业形象、展示企业实力和服务优势的"窗口"。通过对企业的品牌和资源等优势的分析，使大客户对企业解决问题的能力具有信心。

一般来说，这部分内容需要结合大客户需要解决的问题进行针对性的介绍，有的放矢，让大客户了解企业解决问题或者提供服务的资源与能力。同时，该部分内容也可以借用企业以往服务过的著名客户或同行业客户的典型案例，以更好地达到说服大客户的目的。

（4）项目合作内容或解决方案。

这部分是整个策划方案的核心内容，是企业服务大客户的整体思路设计，也是取得大客户认可的关键环节。这部分内容应体现企业的能力和大客户需求的有效结合，针对大客户具体问题提出具体的问题解决方案，满足大客户的需求。

由于解决大客户面临的问题可能会涉及许多方面的资源，所以就需要企业整合企业内部资源，同时也需要整合社会资源，为大客户提供一个整体问题解决方案。它是以解决大客户问题或者满足大客户需求为核心，而不是以推销企业业务为核心的。

该策划方案是针对大客户需求提出个性化的服务方案，必须具备实施的可操作性、解决大客户问题的有效性、设计思路的创新性。

在实际操作中，大客户营销人员可以针对大客户需求和目标设计多个不同的问题解决方案，以便大客户做出选择。

（5）实施计划与目标。

这部分内容需要明确该项服务的工作步骤和时间安排，也需要明确合作双方在实施环节的具体工作内容，以及在方案实施中需要相互协作的具体内容。

（6）报价。

报价是大客户营销策划方案必不可少的一个环节。

首先，针对大客户服务的报价应是一个理性报价，因为：① 大客户营销涉及的金额比较大，所以合作双方对价格比较敏感；② 大客户营销双方都是行业内的专业人士，对市场产品、服务及价格情况掌握比较清楚；③ 大客户的盈利性目标决定了其采购是一个理性采购。

其次，针对大客户服务的报价是一个竞争性的报价。由于大客户采购过程中，往往会选择多个供应商进行对比分析，这就需要大客户营销人员在报价时要考虑竞争对手的报价情况。

另外，针对大客户服务的报价也要从提供服务的价值和大客户收益的角度进行分析，以让大客户更好地理解该服务方案的价值所在。

3. 附件

附件部分不是大客户营销策划方案的必要内容。在策划方案中，如果有些资料或问题需要进一步说明，则可以以附件的形式附在策划方案的后面，一般包括以下内容。

（1）关于大客户内外部环境变化的相关详细资料和数据，比如相关国家政策变化的文件，权威组织关于宏观环境变化的趋势分析等。这类资料和数据可以帮助大客户更清楚地理解自己所处的具体环境，可以给大客户带来紧迫感和危机感。

（2）关于大客户需求调研方面的调研和统计分析等资料，比如调研概况，调研数据的统计分析过程和结果。这些资料可以引导大客户准确地认识和判断自身需求和面临的问题，对大客户具有较强的说服力。

（3）关于企业产品或资源等企业服务能力方面的资料，比如企业相关资源的相关证明、检测合格证，以及企业已开发的同行业其他客户的成功案例等。这可以让大客户更认可企业的服务能力。

（4）关于大客户营销策划方案的相关具体资料、图片等，比如具体的产品设计草图或服务流程设计等。这可以让大客户对服务方案有一个初步认识或更加清晰地理解服务方案的内容。

（5）其他需要补充的资料。

第三节　如何做好大客户营销策划方案

什么样的大客户营销策划方案是一个好的策划方案呢？如何才能撰写出一个好的大客户营销策划方案呢？这是每个大客户营销人员必须掌握的一项技能，也是大客户营销人员必须具备的一项基本写作技能。

一、大客户营销策划方案的评价

1. 有效性

大客户营销策划方案的目的是帮助大客户解决问题，这也是衡量大客户营销策划方案是否成功的基本条件。如果不能解决大客户的问题，大客户营销策划方案就失去了策划本身的价值。

2. 可操作性

可操作性是指大客户营销策划方案要结合具体的环境和条件，要能够进行现实的操作和实施。方案的创意和设计再好，如果脱离了现实的背景，没办法实施，也就失去了其存在的价值。

3. 创新性

只有取得大客户决策者对策划方案的认可，才能实现双方的合作，才能有机会实现策划方案的价值。所以，大客户营销策划方案要结合大客户具体的背景、具体问题进行设计，要切实能够解决大客户的问题，同时也要具有一定的创新和亮点。

4. 效益性

大客户营销策划方案在解决大客户问题的同时，还要关注大客户需要付出的成本，即策划方案的实施能给大客户带来一定的效益。同时，大客户营销策划方案也要能够给企业带来收益。

大客户营销策划方案的效益性应从两个方面理解：一是对大客户要具有效益性，让大客户付出的成本带来更高的价值；二是对企业具有效益性，要能实现企业的效益目标。其中，对大客户具有效益性是基础。

所以，大客户营销人员要注重大客户营销策划方案的效果和效率，同时还要注重策划方案能够给企业和客户带来效益，以实现双赢。

> 针对大客户需求设计出个性化的问题解决方案，对于大客户开发工作很重要。这需要大客户营销人员熟悉大客户需求，同时也要熟悉企业及社会的资源，通过有效整合资源，制订出适合大客户需求的、具有创新性的问题解决方案，满足大客户需求。

二、做好大客户营销策划方案的注意事项

1. 掌握充足的信息是前提和基础

撰写大客户营销策划方案需要大客户营销人员充分掌握以下三个方面的信息。

（1）大客户信息。

如果大客户营销策划方案想要满足大客户需求、帮助解决大客户的问题、取得大客户的认可，就需要大客户营销策划人员获取详细的大客户信息，准确地判断大客户需求。只有这样，才能根据大客户需求有针对性地设计策划方案，这是做好大客户营销策划方案的前提。

（2）企业产品及资源。

大客户营销人员熟悉企业的产品和资源，是为大客户提供个性化问题解决方案的基础。大客户营销人员只有全面地掌握企业的产品或服务内容，整合企业内部资源，才能针对不同的大客户需求制订出具有针对性的、个性化的大客户营销策划方案。

（3）行业及社会信息。

大客户面临的问题是各种各样的，需要各种资源配合来解决问题，这就要求企业在充分了解大客户需求的基础上，以企业有限的能力和资源为基础，整合社会相关服务和资源，为大客户提供一体化的服务方案。因此，大客户营销人员应具有敏锐的社会信息获取能力，为大客户营销策划方案创新设计提供保证。

2. 做好大客户营销策划方案的重点工作

大客户营销策划的重点包括分析大客户需求、大客户商务沟通、确定比较竞争优势、制订具有创意的解决方案。

（1）分析大客户需求。

准确有效地分析和判断大客户的需求是成功设计大客户营销策划方案的前提和基础。只有准确地判断大客户需求，才有可能在这个需求的基础上设计出合理的方案。

（2）大客户商务沟通。

有效的商务沟通是大客户营销策划的保障。大客户营销人员在设计策划方案前，一定要与大客户决策者进行有效的沟通，准确了解大客户决策者的态度和观点。这样才能有效地判断大客户决策者的期望，便于确定策划方案的设计方向，也有利于得到大客户的认可。

（3）确定比较竞争优势。

大客户营销的竞争相对比较激烈，要获得签单或者在竞争中获胜，大客户营销人员就需要进行客户竞争分析，确定企业的竞争优势，通过发挥企业竞争优势为大客户提供增值服务和创造超额价值，这是企业在竞争中获胜的有力保证。

（4）制订有创意的解决方案。

制订有创意的大客户营销策划方案的核心是吸引大客户决策者的关注，给大客户超越期望的服务和价值，这是打动大客户的关键，也是大客户营销人员策划能力的有效体现。

3. 选择合适的呈现形式

成功的大客户营销策划方案还要根据呈现需要、大客户决策者的阅读喜好来确定合理的呈现形式。在实际工作中，大客户营销策划方案的呈现形式有：文档形式和 PPT 形式，纸质形式和电子版形式。

（1）文档形式。

文档形式的大客户营销策划方案可以是纸质的，也可以是电子版。文档形式的大客户营销策划方案有利于大客户决策者详细了解策划方案的具体内容。

文档形式的大客户营销策划方案一般包括封面、正文、附件。其中，封面一般由策划方案的名称、策划单位、日期、编号等内容组成；正文是大客户营销策划方案的主体；附件是补充性资料，是对大客户营销策划方案相关内容的补充说明。

文档形式的大客户营销策划方案的优点是内容翔实，便于大客户更好地了解策划方案内容；缺点是篇幅内容较多，不够形象生动。

（2）PPT 形式。

PPT 形式的大客户营销策划方案一般是电子版形式，主要用于向大客户进行营销策划方案的演示和讲解。

　　PPT 形式的大客户营销策划方案的优点是相对比较生动形象，便于吸引大客户的注意力。但是由于 PPT 形式使内容篇幅受限，内容表达不够具体，需要向大客户决策者进行有效的补充解释，这就需要 PPT 演示者对该策划方案具有翔实、清晰的理解和掌握。

　　一般在实际操作中，在双方沟通前大客户营销人员可以将文档形式的大客户营销策划方案交给大客户，让大客户进行具体的了解，然后在沟通环节以 PPT 形式对大客户营销策划方案的重点内容进行演示和讲解，这样可以有效提升双方沟通的效果。

总结与实践

本章小结

本章主要讲述了大客户营销策划方案的含义、特征；大客户营销策划方案的内容；撰写大客户营销策划方案的原则；大客户营销策划方案的评价、做好大客户营销策划方案的注意事项。

思考题

1. 大客户营销策划方案和市场营销策划方案有什么不同？

2. 在实践中，有一些大客户营销策划人员制作的策划方案不具有实际操作性，可能是什么原因造成的？

3. 在大客户开发过程中，大客户营销策划人员如何才能做好大客户营销策划方案呢？

课后练习

一、单选题

1. 在大客户营销策划方案中，（   ）部分是整个大客户营销策划方案的基础，也是成功设计客户服务方案的依据。

　　A. 策划的主要内容简述

　　B. 拟开发大客户的需求分析

　　C. 企业满足大客户需求的能力分析

　　D. 策划内容的可行性分析及效益分析

2. 撰写大客户营销策划方案的基本要求是（   ）。

　　A. 以客户为中心的原则　　　　　　　B. 实事求是的原则

　　C. 可行性原则　　　　　　　　　　　D. 创新实用的原则

3. 下面大客户营销策划方案的标题中，（   ）是正副标题形式。

　　A. 建新中药医院配送项目策划方案

　　B. 优化服务 助力电商发展——绿地照明电器公司寄递项目策划方案

　　C.河北电力公司电费归集策划方案

　　D.建设银行石家庄分公司客户维护策划方案

二、多选题

1.大客户营销策划方案具有的特征是（　　　　）。

　　A.目的性　　　　　　　　　B.个性化

　　C.长远性　　　　　　　　　D.双赢性

2.大客户营销策划方案一般由（　　　）组成。

　　A.标题　　　　　　　　　　B.作者

　　C.主体部分　　　　　　　　D.附件

3.大客户营销策划方案的标题一般由三个要素组成，分别是（　　　）。

　　A.服务对象　　　　　　　　B.服务内容

　　C.文体形式　　　　　　　　D.实施时间

三、判断题

1.大客户营销策划方案的制订依据是大客户的需求或大客户需要解决的问题。（　　　）

2.在大客户营销策划方案中，策划的主要内容简述是整个策划方案的基础。（　　　）

3.大客户营销策划方案的标题不能出现"大客户"三个字。（　　　）

四、案例分析

"会做的不如会说的"

　　某省邮电管理局准备上一个计费项目，在招标会上，有几家公司来投标，提供的产品都差不多。

　　项目介绍时间安排得非常紧凑，几家公司介绍下来，客户就开始打呵欠，一点精神都没有了。这时来了一家公司的女代表，她往讲台上一站，先用目光扫视全场，结果客户就开始注意她，现场一下子静下来。她一口气介绍了三个小时，客户的情绪完全被调动起来，有的人高兴，有的人发愁，高兴的是认为找到了办法，发愁的是认为发现了问题。女代表介绍完后，客户给予了热烈的掌声。随后，客户针对其介绍的数据库产品进行了评估，当场拍板签订200万元的订单。

　　为什么客户会当场决定签订200万元的订单呢？因为这家公司不仅关心客户的产品，还关心客户的需求。200万元的需求，一定是一个迫在眉睫的问题，如果不是有非常大的压力，不会花200万元来解决。所以，女代表不仅给出了产品，还给出了解决方案。她的介绍非常专业，首先提出问题，让每个客户都很发愁，再让客户想办法，然后她又一步一步地把解决方案呈现在客户面前，客户觉得这个产品和方案就是自己想要的。如果大客户营销人员做的介绍能达到这样的效果，就算是熟练掌握了展示的技巧。

请分析：

（1）有一种说法叫"会做的不如会说的"，你如何理解？

（2）从该女代表演讲的内容角度分析其成功的原因。

第八章

大客户决策者开发技巧

知识目标

- 熟悉决策者的行为特征；
- 了解决策者的成熟度类型；
- 掌握决策者的开发策略与技巧；
- 掌握与决策者沟通的技巧。

技能目标

- 能判断出决策者的角色；
- 能设计决策者开发策略；
- 能设计决策者沟通 SPIN 话术。

素养目标

- 尊重他人；
- 勇于创新。

给他一个挑战性问题

我是一家IT公司的大客户经理，和大客户A公司的技术负责人李先生关系很好。李先生一再向我表示，"我是决策者，只要我同意，一切问题就都可以解决。"

但是我自己清楚，必须找到A公司的高层决策者。一天，A公司国外的一个老总来中国访问，我就请李先生帮忙约他们的高层决策者在第二天下午会面。

一般情况下，第一天安排第二天下午的会面是非常困难的。如果李先生无法在短时间内安排我与其高层的会面，那么我就应该马上和他讲清楚，比如："我们的权限还是很有限的，你连你们的老总都约不上，可见项目的决策者是你们的老总，一旦老总不同意，那么要想取得项目的成功就非常困难了，所以我们应该一起想办法去找你们高层，取得高层的同意，共同将项目做好。"如果李先生做到了，这次会面也将是一次很好的交流机会。

大客户的技术负责人具有一票否决权，所以他总认为自己就是最终决策者，只要自己确定了选择哪个供应商的产品，老总就会同意，最后签单。但实际上，很多时候技术负责人和老总的关系并非技术负责人想象得那么好，他们也并不具有他们自己所认为的决策权。

> 大客户营销人员在和大客户决策者沟通过程中，一定要尊重对方，案例中的技术负责人即使没有最终决策权，我们也要尊重对方。只有这样，大客户营销人员才能获得对方的认可，才能更好地建立双方如朋友般的关系，从而推进大客户开发工作的良性发展。

大客户营销人员应认识到这一点，可以向技术负责人提出一些超越权限的要求，让技术负责人和自己一起处理很多难以解决的问题。这样既可以处理好与技术负责人的关系，又可以解决大客户开发工作中遇到的难题。

大客户营销人员要成功开发大客户，除了满足大客户需求，为大客户制订适应其需求的问题解决方案外，还要说服大客户决策者，取得他的认可。大客户的采购工作会涉及其内部多个部门，大客户采购的决策是由一个决策团队共同完成的，这时大客户决策者的开发就会涉及与多个关键决策者的沟通。同时，由于不同的决策者在决策团队的角色不同，不同的决策者的性格、管理能力的成熟度不同，这样需要大客户营销人员根据决策者的特征，有针对性地设计决策者开发策略，针对不同的决策者采用不同的开发和沟通技巧，以实现决策者的有效开发。

第一节　大客户决策者行为特征分析

不同的决策者有不同的特征、不同的决策行为，所以大客户营销人员与决策者沟通前首先要了解决策者的相关信息。在大客户信息的收集活动中，大客户营销人员需要了解和掌握大客户决策者及其相关信息，接下来营销人员面临的就是如何接近大客户决策者并有效开发决策者的问题。

首先，我们要学会分析和判断大客户决策者的特征，然后根据其特征设计相应的沟通策略，确定在开发该决策者过程中需要注意的问题，以提高开发效率和效果，最终保证成功开发大客户。

我们可以从不同的角度来分析大客户决策者的特征，下面首先介绍一种从大客户决策者性格和行为特征进行分析的方法——DISC 行为分析法。

一、大客户决策者行为特征划分

根据决策者表现出来的性格和行为特征，可以将决策者划分为支配型（Dominance，简称 D 型）、影响型（Influence，简称 I 型）、稳健型（Steadiness，简称 S 型）、谨慎型（Compliance，简称 C 型）四类，简称 DISC 行为分析。

DISC 行为分析法主要是从决策者的心理特征、行为风格、沟通方式等方面了解和分析决策者，然后针对决策者的性格和行为特征设计决策者开发策略。

1. 支配型（D 型）决策者

支配型决策者，又称为老总型决策者，一般是团队中的指挥者。高支配型决策者可以说是"天生的领袖"，他们的特征表现为积极进取、争强好胜、强势、爱追根究底、直截了当、坚持己见、自信等。

（1）行为表现。

支配型决策者坚定果敢。他们喜欢控制，惜时如金，精力充沛，干劲十足，独立自主，超级自信，一般不顾及他人的感受，不习惯与他人进行感情上的交流，不恭维人，不喜欢流泪。

这种类型的人握手有力，说话音量较高，语速比较快，提出的问题富有挑战性、比较尖锐，有比较强的控制倾向。

（2）工作表现。

支配型决策者务实、讲究效率。他们做事目标明确，顾全大局，组织力强，行动迅速，解决问题不拖拉，果敢，坚持到底，能在反对声中成长。

支配型的决策者兴趣点有：供应商提供的产品或服务能否降低成本；如何增加企业收入；如何加快生产进度，提升生产效率；如何有效缩短投资回报期；企业经营管理的新理念；竞争对手的发展趋势等。

（3）负面因素。

因为过于强调结果，支配型决策者往往容易忽视细节，处理问题不够细致；喜欢管理他人、指使他人，所以支配型决策者能够带领团队进步，但也容易激起同事的反感。

2. 影响型（I型）决策者

影响型决策者，又称为社交型决策者，在组织中通常是较为活泼的团队活动组织者，是公众人物和"开心果"。影响型决策者情感丰富而外露。他们的特征可以描述为有影响力、有说服力、友好、善于言辞、健谈、乐观积极、善于交际等。

（1）行为表现。

影响型决策者一般比较豪爽，性格活泼；喜欢交流，喜欢讲故事，说话幽默，表情生动，肢体语言丰富，能抓住听众的注意力；重视感觉而不喜欢细节；喜欢交朋友，与所有人都很投缘；关心朋友，常常获得朋友的称赞；常常是聚会的中心人物。

影响型决策者对人热情诚挚，喜欢礼尚往来，注重人缘；容易兴奋，喜欢说大话；但也容易生气，爱抱怨，大嗓门。

（2）工作表现。

影响型决策者是热情的任务推动者。他们经常会有新主意，说干就干；能够鼓励和带领他人一起积极投入工作；在沟通中喜欢当主角，喜欢控制谈话内容；喜欢轻松友好的工作环境，非常害怕被拒绝。

（3）负面因素。

影响型决策者比较情绪化；常常不能设身处地地理解别人，而且健忘多变；说话随性；说得多，干得少；遇到困难时容易失去信心，做事杂乱无章，不够专注。

3. 稳健型（S型）决策者

稳健型决策者，又称为支持型决策者，通常是比较随和、稳健的人。高稳健型决策者是温和主义者，追求知足常乐，不愿意主动前进。他们的特征可以描述为可靠、深思熟虑、亲切友好、有毅力、坚持不懈、善于倾听、全面周到、自制力强等。

（1）行为表现。

稳健型决策者通常较为平和，悠闲，有耐心，感情内藏；待人和蔼，乐于倾听；遇事冷静；随遇而安。

稳健型决策者是容易相处的人。他们喜欢观察人、琢磨人；乐于倾听，愿意支持、帮助别人；但稳健型决策者缺乏热情，不愿改变；对人显得漠不关心，或者会嘲讽别人。

（2）工作表现。

稳健型决策者能够按部就班地管理事务，并能够持之以恒；奉行中庸之道，平和可亲；一方面习惯于避免冲突，另一方面也能处变不惊。

（3）负面因素。

稳健型决策者做事缺乏热情，很难被鼓动；懒惰，马虎，得过且过；由于害怕承担风险和责任，宁愿旁观；很多时候，稳健型决策者总是有主意但不表达出来，或折中处理。

4. 谨慎型（C型）决策者

谨慎型决策者，又称为修正型决策者，通常是喜欢追求完美的专业型人才。

谨慎型决策者性格深沉，他们的特征可以描述为遵从、仔细、有条不紊、严谨、准确、完美主义者、逻辑性强。

（1）行为表现。

谨慎型决策者通常表现为严肃认真，目的性强；善于分析，愿意思考人生与工作的意义；对他人敏感，理想主义。他们一方面在寻找理想的伙伴，另一方面却交友谨慎；能够深切地关怀他人，善于倾听抱怨，愿意帮助别人解决困难。

（2）工作表现。

谨慎型决策者在工作上是一个完美主义者。他们一般有高标准的要求，计划性强；注重细节，讲究条理，整洁；能够发现问题并制定解决问题的办法；喜欢做图表和清单；坚持己见，善始善终。

（3）负面因素。

谨慎型决策者习惯于记住负面的东西，容易情绪低落；过分自我反省、自我贬低，离群索居，有忧郁症倾向；似乎始终有一种不安全感，以至于感情内向，退缩，怀疑别人；喜欢批评人和事，却不喜欢别人的反对。

谨慎型决策者也很可能是一个优柔寡断的人。他们习惯于收集信息资料和做分析，却很难投入实际运作的工作中；容易自我否定，因此需要别人的认同；习惯于挑剔他人，不能忍受他人做不好工作。

二、不同行为决策者开发策略

不同性格、行为类型的决策者，他们所表现出来的喜好和关注点都不一样，大客户营销人员应该根据不同类型的决策者分别采用不同的开发策略。

1. 支配型（D型）决策者开发策略

支配型决策者一般是企业领袖的角色，他们精力充沛，时间观念强，做事注重效率，关注企业效益提升问题，大客户营销人员与其沟通过程中要注意：

（1）与支配型决策者沟通不能浪费时间，闲聊只会事倍功半，宜就事论事，直奔主题。

（2）支配型决策者不容易接受他人的建议，所以最好提供多个选择方案让他来做决定。

（3）支配型决策者不愿意承认错误，与他们交谈时，如果观点不一致，一定不要产生争执。

（4）处理支配型决策者的投诉要及时，不要拖延或置之不理，承诺的事一定要做到，必要时可请高层出面以表示对其重视。

2. 影响型（I型）决策者开发策略

影响型决策者性格豪爽，擅长社交，喜欢交朋友，具有感性特征，他们不喜欢关注细节，大客户营销人员与其进行沟通时要注意：

（1）和影响型决策者谈论时可选择各种轻松的话题。

（2）影响型决策者不喜欢数字和细节，在向其介绍产品时应该多借助图片、实物演示等形式。

（3）影响型决策者喜欢比较轻松的沟通过程，在非办公地点或非正式场合容易促成交易。

（4）交易完成后，与影响型决策者要经常保持联络，表达关心，在重要节日与其进行适当的交际。

（5）针对影响型决策者的投诉，大客户营销人员要给予支持性地倾听，让其不满情绪得到宣泄。

3. 稳健型（S型）决策者开发策略

稳健型决策者相对比较温和，随遇而安。他们容易相处，但又缺乏热情，不愿做出改变，做事喜欢按部就班，大客户营销人员与其进行沟通时要注意：

（1）在介绍产品/服务过程中，最好以产品/服务质量担保的方式或者通过有影响力的使用者来打消其顾虑。

（2）稳健型决策者决策较为迟缓，并且害怕承担风险，大客户营销人员要尽量结识其信任的朋友，让其朋友帮助说服这类决策者。有时候推他一把，帮他做决定也很有必要。

（3）稳健型决策者一旦成为你的客户，则会成为忠诚客户。

4.谨慎型（C型）决策者开发策略

谨慎型决策者性格深沉，善于分析，交友谨慎，是喜欢追求完美的专业型人才，大客户营销人员与其进行沟通时要注意：

（1）谨慎型决策者希望大客户营销人员提供详细的资料，喜欢以书面协议的方式将各种细节确定下来。

（2）和谨慎型决策者谈论的话题应该以工作为主；尤其在初次见面时，不要谈论个人话题。

（3）大客户营销人员最好详细地列出方案的内容，列出方案的优缺点，并列举出各种证据和保证。

（3）向谨慎型决策者提供服务时，必须明确地告知其具体的服务流程和所需要的时间。

第二节　大客户决策者成熟度分析

开发大客户时，要想得到大客户决策者积极的反馈，大客户营销人员不但要为其提供具有可行性的、适用的问题解决方案，还要得到其信任。大客户决策者对服务方案的认可，会受到其专业能力和经营管理能力的影响，我们可以用决策者成熟度来表示。

决策者成熟度会受自身性格、工作经验、工作方式、专业能力等方面的影响。如果决策者过于注重日常的事务性工作，或者决策者自身工作经验不足，就会缺少从整体性、发展性的角度去审视企业的意识和能力，不能客观地分析企业发展现状，不能及时发现企业存在的问题，也不能对企业存在的问题提出有效的解决方案，对企业问题的解决方案缺乏辨识能力。

决策者的成熟度主要体现在以下两个方面：

（1）决策者对自身经营现状的认识和理解。

（2）决策者对服务方案的认识和理解。

不同成熟度的决策者，对服务方案的认识程度和反馈是不一样的。大客户营销人员与决策者沟通时，首先要对决策者的成熟度进行分析，再根据分析结果采用不同的沟通策略，实现有效沟通，提高沟通效果。

一、大客户决策者成熟度类型

根据大客户决策者对自己企业存在问题的认识程度，和对问题解决方案的认识程度不同，我们可以把大客户决策者分为自我陶醉型、四平八稳型、不知所措型、高瞻远瞩型四种类型（如图 8-1 所示）。

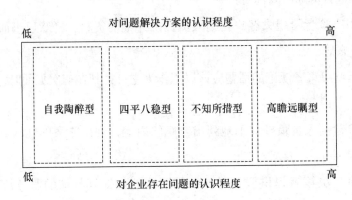

图 8-1　基于大客户决策者成熟度的决策者分类

1. 自我陶醉型

自我陶醉型决策者是指大客户决策者认识不到自己企业存在的问题，反而认为企业发展得非常好，不需要解决方案。

这类大客户决策者由于过于乐观或者自身工作经验少、能力不足等原因，对自己企业的现状非常满意，认为企业发展良好，根本不存在任何问题，所以也就不存在解决问题和改进的必要。

2. 四平八稳型

四平八稳型决策者可能已经认识到自己企业存在的问题，但对于是什么问题不是很清楚，或者认为存在的问题对企业影响不大，因此不会去主动寻求问题的解决方案。

这类大客户决策者比较容易满足，认为企业的发展不存在大的问题，没必要进行改进。对于这类决策者，大客户营销人员需要耗费较多时间、付出较多努力去"教育"和"影响"决策者。

3. 不知所措型

不知所措型决策者能够清楚地认识到企业存在的问题，但不清楚如何才能有效地解决问题，所以比较紧张，他们会主动寻求问题解决方案。

这类大客户决策者不知道如何去解决问题，所以需要大客户营销人员的引导和说明。

例如：一家造纸厂发展一直比较好，企业处于稳定增长阶段。由于该厂获得的市场订单较多，生产能力已经满足不了需求。

原来该厂采取的是代加工的形式解决问题。现在该厂准备新增两条生产线，那么企业的生产规模将会提升一个台阶，员工数量将大幅增加。企业原有的家族式管理已经不能适应新阶段的发展需要，企业内部生产经营已经出现混乱现象。

该厂董事长和总经理非常着急，寻找了四家咨询公司开始进行初步咨询。

4. 高瞻远瞩型

高瞻远瞩型决策者能清楚地认识到企业存在的问题，而且知道如何去解决问题，他们会主动寻找大客户营销人员提供解决方案。

这类大客户决策者经营管理经验丰富，专业能力较强，对企业的发展具有较好的规划，他们不仅关注企业当前的发展状况，而且会考虑企业的发展前景和目标，希望在未来能有较好的发展。市场的快速发展带来了很多问题，高瞻远瞩型大客户决策者也明白这一点，他们会在企业出现问题时及时寻求解决问题的方案。

二、不同成熟度类型大客户决策者的开发策略

由于大客户决策者的能力不同，对大客户自身问题的认识程度也不同。所以与大客户决策者沟通时，大客户营销人员首先需要正确地判断其所属类型，然后采取不同的开发策略。

1. 自我陶醉型决策者的开发策略

一般来说，自我陶醉型大客户决策者不是真正的具有需求的客户。对这类决策者，大客户营销人员应尽量减少投入时间和精力。大客户营销人员可以把这类决策者作为潜在客户，稍加关注就行。因为开发该类决策者的难度非常大，成功率也很低。

2. 四平八稳型决策者的开发策略

四平八稳型大客户决策者和自我陶醉型大客户决策者都认为自己企业没有改进的必要。但是四平八稳型大客户决策者已经认识到自己企业存在的问题，只是认为问题不重要，所以缺乏紧迫感。对于该类决策者，大客户营销人员可以通过培训、交流、研讨会等形式对其进行事先"教育"，使其逐步认识到自己企业存在的问题及其严重性，增加其紧迫感，逐步将其从四平八稳型推进到不知所措型，再继续实施大客户开发工作。

3. 不知所措型决策者的开发策略

不知所措型大客户决策者是较为常见的一种类型。这类决策者一般会积极、主动地咨询，希望获取一些改进的意见和建议。针对这类决策者，大客户营销人员要及时开发。如果大客户营销人员能够及时出现并与其建立良好联系，积极主动地帮助其认识到存在

的问题，提出问题的解决方案，就会获得大客户决策者的信任，开发大客户就会取得较好的结果。

一般针对这类决策者可以采用两种开发方式：一种是对决策者进行相关领域的专业培训，增强其对问题的深层次认识，了解解决问题的路径；另一种是大客户营销人员要扮演专家角色，以获得大客户决策者的信任，然后为大客户提供问题解决方案。

4. 高瞻远瞩型决策者的开发策略

高瞻远瞩型大客户决策者的经营管理能力强，属于成熟度较高的决策者。针对这类决策者，大客户营销人员不要急于介绍自己的产品或者方案，因为这样往往会招致决策者的反感，而且如果方案和决策者的思路不一致，容易给决策者留下不好的印象，不利于大客户开发。

开发这类决策者对大客户营销人员专业能力的要求较高。大客户营销人员要对大客户进行全面的、专业的分析，掌握大客户决策者的想法，能够准确指出大客户的关键问题所在，提出的解决方案最好和决策者的想法一致，以取得决策者的认可和信任。

大客户营销人员如果能够发现决策者忽略的一些重要问题，并在解决方案中考虑到这些问题，就会给决策者留下非常专业的印象，更容易取得其认可，开发大客户的成功率也会更高。

如果大客户营销人员对决策者的想法不够了解，那么可以提供两套以上的方案供其选择，这样有利于帮助决策者确定一个理想的解决方案，有利于大客户开发。

另外，大客户营销人员要想获得这类决策者的关注，就要树立较好的企业形象，具有较高的知名度和美誉度的企业形象有利于大客户开发。

在大客户决策者开发过程中，优秀的大客户营销人员往往能够提前介入，甚至会参与大客户的项目立项过程，即大客户营销人员从专业的角度帮助大客户确定项目需求。大客户营销人员只有了解大客户的背景、存在的问题以及"病因"，才能为大客户提供切实可行的解决方案，获得大客户决策者的积极反馈。

另外，大客户营销人员还要处理好与决策者的关系，与其成为朋友，建立互信关系。

第三节　大客户决策者角色分析

在开发大客户时，大客户营销人员最关心的问题是"谁是大客户决策者"，即购买影响者。在大客户采购中，采购决策者是一个决策团队，团队中每个决策者的角色是不同的。

要做好大客户开发工作，大客户营销人员首先要"认准客户，找对人"，这是大客户开发的基本工作。大客户营销人员只有了解清楚大客户采购决策者有哪些人，这些人的性格、喜好是什么，喜欢谈论哪些话题，以及他们在项目中的地位和作用，才能够有效设计沟通方案。

一般来说，根据大客户决策者在采购中的角色，可以将其分为四类：教练（Coach Buyer）、用户（User Buyer）、技术把关者（Technical Buyer）和关键决策者（Economical Buyer），即客户决策者开发的 CUTE 理论。

一、教练特征及开发技巧

教练，是大客户营销人员在大客户组织中发展的内部对接人，也就是大客户采购团队中可以为大客户营销人员提供信息的人。如果找到教练，大客户营销人员就能及时了解到大客户采购信息。

1. 教练的作用

（1）帮助获取项目的信息。

大客户营销人员可以通过教练了解大客户采购项目的基本信息及项目的进展情况，如何时立项、何时招标、预算多少等；在与大客户谈判过程中，可以了解不同决策者对企业提供的产品或服务的态度；还可以了解竞争对手在此项目中的进展，从而有助于成功地推进销售。

（2）联系和确认其他决策者。

在开发大客户过程中，大客户营销人员可以通过教练了解其他决策者的信息，或者通过教练联系其他决策者，便于取得其他决策者的支持。

（3）提供销售指导。

大客户营销人员可以通过教练明确大客户的需求，为制订服务方案做好准备。在开发大客户过程中，教练还可以为大客户营销人员开发大客户提供指导，如与大客户决策者的沟通策略；教练还可以帮助大客户营销人员确定其竞争优势，为获取大客户创造条件。

2. 选择教练的标准

大客户营销人员需要通过教练获取大客户信息或者取得帮助，所以对教练有一定的要求。大客户营销人员要寻找合适的教练，难度是很大的。合适的教练需要满足以下两个标准：

（1）教练在大客户决策团队中必须是渴望成功的项目影响者。

只有渴望成功的项目决策者，才会主动地、积极地寻求解决问题的最优方案。

大客户营销人员应先了解大客户决策团队中有哪些特别渴望成功的人，与他们建立联系。同时，要让他们认识到企业提供的解决方案是他们获得成功的重要途径，认识到大客户营销人员的成功也就是他们的成功。那些特别渴望成功的人才能在大客户开发过程中充分发挥教练的作用。

（2）教练最好是大客户的高层人员，最好是项目的决策者之一。

对于一般项目，决策者可以是大客户组织的中层人员，例如技术人员、中层管理人员等。大客户营销人员可以把这些人发展为自己的教练。

对于重要的项目或涉及金额比较大的项目，决策者多由高层技术人员、高层管理人员组成。大客户营销人员只有和他们建立良好的关系，才能充分了解大客户项目的相关信息。

教练最好是项目的决策者之一。只有项目决策者才能参与项目，时刻了解项目的进度、项目中出现的问题，才有可能将问题反馈给大客户营销人员。

3. 选择和开发教练的技巧

教练选择得合适与否，将直接影响大客户开发的效率和效果。如何选择和开发教练是大客户营销人员需要掌握的技能之一。

（1）选择与其他决策者有异议或矛盾的人员作为教练。

由于和其他决策者有异议，教练需要用成功来证明自己。但是凭借一个人的力量很难成功，他需要有内部、外部的力量帮助他获得成功。如果大客户营销人员提供的服务方案能帮助他获得成功，那么就很有可能将其发展为教练。大客户营销人员的成功也就是教练的成功，所以教练会全力以赴给予支持和帮助。

教练和其他决策者产生异议或矛盾的原因可能有：教练不支持竞争对手（大客户营销人员的竞争对手）提供的产品或服务，或者教练不喜欢竞争对手的销售人员，或者教练和支持竞争对手的决策者观点不一致，或者教练和竞争对手的教练之间有一定的矛盾等。

（2）选择有共同喜好的决策者。

大客户营销人员和教练有共同的喜好有利于很快拉近双方的距离。这就要求大客户营销人员要有广泛的爱好，比如书法、汽车、网球、证券等，同时也要了解决策者的兴趣爱好，以寻找共同话题。

例如：大客户营销人员小王了解到一个大客户高层管理人员王经理很喜欢炒股，经常和他人研究股票。小王通过自己学习股票知识并请教高手，学习了半年，后来在拜访王经理时不经意间提起股票，两人谈得很投机，很快就成为股友，这给小王成功开发该大客户带来了很大帮助。

（3）选择遇到难题需要解决的决策者。

大客户决策者的难题往往是大客户营销人员接近大客户的最好机会。大客户决策者需要帮助时，大客户营销人员应该尽最大的努力提供帮助，以取得该决策者的信任，这样就很容易将其发展为教练。但是，帮助大客户决策者解决问题需要大客户营销人员掌握丰富的社会资源，并具有充分整合社会资源的能力。

例如：某大客户需要采购3台进口机床，大客户部王经理在前期与大客户沟通过程中了解到，该项目决策者张副总遇到一个难题，他想培养负责生产经营的一个年轻骨干人才，让他调研和了解国外同行业的发展情况，可联系了好几个国外企业都没有协调好。王经理了解到该信息后，立刻与进口机床的国外供货方沟通，希望增加一个员工参观、调研的名额。供货方马上同意了，并安排了到好几个行业内知名企业参观、调研的行程。最后这个负责生产经营的年轻骨干顺利到国外进行了调研，而王经理也成功地签订了采购进口机床项目的合同，在开发大客户过程中张副总起到了关键性的作用。

二、用户特征及开发技巧

用户是与直接使用产品的部门相关的决策者，或者是决策团队中负责产品或服务使用的决策者。用户对大客户营销人员来说是很重要的，因为大客户营销人员提供的产品或服务直接影响用户的工作。用户是大客户采购绩效评价的关键人员。但普遍存在的问题是，大客户营销人员往往不重视用户。

事实上，如果用户对大客户营销人员提供的产品或服务评价不高，在大客户组织内部可能会产生不好的口碑效应，这对项目的后期合作和大客户的长期开发将产生很大的负面影响，甚至可能会对该行业其他大客户的开发产生影响。因此，用户是大客户营销人员绝对不能忽视的决策者。

1. 用户的特征

（1）用户是产品使用部门的领导者或业务骨干。

用户代表的是大客户采购的产品或服务的使用部门，他们一般是该部门的领导者或者业务骨干。他们了解大客户目前使用的产品或服务的现状及存在的问题，了解采购产品或服务的目的和要达到的效果。他们一般是大客户采购需求的发起者。

（2）用户关心产品的使用效果。

用户非常关心产品或服务的基本使用功能、产品或服务操作的方便性、维修及服务的及时性，比如操作起来是不是更加简单、容易掌握，能否节省时间、提高工作效率，能否解决现有产品或服务存在的问题，售后能不能提供产品操作培训，能否及时提供后期维修和服务等。

总体来说，用户关心的是产品或服务的实用性、基本功能以及能否解决当前的实际问题。

2. 用户开发技巧

（1）提供有效的服务方案。

大客户营销人员应针对大客户的需求设计个性化的问题解决方案，这是成功开发大客户的关键，也是用户最为关注的。获得用户认可的标准就是大客户营销人员提供的产品或解决方案能有效解决目前工作中存在的问题，能够使生产更加方便、高效。

（2）重视与用户的沟通。

大客户营销人员在开发大客户的过程中，要从项目的前期开始就重视与用户的沟通，并贯穿项目的整个过程。

在项目前期与用户沟通，有利于获取大客户现状及面临的问题等信息；在服务方案设计过程中与用户沟通，有利于取得用户对产品或服务方案的认可；项目实施环节与用户沟通，可以针对用户的反馈及时进行方案修正，避免用户在绩效评估环节给出较差的结果；项目后期对用户的跟踪，有利于建立长期稳定的客户关系，提高客户忠诚度，有利于挖掘大客户的新需求，实现大客户的二次开发。

三、技术把关者特征及开发技巧

技术把关者一般是大客户的技术骨干或者技术部门的负责人。对于任何一个项目来说，技术把关者都是非常重要的，他们是产品或服务的技术评判者。从大客户项目需求的提出，到项目招标环节的标书制定、评标等，技术把关者都是项目的参与者，负责重要技术指标的确定和评判，供大客户决策者参考。

例如：某大客户需要采购 CRM 系统软件，在大客户招标的时候，其组织内部有许多负责评判的人。大客户营销人员向大客户推荐其 CRM 产品时，大客户 IT 部门技术骨干或领导就是技术把关者，他们负责评估各供应商提供的产品或服务的技术指标，对各供应商提供的产品或服务在技术方面的优劣做出报告，为采购决策提供参考。

技术把关者虽然没有大客户采购的最终决策权，但是他们对技术方面具有发表反对意见的权利，这对于产品供应商来说是致命的。

大客户营销人员要注意的是，一般在项目采购中技术把关者没有决策权，但是却有绝对的否决权。因此，大客户营销人员务必取得技术把关者的认可，否则还没有开展工作就可能已经被技术把关者否定了。

1. 技术把关者的特征

（1）具有专业技术背景。

技术把关者具有较强的技术背景，受过正规的专业教育，一般是大客户技术部门的骨干或者技术部门的负责人。在技术方面，他们是大客户的"中枢"，是大客户的骨干。他们擅长在技术方面发现问题，然后想方设法去解决问题。

（2）关注自身技术能力的提升。

技术把关者非常关注能否通过项目提升自己的技术知识和技能，保持自己在大客户内部的技术专家身份。所以，他们总是希望得到更多的相关专业资料和数据；希望了解产品技术方面的最新研究成果，了解专业技术的国际发展动态；希望提升自己的专业素质和能力，使自己继续保持在大客户内部技术专家的身份。

（3）不喜欢承担风险。

技术把关者非常关心项目的安全性，也非常关心自己职业发展的安全性。技术把关者在项目技术方面具有评判权，也相应承担较大的责任，所以他们不愿意冒险。

（4）易于局限在项目本身。

技术把关者一般是完美主义者。他们非常关注现有的工作或者领导安排的工作，希望在有限的资源条件下，企业提供的方案是最正确、最完美、零缺点的方案。同时，技术把关者往往关注于产品和技术本身，容易局限于现有资源；他们通常不会考虑开发、利用更多的信息和资源。

（5）具有否决权，但不具有最终决策权。

技术把关者通常在项目前期就会介入，调研相关的产品或服务，对比技术参数，对产品的性能进行把关等。一般情况下，大客户营销人员最早接触的决策者就是该项目的技术把关者。但是大客户营销人员要清楚，技术把关者虽然对技术指标具有设定和评判权，具有供应商的推荐权、否决权，但是他们不具有项目最终决策权。他们在技术方面的评定结果，只是为最终决策提供参考。他们没有决策权，不能说"Yes"，但是他们可以说"No"。

（6）容易成为多重教练。

技术把关者希望通过项目获得更多专业相关的新技术、新方法，他们通常会和所有可能的供应商进行产品、技术以及解决方案的交流，以便从中了解更多的知识和信息。技术把关者会将多个供应商的特点综合到一起，作为招标的标准。

由于和技术把关者的沟通交流相对较多，大客户营销人员在条件成熟时可以考虑把技术把关者发展为教练。但是，技术把关者容易成为多重教练。

大客户营销人员要清楚，技术把关者会和不同供应商的大客户营销人员进行项目技术沟通。他们会从不同的供应商处收集相关技术问题，然后对其他供应商就这些技术问题有针对性地提出技术交流需求。比如技术把关者与竞争对手技术交流过程中，如果涉及你们没有提及的技术问题，他就会要求你们就该问题再做一次技术交流。同样，他也会对竞争对手提出相应的要求。

2. 技术把关者开发技巧

（1）提供最先进的产品和超值服务方案。

大客户营销人员提供的服务方案不但要满足大客户的需求，切实解决大客户的问题，而且在技术方面要符合行业发展的新技术、新理念需要，产品或服务在功能、特征、技术指标等方面属于更新换代产品，是行业技术研究发展的新产品、新成果。

同时，大客户营销人员要在有限的报价范围内为大客户提供性能最好的产品或服务，让大客户尽可能有物超所值的感觉。服务方案在实施方面要考虑细致周全，对可能出现的问题都要考虑到，并设置相应的防范措施，使项目风险降到最低，保证项目的安全性。

（2）提供行业技术发展的最新资料。

技术把关者总是希望通过项目获得更多的专业技术新知识，掌握更多的新技术、新方法等，从而成为大客户内部技术方面的权威。

大客户营销人员与技术把关者沟通过程中，要注意为技术把关者提供行业新知识、新技术和专业发展新理念等先进资料；为他们提供行业相关产品的指标对比信息、产品的发展趋势等信息，让技术把关者可以得到他们希望得到的知识或信息，丰富专业知识，提升专业技能，帮助他们成为大客户内部的技术权威。

（3）把技术把关者发展为教练。

大客户营销人员在开发大客户过程中，一般最先接触的决策者就是技术把关者。同时，技术把关者希望从大客户营销人员这里了解更多的技术新知识、获得新资料，所以大客户营销人员往往比较容易把技术把关者发展为教练。

大客户营销人员在把技术把关者发展为教练时，需要注意的是，在很多情况下，技术把关者容易成为多重教练，即他也可能会成为竞争对手的教练。所以，大客户营销人员应该时刻谨记，不要做无谓的牺牲品。

（4）提出超出其权限的要求。

技术把关者具有教练的角色，他往往会高估计自己的权力。大客户营销人员要注意，技术把关者只有说"No"的权力，没有说"Yes"的权力。所以，大客户营销人员不能过分相信技术把关者，必须和其他决策者，尤其是高层决策者进行沟通。

那么，如何既能保持与技术把关者的关系，又能顺利和其他决策者进行沟通呢？大客户营销人员可以提出大客户开发过程中的难题，请技术把关者帮助解决，一是让技术把关者认识到自己的能力是有限的，另外就是让技术把关者和你一起想办法去解决难题。

四、关键决策者特征及开发技巧

关键决策者是指采购项目的最终批准者。关键决策者对是否选择企业的产品或服务具有最终的决策权。对于一般采购项目，关键决策者可能是采购部经理、相关业务的副总经理或部门经理；对于重要项目，关键决策者可能是大客户的总经理。

即使大客户项目组中其他决策者都认同企业提供的产品或服务方案，只要关键决策者认为该产品或服务不适合，那么大客户营销人员的销售就极有可能以失败收场。反之，即使决策者中大部分人都不赞成采购企业的产品或服务，但是只要关键决策者决定合作，那么销售就可能会成功。所以，大客户营销人员应该尽量接触高层决策者，将其发展为自己的教练。

1. 关键决策者的特征

大客户营销人员要想接近项目的关键决策者，首先要了解关键决策者的特征，以便更快、更准确地找到关键决策者，接近他们。

（1）具有最终决策权。

关键决策者在大客户采购项目中具有最终决策权。不论其他决策者对供应商的选择有什么不同观点，关键决策者都有最终确定供应商的权力。

（2）关注企业经营管理及业绩。

关键决策者作为大客户或大客户部门的负责人，一般更多考虑的是经营管理和绩效提升的问题。如服务方案能否增加利润、提高市场占有率、提高经营业绩；能否通过服务方案提升品牌形象；能否通过采购项目降低运营成本，或带来新的竞争优势；能否通过采购项目获取竞争对手及其经营管理信息；如何培养团队精神；如何提高产品质量；如何实现有效的竞争；如何提升和培养企业的核心竞争力，等等。

（3）关键决策者是大客户的领导者或部门负责人。

关键决策者一般具有较强的领导力和激情，具有敏锐的洞察力和创造力，容易接受新生事物，喜欢新概念、新理念，喜欢衡量风险并探讨如何规避风险。同时，他们比较自负，强调控制和权力。他们掌握相关项目的整体状况，时刻指挥和控制着项目的进展，掌握着很多决定性的政策和策略的制定权，在大客户组织和项目组中有较高的信誉。

2. 关键决策者的开发技巧

（1）提供企业经营发展的相关信息。

大客户营销人员开发大客户关键决策者时，可以谈论关键决策者关心的话题和探讨其面临的问题，这样会激发关键决策者的关注和兴趣。

大客户营销人员可以与其探讨企业经营管理方面的相关问题，提供企业经营管理方面的新理念、新方法等；针对关键决策者经营管理方面的问题，大客户营销人员也可以为其提供相关的咨询和帮助，帮助其分析和解决企业经营的问题；大客户营销人员也可以为其提供行业发展的新动态、新局势等相关信息，提供大客户竞争对手的相关信息。

例如：大客户部营销经理王科参与过企业上市方面的筹备工作，而且认识证监会的几名专家。他针对大客户目前考虑上市的问题，在与大客户关键决策者张总沟通过程中，向张总提供了一些上市筹备工作的相关信息，同时就如何缩短上市周期、如何进行路演、如何有效利用现有政策条件等方面提出了有效的建议，取得了张总的信任和认可。这为后期项目成功开发创造了很好的条件。

（2）帮助关键决策者提升社会地位。

关键决策者作为企业负责人，或者行业内专家，具有一定的社会地位，在行业内具有一定的声誉。同时，他们希望能够不断提升自己的社会地位，受到行业内人士或者大客户内部员工的尊重，被社会公认是行业带头人或领导者。

针对这点，大客户营销人员可以在行业内为关键决策者提供公关机会，策划一些帮助其提升社会知名度、提高社会地位的活动项目。比如：可以邀请记者采访关键决策者，写一些相关的文章进行宣传；或者邀请行业内知名专家与其一起参与活动；或者在一些大型论坛上，邀请其做主题演讲；或者帮助其获得行业内的奖章和奖励等。针对关键决策者，这些都是非常有效的帮助其提升社会地位的办法。

（3）充分发挥高层间的沟通。

在项目进展到一定阶段时，大客户营销人员可以请自己企业的高层管理者约见大客户关键决策者，对其进行拜访，讨论双方战略合作等方面的问题。

按照 CUTE 理论，大客户决策者可以分为四类，除了关注产品或服务方案是否能有效解决其问题外，不同类型决策者的特征及其关注的问题是不同的。

教练更加关注服务方案的成功能否证明自己的成功，能否带来观念相同的朋友，能否解决自己的问题；用户关注的则是服务方案能否解决生产经营中的实际问题，为生产经营带来方便；技术把关者关心的是项目能否提供先进的、安全的技术方案，能否通过项目采购过程帮助自己积累专业知识和提升技术能力；关键决策者关注的则是服务方案能否提升企业绩效，能否在项目采购过程中获取经营管理方面的信息，能否提升自己的社会和行业地位。

> 不同的大客户决策者有不同的性格和特征，在大客户采购项目中扮演不同的角色，这就要求大客户营销人员在开发大客户决策者时，不能千篇一律地采用一种策略。大客户营销人员要勇于创新，利用不同的决策者分析工具对决策者进行分析，有针对性地设计开发策略，以获得最佳的沟通效果。

第四节 大客户决策者沟通技巧与方法

一、大客户决策者沟通技巧

1. 倾听技巧

倾听不仅仅指用耳朵听相应的声音，倾听还需要通过面部表情、肢体语言、语言来回应对方，向对方传递倾听者的感受。因此，倾听也是一种情感活动。

倾听不但要听事实，还要听情感。倾听者不但要听清楚对方在讲什么，还要向对方传达自己的感受。对大客户营销人员来说，需要听以下两点：

（1）听事实。

倾听事实意味着需要听清楚对方在说什么。要做到这一点，就要求大客户营销人员必须有良好的听力、理解力和判断力。

（2）听情感。

与听事实相比，更重要的是听情感。大客户营销人员在听清楚对方说的事实时，还应该考虑对方的感受，并判断是否需要给予回应。

2. 提问的技巧

（1）提问的目的。

大客户营销人员在倾听的过程中，应迅速找出大客户的需求。如果大客户的需求不明确，大客户营销人员必须帮助大客户找到其需求，通常情况下需要通过提问来达到这个目的。所以，在这里提问的目的就是迅速、准确地帮助大客户明确其需求。

当然，大客户营销人员提出的问题应该是有针对性的。优秀的大客户营销人员往往通过几个问题就能迅速找到大客户的核心需求。

（2）问题的形式。

问题有开放式问题和封闭式问题两种形式。大客户营销人员可以选择使用不同形式的问题进行提问，以取得较好的效果。

开放式问题就是让大客户比较自由地把自己的观点讲出来。这种方式有助于大客户营销人员了解行业及大客户基本情况、决策者的观点，从而确定大客户的需求及大客户的问题出在哪里。

一般来说，在初步沟通时，大客户营销人员使用的都是开放式的问题。但由于开放式问题的答案也可能是开放的，很多时候往往起不到有效缩短沟通时间的作用。因此，大客户营销人员还需要使用封闭式问题进行提问。

封闭式问题的设置是通过大客户的回答来判断其需求，大客户回答问题时只需要回答"是"或"不是"。所以，封闭式问题的设计需要大客户营销人员有很丰富的专业知识。

大量地使用封闭式问题的前提就是所有的回答都必须是肯定的。如果大客户营销人员提出的封闭式问题的答案都是肯定的，会给对方以很专业的感觉，因为这体现出大客户营销人员有非常准确的判断能力。大客户营销人员能正确地、大量地使用封闭式问题，可充分体现自身的职业素质。

3. 复述的技巧

复述包括两个方面：一方面是复述事实，另一方面是复述情感。这与倾听是对应的，因为复述也就是倾听者把所听到的内容重新叙述出来。

（1）复述事实。

复述事实的目的就是为了彻底地分清责任，大客户营销人员先向对方确认自己所听到的是否正确，如果对方给出肯定的回答，那以后出现分歧时就容易分清责任了。

复述事实有以下作用：

① 分清责任。大客户营销人员通过复述向对方进行确认，印证所听到的内容，如果对方没有提出异议，那么以后再有问题，责任就不在大客户营销人员身上了。

② 提醒作用。复述事实还有一个好处就是可以提醒对方复核是否还有遗忘的内容，是否还有其他问题需要一起解决，这一点对那些自己也搞不明白自己究竟需要什么的决策者尤为必要。当大客户营销人员复述完，可以问对方是否还有需要补充的，如果对方说没有了，就可以进入解决问题阶段了。

③ 体现职业化素质。复述事实还可以体现大客户营销人员的职业化素质。对事实的复述不仅能体现出大客户营销人员的专业水准，更重要的是让对方感觉到大客户营销人员在为他服务，这种感觉是很重要的，这在一定意义上满足了对方的情感需求。

（2）复述情感。

复述情感就是对对方的观点不断地给予认同，比如："您说得有道理""我理解您的心情""我知道您很着急""您说得很对"等等，这些都属于情感的复述。

4. 沟通中的注意事项

（1）永远都不要打断对方的谈话。

在这个世界上没有人喜欢或习惯被别人打断谈话。无意识的打断是可以接受的，有意识的打断却是绝对不允许的。

无意识地打断别人的谈话是可以理解的，但也应该尽量避免。有意识地打断别人的谈话是非常不礼貌的。当你有意识地打断一个人说话以后，你会发现，自己就好像挑起了一场"战争"，对方会以同样的方式来回应你，最后两个人谈话就可能变成了吵架，因此有意识的打断是绝对不允许的。

（2）清楚地听出对方的谈话重点。

能清楚地听出对方的谈话重点也是一种能力。因为并不是所有人都能清楚地表达自己的想法，特别是在受情绪影响的时候，经常会有类似"语无伦次"的情况出现。而且，在倾听时除了要排除外界的干扰，还要排除对方的说话方式造成的干扰，不要只把注意力放在说话人的咬舌、口吃、地方口音、语法错误或"嗯""啊"等习惯用语上。

当双方谈话时，如果双方都能正确地理解对方谈话中的意思，双方一定都会很满意。

（3）适时地表达自己的意见。

谈话必须有来有往，所以在遵守不打断对方谈话的原则下，也应适时地表达自己的意见，这是正确的谈话方式。这样做还可以让对方感受到你始终都在注意倾听，而且听得很明白。

（4）肯定对方的谈话价值。

在谈话时，如果能得到对方的肯定，讲话者的内心也会很高兴，同时对肯定他的人必然产生好感。因此，在谈话中用心地去找对方谈话中的价值，并给予积极的肯定和赞美，将获得对方的好感。

（5）配合表情和恰当的肢体语言。

当你与人交谈时，对对方谈话内容关心与否会直接反映在你的脸上。

谈话时，只用语言还难以造成气势，所以必须配合恰当的表情和肢体语言。但要牢记不可过度使用，如过于丰富的面部表情、手舞足蹈、拍大腿、拍桌子等。

（6）避免虚假的反应。

在对方没有表达完自己的意见和观点之前，不要做出比如"好！我知道了""我明白了"等反应。这样空洞的答复只会"阻止"你去认真倾听或"阻止"对方进一步的解释。在对方看来，这种反应等于在说"行了，别再啰嗦了"。如果你恰好在对方要表达关键意思前打断了对方，将可能惹恼对方。

二、与大客户决策者洽谈的技巧

1. 洽谈的基本原则

（1）洽谈时用肯定的语气提问。

在开始洽谈时用肯定的语气提出一个令对方感到惊讶的问题，是引起对方注意和兴趣的可靠办法。如："你已经……吗？""你有……吗？"或是把自己的主导思想先说出来，在这句话的末尾用提问的方式。如："现在很多先进的公司都构建自己的局域网了，不是吗？"只要运用得当，说的内容符合事实而又与对方的看法一致，就会引导对方说出一连串的"是"，直至成交。

（2）提问时要从一般性的事情开始，然后再慢慢深入。

向大客户提问时，虽然没有一个固定的程序，但一般来说，都是先从一般性的简单问题开始，逐层深入，以便从中发现大客户的需求，创造和谐的洽谈气氛，为进一步销售洽谈奠定基础。

（3）先了解大客户的需求层次，再询问具体要求。

了解大客户的需求层次以后，就可以掌握洽谈的大方向，可以把提出的问题缩小到某个范围内，这样易于了解大客户的具体需求。如果大客户的需求层次仅处于低级阶段，那么他对产品的关心多集中于经济耐用上。了解到这些以后，大客户营销人员就可重点从这方面的话题提问，向对方传达己方商品经济实惠的信息，且能够满足对方需求。

（4）注意提问的表述方法。

下面用一个小故事来说明表述的重要性。

一个保险推销员向一位女士提出这样一个问题："您是哪一年出生的？"结果这位女士有点不高兴。于是，这个推销员吸取教训，改用另一种方式提问："在这份登记表中，要填写您的年龄，有人愿意填写大于二十一岁，您愿意怎么填呢？"这样提问的结果就好多了。经验告诉我们，在提问时先说明一下道理对洽谈是有帮助的。

2. SPIN 技巧

SPIN 技巧就是一组提问的技巧。与大客户决策者进行沟通的过程中，大客户营销人员提出的问题可以分为背景问题（Situation）、难点问题（Problem）、暗示问题

（Implication）以及需求-效益问题（Need-payoff），简称 SPIN，通过这些问题可以了解大客户的真正需求，以便提出解决大客户问题的方案。

SPIN 技巧和传统的销售技巧有很多不同之处：传统的销售技巧偏重于如何去说，如何按自己的流程去做；SPIN 技巧则更注重通过提问来引导对方，使对方完成其购买流程。

（1）背景问题（现状问题）。

目的：缓和气氛。

见到大客户决策者时，如果不知道他处于什么状况，就应先提出涉及背景的问题。提出背景问题的目的是了解大客户及其决策者的基本情况及存在的问题，因为对方是不可能主动告诉大客户营销人员其信息的。大客户营销人员只有主动去了解、去发现，才可能获知这些信息。

了解大客户现状问题的途径就是提问，即通过提问来掌握大客户的情况。比如可以询问一个厂长，"现在有多少台设备？买了多长时间？使用的情况怎么样？"之类的问题，用这类提问去引导他发现工厂现在可能存在的问题。

背景问题应该是有关被访问者、大客户或项目的问题。

通过提出背景问题可以获得当前大客户相关背景数据等，同时大客户营销人员可借此为接下来的洽谈营造融洽的气氛。如：

"李总，您是学什么专业的？"

"李总是什么地方人？"

"贵公司有多少人？"

"贵公司销售额是多少？"

"李总，您是主管财务部门的吧？"

注意事项：

找出背景问题是推动大客户购买流程的基础，也是了解大客户需求的基础。

背景问题不能问得太多。如果背景问题问得太多，可能会使对方产生一种反感和抵触情绪。所以，大客户营销人员在提问之前一定要有所准备，只问一些必要的背景问题。

（2）难点问题。

目的：找出问题。

难点问题是通过询问对方现在的困难和不满的情况来定位的。通过难点问题可以确切地定位大客户面临的问题，获取客户真正的需求信息。

难点问题是在希望找出大客户最头痛的问题，探索大客户问题的大小、难度和需求的紧迫性时使用的。如：

"为什么您希望做这个项目？"

"您对现在使用的设备极其满意吗？"

"您的打印机是不是经常需要维修？"

注意事项：

难点问题的提出必须建立在大客户现状问题的基础上。只有做到这一点，才能保证所问的难点问题是大客户现实中存在的问题。如果见到什么都问有没有困难，就很可能导致大客户的反感。

提出难点问题只是推动大客户购买流程中的一个环节。在传统销售中，所提的难点问题越多，客户对现状的不满就会越强烈，就越有可能购买新的产品或服务；而以客户为中心的现代销售并非如此，难点仅仅是客户的隐藏需求，不会直接导致购买行为，所以询问难点问题只是推动客户购买流程中的一个环节。

（3）暗示问题。

目的：获得信任。

大客户营销人员可通过提出暗示性的问题，表明自己对大客户的了解，目的是让大客户认识到营销人员是专家，实现大客户对营销人员专家角色的认同，建立双方的相互信任。

在 SPIN 技巧中，最有难度的问题就是暗示问题的提出。提出暗示问题的作用有两个：一是让大客户想象一下现有问题将带来的后果，因为只有意识到现有问题将带来严重的后果时，大客户才会觉得问题已经非常急迫，才希望去解决问题。引出暗示问题就是为了使大客户意识到现有问题不仅仅是表面的问题，它所导致的后果将是非常严重的。比方说电脑病毒这个问题，在没有爆发之前，大客户很可能不会意识到它的严重后果，但是经过营销人员提醒之后，大客户就会对后果进行一番联想，于是意识到这个问题的解决非常迫切。二是引发更多的问题。当大客户了解到现有问题不是单一的问题，它会引发很多更深层次的问题，并且会带来严重后果时，就会觉得问题非常严重，必须采取行动解决它，那么大客户的隐藏需求就会转化成明显需求。只有当大客户愿意付诸行动去解决问题时，才有兴趣向营销人员询问产品或服务的相关信息，才有兴趣看产品展示。

暗示问题是销售洽谈中最关键的、很需要技巧的问题，大客户营销人员要通过暗示让大客户明白目前存在的问题会给大客户带来的消极影响。如：

"如果机器运行有问题，对产量会有影响吗？"

"设备老出错会增加您的成本吗？"

"复印机的速度太慢会影响你们的工作效率吗？"

注意事项：

让大客户从现有问题引申出别的更多的问题，是非常困难的一件事，所以对于暗示问题的提出，大客户营销人员应认真做好准备。

当暗示问题问得足够多的时候，大客户可能会出现准备购买的行为，或者表现出明显的意向，这就表明大客户的需求已经从隐藏需求转为明显需求。如果没有看到大客户类似的一些表现，就说明大客户仍然处于隐藏需求阶段，说明所问的暗示问题还不够多、不够深刻。

（4）需求–效益问题。

目的：得到承诺。

运用 SPIN 技巧的最后一个问题就是需求–效益问题，也称为价值问题。提出这类问题的目的是让大客户把注意力从问题转移到解决方案上，并且让大客户明白这种解决方案将给他带来的好处。比如"这些问题解决以后会给您带来什么好处"这么一个简单的问题，就可以让大客户联想到很多益处，从而把大客户的情绪由对现有问题的悲观转化成积极的、对新产品或服务的渴望和憧憬，这就是价值问题。

此外，价值问题还有一个传统销售所没有的非常深刻的含义。任何销售人员都不可能强行说服客户去购买某一产品，因为客户只能被自己说服。传统销售经常遇到的一个问题就是营销人员想方设法去说服客户，但是实际效果并不理想。明确价值问题就给客户提供了一个自己说服自己的机会——当客户自己说出解决方案（即新方案）将给他带来的好处时，就说明客户自己就已经说服自己了，那么客户购买产品也就水到渠成了。

通过提出需求–效益问题让大客户进一步了解大客户营销人员的解决方案能够给大客户带来的切实益处，就可以增加大客户接受解决方案的可能性。

大客户营销人员根据大客户的问题来提供一套切实可行的解决方案或建议，然后引导大客户主动说出采用这套方案会带来什么利益和好处。需求–效益问题主要是用来增加解决方案被接受的可能性，使大客户尽快承诺。比如：

"我们给您提供一个完全可以替代的机器，而且可以先付一半款，半年后没有问题再付另一半，您认为这样会给您的企业带来哪些好处？"

"比针式打印机更加安静的激光打印机对你们有帮助吗？"

"如果每天减少 5 页的废纸量，能让你们节约多少成本？"

注意事项：

提出的需求–效益问题应对大客户有帮助，具有建设性意义，并一定要让大客户自己意识到大客户营销人员所提供的产品或服务的利益所在。这类问题应该多问，因为这些问题是正面的、积极的问题，是可以让大客户高兴和兴奋的问题。

在针对大客户展开的销售洽谈中，这四类问题都是需要提出的，但是它们的重要程度不同，我们应该将重点放在暗示问题和需求–效益问题上，有技巧地向大客户提出这些问题与洽谈成功紧密相连。

运用 SPIN 进行提问是为了把大客户的隐藏需求转变为明显需求，而要达到这个目的并不容易，所以大客户营销人员在拜访客户之前一定要进行非常充分的准备，只有进行大量的案头工作，把所有的问题提前准备好，才有可能达到目标。

总结与实践

本章小结

　　本章主要讲述了大客户决策者行为特征，不同行为特征决策者的开发策略；大客户决策者成熟度类型，不同成熟度类型大客户决策者的开发策略；大客户决策者角色分析，不同角色大客户决策者的开发技巧；与大客户决策者的沟通技巧和SPIN技巧。

思考题

　　1. 大客户营销人员如何成功约见大客户决策者？

　　2. 大客户营销人员如何有效判断大客户决策者的特征和类型？

　　3. 大客户决策者对服务方案提出实质性的异议时，大客户营销人员该怎样应对？

　　4. 教练在大客户开发过程中具有非常重要的作用，大客户营销人员如何找到教练呢？

　　5. 在实际沟通中，大客户决策者提出关于"销售政策"的问题时，大客户营销人员该怎样处理？

课后练习

一、单选题

　　1. 大客户决策者行为特征划分中，S型决策者是（　　　）决策者。

　　　A. 支配型　　　　B. 影响型　　　　C. 稳健型　　　　D. 谨慎型

　　2. 大客户决策者按照成熟度分类，（　　　）决策者是开发难度最大的。

　　　A. 自我陶醉型　　　　　　　　B. 四平八稳型

　　　C. 不知所措型　　　　　　　　D. 高瞻远瞩型

　　3. 客户决策者开发的CUTE理论中，为大客户营销人员提供客户信息的内部对接人一般是（　　　）。

　　　A. 关键决策者　　　　　　　　B. 技术把关者

　　　C. 使用者　　　　　　　　　　D. 教练

4.大客户营销人员在提问时，可以采用开放式问题和封闭式问题。下面选项中属于封闭式问题的是（　　）。

　　A.李总，您是学什么的？　　　　B.我们公司有多少人？

　　C.李总是什么地方人？　　　　　D.李总是财务部门的吧？

5.下面针对大客户运用 SPIN 技巧的问题中，（　　）属于背景问题。

　　A.您对现在使用的设备满意吗？

　　B.比这台机器更加安静的机器对你们有帮助吗？

　　C.贵公司销售额是多少？

　　D.机器运行的声音会影响你们的工作吗？

二、多选题

1.大客户决策者按照行为特征可以分为（　　）。

　　A.支配型　　　B.影响型　　　C.稳健型　　　D.谨慎型

2.与支配型大客户决策者沟通时，大客户营销人员应该（　　）。

　　A.就事论事，直奔主题

　　B.提供多个选择方案让他来做决定

　　C.选择非正式场合容易促成交易

　　D.与他们观点不同时不要产生争执

3.大客户营销人员可以选择（　　）作为教练。

　　A.与其他决策者有异议或矛盾的人员作为教练

　　B.基层员工熟悉的决策者

　　C.有共同喜好的决策者

　　D.遇到难题需要解决的决策者

4.复述技巧包括复述事实和复述情感。复述事实的作用包括（　　）。

　　A.对于客户的观点不断地给予认同　　　B.分清责任

　　C.提醒作用　　　　　　　　　　　　　D.体现职业化素质

5.在针对大客户运用 SPIN 技巧进行洽谈时，应该将重点放在哪些问题上？（　　）

　　A.背景问题　　　　　　　　　　　　B.难点问题

　　C.暗示问题　　　　　　　　　　　　D.需求–效益问题

三、判断题

1.高支配型的人是一个情感丰富而外露的人。（　　）

2. D 型决策者不容易接受他人的建议，所以最好提供多个选择方案让他自己来做决定。（　　）

3. 大客户决策者中，技术把关者具有最终决策权。（　　）

4. 提问的目的就是能迅速而有效地帮助大客户找到正确的需求。（　　）

5. 背景问题是通过询问大客户现在面对的困难和不满的情况来定位的。（　　）

四、案例分析

姚小姐的疑惑

大客户经理姚小姐工作勤勉，工作业绩突出。有一天，她很高兴地告诉总经理，马上会有一个大单子，让总经理等她的好消息。但是，半个月后，总经理却等来了泪流满面的姚小姐。原来，大客户虽然最终使用了她设计的设备计划书，却没有和她签合同。

她说："我是通过朋友介绍结识这家公司主管人事和财务的副总经理王总的。王总告诉我，他们公司刚好有买设备的计划，让我马上设计建议书，并承诺这件事他有决定权。我反复修改几次后，王总表示，公司各方面对计划书均表示满意，估计半个月后可以签合同。"当时她信心十足，以为很快就可以成功了。

半个月后，姚小姐拨通王总的电话，哪知王总带着很遗憾的口气告诉她："在昨天的总经理办公会议上，关于采购的事情已经定下来了，决定在另外一家公司 A 公司购买，而且 A 公司的大客户营销人员小张还在总经理的邀请下参加了昨天的会议。"姚小姐愣了半晌，决定去搞清楚情况，不想这样不明不白地丢了单子。王总给了姚小姐一张 A 公司小张的名片，并告诉她："公司里从总经理往下，所有参加会议的人都同意从 A 公司购买设备，我也没有办法。"

姚小姐进一步打听后才知道，当她很开心地等待时，她的竞争者小张正在紧锣密鼓地拜访包括王总在内的所有决策者，他从财务部那里知道这次购买的金额比较大，必须由总经理办公会议最后敲定；他从办公室那里得到了参加这次会议的人员名单；他从设备部那里拿到了姚小姐最后定稿的设备计划书；他抓紧时间拜访了出席会议的每一位成员，他还主动到公司员工中间去调查摸底……但对小张的这些动作，姚小姐始终没有觉察到。

思考：

（1）这次大客户开发过程中姚小姐的问题出在哪儿？

（2）如果你是姚小姐，你会怎么做？

第九章

大客户开发管理

↘

知识目标

- 理解大客户营销战略及其实施；
- 掌握大客户发展模型；
- 掌握漏斗管理及其应用；
- 掌握决策者角色匹配工具及其应用；
- 了解大客户开发信息管理。

技能目标

- 能结合大客户发展模型分析大客户发展阶段；
- 能结合漏斗管理工具制定营销工作规划；
- 能使用决策者角色匹配工具指导决策者开发工作。

素养目标

- 坚持原则；
- 遵纪守法。

跟踪大客户发展，实现双方共赢

A公司的重要客户WZ汽车公司是一家具有较大影响力的国有大型股份制企业。经过多年发展，WZ汽车公司已形成了完善的研发、生产、销售体系，它始终坚持"技术立企"的发展战略，在深耕传统燃油车赛道的基础上，积极布局新能源、智能网联、共享出行、平台与生态等新赛道，先后承担国家科技支撑计划、重点研发计划等，多次获得国家科技进步奖，三次被评为国家级创新型企业。这几年，A公司和WZ汽车公司双方通过逐步推进合作，取得了共同发展，有效实现了共赢。双方具体合作推进过程如下：

（1）初步合作阶段：提供企业内刊投递服务。

在合作初期，A公司通过业务人员联系，承担起WZ汽车公司内部刊物以及相关商函的寄递工作。在WZ汽车公司品牌初步拓展阶段，A公司帮助WZ汽车公司实现了产品及企业宣传资料的精准传递和宣传，在一定范围内提升了WZ汽车公司品牌知名度。

这个阶段，双方的合作主要集中在基础的寄递服务。A公司在WZ汽车公司内仅设有一个小型的寄递揽投点，设备设施也比较简单，仅能满足单一的寄递服务需要。

虽然该阶段双方合作形式相对单一，但良好的寄递效果为双方后续更深入的合作奠定了信任基础。

（2）推进阶段：提供数据库商函一条龙服务。

随着业务规模逐渐扩大，WZ汽车公司不断推出新产品，对市场推广的需求更为迫切。A公司充分发挥其在广告策划与投放方面的专业能力，为WZ汽车公司量身定制商函广告方案。通过提供精准名址选择、精美的商函设计和高达94%的有效投递率，A公司将WZ汽车公司的广告精准投递给有购车意向的潜在客户群体，大大提高了WZ汽车公司广告投放的效果，促进了广告促销效果，实现了产品销量的有效提升。

这一阶段的合作不仅帮助WZ汽车公司吸引了更多潜在客户，也让A公司在汽车行业广告服务领域积累了宝贵经验，提高了A公司在函件广告市场的服务能力。

（3）合作伙伴阶段，提供物流一体化问题解决方案。

随着WZ汽车公司的生产规模不断扩大，其整个物流配送环节面临着诸多挑战。

通过具体分析客户需求，A公司适时推出物流一体化服务，整合仓储、运输、配送等多个环节，为WZ汽车公司提供一站式物流解决方案。A公司利用先进的物流信息系统，实现对物流配送全程的实时监控，确保零部件和整车的运输安全与准时。同时，A公司通过优化物流线路和运输方式，降低了WZ汽车公司的物流成本，提高了供应链的整体效率，进一步加深了双方的合作关系。自从快递进厂以来，没有中间环节的一站式服务让WZ汽车公司零配件的平均到货周期从2.3天缩短至1.8天，货损率下降到0.03%以内。

在此背景下，A公司与WZ汽车公司的合作迎来重大升级。通过投入专项资金，A公司将原来的寄递揽投点进行全面升级改造，建成了面积达130多平方米的WZ综合服务中心。新的服务中心工作人员从原来的14人增加到20人，还配备了4辆邮政新能源揽投车，构建起"金融信贷＋物流寄递＋电子商务＋特色文化"的综合服务体系，提供从前端收寄、分拣理货，到客户对接、订单管理，再到售后客服、业务对账等各个环节的综合服务。A公司的服务不断优化，赢得了WZ汽车公司的认可。

（4）战略协同阶段：在寄递物流、市场、金融等方面全方位拓展合作。

在服务中心升级后，A公司进一步创新协同服务模式，成立了由6人组成的综合营销团队，进驻WZ综合服务中心，现场提供"门到门、桌到桌、面对面"的全方位服务，并将协同工作成效纳入年度重点工作考核和协同发展重点指标考核。

这一阶段，双方合作从单纯的寄递业务拓展到金融、文创报刊等多个领域。

在寄递物流方面，A公司继续深化与WZ汽车公司的合作，打造更高效、更智能的物流体系，满足WZ汽车公司日益增长的全球业务需求；在市场领域，双方联合开展营销活动，利用各自的渠道和资源，共同开拓市场；在金融方面，A公司为WZ汽车公司提供包括供应链金融、消费信贷等在内的多元化金融服务，支持WZ汽车公司的生产运营和市场拓展。去年1—7月，WZ综合服务中心就实现寄递业务收入1601万元，其中特快业务收入1188万元，同比增长51.72%；物流业务收入409万元，同比增长184.03%。这一阶段的合作标志着双方建立了长期稳定、互利共赢的战略合作伙伴关系，共同推动双方在各自领域的持续发展。

随着合作的不断深入，WZ汽车公司和A公司签订了战略合作框架协议。双方将积极探索在金融、快递物流、车辆采购、市场拓展、证券、投资等多领域的业务合作，实现共赢发展。双方将继续发挥各自的优势，不断拓展合作的深度和广度，共同推动产业升级和发展，实现互利共赢的长远目标。同时，A 公司围绕 WZ 汽车公司产业链上下游企业开展链式营销，积极参与 WZ 汽车公司产业链上下游企业重大项目招投标，截至去年 7 月，A 公司在该地区 316 家新能源汽车相关企业中，成功为 197 家企业提供综合性服务，实现收入超 2500 万元。

A 公司在服务大客户 WZ 汽车公司的过程中，通过对大客户发展过程中的需求分析，不断地完善和优化大客户服务内容，为大客户提供一站式的问题解决方案。同时，A 公司通过服务大客户，通过业务创新等手段也优化和提升了自身的服务能力。所以，在服务大客户过程中，企业一定要以大客户为中心，密切跟踪大客户业务发展变化，及时发现大客户需求，整合企业和社会资源，为大客户提供优质的问题解决方案。只有这样，才能在解决大客户问题的同时，达到企业的业绩目标，实现共赢。

第一节 大客户营销战略管理

大客户营销工作是企业营销工作的重要组成部分，大客户营销战略也是企业营销战略的重要组成部分。企业大客户营销战略受企业内外环境的影响和制约。

企业根据大客户营销战略来制定大客户营销工作的相关制度，这与每个大客户营销人员的客户开发工作息息相关。

一、大客户营销战略概述

大客户营销战略是企业在客户关系管理的基础上，结合企业营销战略和企业经营发展目标，针对企业重要客户市场制定的营销工作的开展方向。

1. 大客户营销战略类型

根据市场环境和企业资源的不同，企业采用的大客户营销战略一般可分为市场份额最大化和客户价值最大化两种类型。

（1）市场份额最大化大客户营销战略。

市场份额最大化大客户营销战略是指企业尽可能多地开发大客户，把更多的资源用于开拓新的大客户，扩大市场占有份额，以实现企业目标的大客户营销工作规划。

实施市场份额最大化大客户营销战略的企业一般采用的是粗放式大客户营销方式，企业为大客户提供专业的、标准化的服务。这种战略比较适用于成长期的市场环境，市场竞争不是很激烈，存在一定新客户开发的市场空间。

采用这种大客户营销战略的企业一般实施产品专业化策略。企业需要不断增加产品研发投入，通过产品差异化获得产品竞争优势，为企业带来较大的市场和客户开发优势。

但是在市场发展的成熟阶段，市场竞争非常激烈，大客户市场竞争更加激烈，企业要单纯地通过开发新大客户来实现经营目标是很困难的。

（2）客户价值最大化大客户营销战略。

客户价值最大化大客户营销战略是指企业以拥有更多忠诚、有价值的大客户为目标，确保大客户能够长期购买更多的产品，实现客户价值的不断提升，从而实现企业目标的大客户营销工作规划。

实施客户价值最大化大客户营销战略的企业采用的是精细化客户管理方式，这种方式一般适用于市场成熟期，此阶段的市场竞争激烈，很难发现空白市场，企业开发新的大客户的成本相对较高。

这种类型的企业关注更多的是大客户满意度和忠诚度的管理，通过与大客户建立长期的合作关系和大客户重复购买来实现大客户价值的提升。大客户营销人员更多的工作内容是大客户维护和大客户流失管理。

2. 两种大客户营销战略的区别

市场份额最大化和客户价值最大化是两种不同的大客户营销战略，分别适用于不同的市场环境。

它们的相同之处在于，企业实施这两种大客户营销战略的目的基本相同，都是为了获得更高的市场价值，提升企业营销业绩。

它们的区别主要有：① 营销方式不同。市场份额最大化战略需要将一种产品销售给尽可能多的新的大客户，是一种粗放的经营管理方式；客户价值最大化战略则需要向同一大客户销售尽可能多的产品，企业努力的方向是提高大客户的满意度和忠诚度，是精细化的经营管理方式。② 营销理念不同。前者以产品、市场为中心，致力于实现产品差异化，扩大销售规模；而后者则是以大客户为中心，致力于满足大客户需求和提升大客户价值。③ 工作的重心不同。前者需要尽力获取更多的新的大客户；而后者主要是通过大客户维护，建立长期稳定的客户关系，实现大客户价值的提升。④ 适用的市场环境不同。在市场发展前期，市场处于快速发展阶段，该阶段市场规模不断扩大，适合用市场份额最大化战略，但是这种战略容易使企业跳入追求大客户数量的陷阱；客户价值最大化战略在经营方式上则更为精细，更适用于市场成熟期。

二、大客户营销战略的实施

1. 确定企业大客户营销战略的目标

企业实施大客户营销战略的目标一般包括实现企业与大客户共同价值的最大化，实现大客户价值的提升，并实现大客户满意。

（1）企业与大客户共同价值的最大化。

大客户营销活动是企业建立市场关系的活动。企业通过为大客户创造全面的体验和大客户解决方案，与大客户建立起长期合作的关系，这是大客户营销的核心。企业与大客户之间通过建立伙伴式合作关系，保持相互信任和协作关系，相互认可对方的企业文化，建立共同合作发展的远景目标，实现企业与大客户的长期共同发展，实现共赢。

（2）企业利益最大化。

企业盈利性的目标，往往使企业形成以自身利益最大化为目标的企业文化。这种企业文化使企业为获取更高利润而展开经营活动，在短期内会促进企业的发展。但是在这种思想指导下，企业和大客户之间就形成竞争关系，一些企业为获利而不自觉地损害大客户利益，从而导致大客户满意度和忠诚度的降低。在市场高度发展环境下，企业要实现利益最大化，首先要确保企业拥有大量忠诚的、有价值的大客户，这样才能实现企业利益最大化。

（3）大客户利益最大化。

一般我们会用市场份额来评价一个企业的竞争力。但市场份额并不能完整地评价企业核心竞争力和经营状况，有很高市场份额的企业，其客户关系不一定稳定，不稳定的客户关系可能会造成大客户不断流失，大客户价值相对比较低。

企业要实现大客户满意和忠诚，就必须为大客户提供满意的服务，不断地满足大客户需求，这样才能取得大客户的信任。在大客户利益最大化战略目标的指导下，企业努力的方向是提升大客户的满意度和忠诚度，实现大客户利益最大化。

2. 企业实施大客户营销战略的措施

企业实施的大客户营销战略必须与企业文化、企业的成长战略及长远利益等相匹配，如果透支了企业资源或者患了"近视症"，结果将适得其反。企业实施大客户营销战略离不开组织变革、文化转变。

（1）培育以大客户为中心的企业文化。

企业内部形成以大客户为中心的核心价值观，是企业大客户营销战略实施的有力保障。大客户营销需要以互惠、合作、共赢为双方合作的基本原则。

在大客户管理中，大客户管理团队的成员对大客户营销观念不一致，是造成大客户管理团队无法有效运作的主要原因，是大客户管理团队合作效率不高的主要原因。大客户管理需要分析供需双方的内外因素，提炼共同价值观，建立互惠互利、合作共赢的企业文化。

（2）柔性组织结构的建立。

大客户是企业的重要客户，企业各部门应以大客户为中心，为大客户提供满意的服务，这对企业传统的营销组织提出了挑战。

大客户营销需要企业针对大客户建立全方位的沟通和服务体系，需要建立一个相对柔性的组织结构，建立以销售、技术、售后服务、财务等不同部门人员组成的大客户服务中心。大客户服务中心对大客户实施统一管理，包括大客户的资信管理、购买记录、大客户资料等的系统管理。大客户服务中心下设大客户经理，实行大客户经理负责制，对大客户实施一对一的、个性化的服务和管理。柔性组织结构可以提高大客户的感受价值和附加值。

随着企业外部环境的不断变化，大客户服务中心的工作也在不断地变化，从满足大客户现有需求，到不断创新、创造大客户的新需求。

（3）搭建开放的大客户沟通平台。

大客户营销需建立大客户沟通渠道，构筑双方互动的平台，便于企业与大客户展开经常性的研讨，有效地实现双方沟通与互动。如大客户俱乐部、大客户服务中心等。

通过大客户互动平台可不断地挖掘大客户需求，丰富和完善大客户服务，使服务更加专业化、个性化，让企业与大客户通过沟通平台直接对话，有效缩短大客户开发过程，降低交易成本。

通过大客户沟通平台，可以实现"最短时间内让大客户充分了解我们，一次性解答好大客户的所有问题"的大客户服务理念。不断分析研究大客户，对大客户实现"动态分析，动态管理"的同时，也不断创新大客户管理。

搭建大客户沟通平台也需要企业引入大客户信息管理系统，以大客户的信息资料为基础，围绕大客户开展大客户需求分析、大客户价值分析、大客户维护与流失分析、大客户费用分析等，这将会使决策层对大客户的发展趋势、需求变化、价值取向及行为特征有明确的认识，并能对大客户实行一对一的营销管理。

（4）整合企业资源与社会资源。

大客户营销战略要求企业以大客户需求为中心，为大客户提供服务，解决大客户的问题，这不但需要整合企业内部资源，甚至还需要整合社会资源。

在特定的经济环境和管理背景下，传统企业管理的着眼点在于内部资源管理，即企业管理后台部分。而对于以客户为主的外部资源的前台部分，则缺乏相应的管理。在大客户营销战略中，应重视前台资源的运用，这就要求企业将市场营销、生产研发、技术支持、财务金融、内部管理这五个经营要素全部围绕以客户资源为主的企业外部资源来展开，实现前台资源和后台资源综合管理。企业要以开放的心态搭建社会资源再整合平台，充分利用社会资源为大客户提供解决方案，使大客户感受价值最大化，从而实现大客户忠诚和稳定。

（5）一对一的营销策略。

企业要想赢得更多的大客户，必须能够为大客户提供个性化的产品或服务，满足不同类型群体的需要，实现从传统大规模营销文化向一对一营销文化的转变。如移动公司为不同集团客户设置个性化虚拟网，银行为大客户提供定制理财业务等。

企业实施大客户营销管理时还应该注意：大客户管理在企业内部应该得到认同；企业应该有一套大客户识别体系；企业内部应建立专为大客户服务的团队；企业应通过组织程序保证大客户服务有效实施；企业应与大客户建立深层次的联系，加强对大客户的关注。

第二节　大客户开发管理

一、大客户生命周期管理

大客户生命周期管理是大客户关系发展的过程，是通过对大客户关系的不断发展和推进，将企业与大客户从简单的交易关系转变为稳定的合作关系的过程。

1.大客户关系发展模型概述

大客户关系发展模型介绍了大客户关系建立和发展变化的过程，包括大客户生命周期发展变化的具体环节和过程。

1994年米尔曼和威尔逊提出大客户管理的发展历程与大客户由交易关系向协作关系转变的发展过程相吻合，即大客户关系发展模型（如图9-1所示）。

大客户关系发展模型展示了典型的客户关系发展历程，它可分为大客户管理孕育阶段、大客户管理初期阶段、大客户管理中期阶段、伙伴式大客户管理阶段、协作式大客户管理阶段五个阶段。

在企业大客户关系发展过程的各阶段，由于各种各样的原因，企业与大客户之间在任何一个阶段都有可能会中断联系，这时大客户就会离开企业，这就是大客户中断管理。中断大客户管理阶段可能发生在大客户管理的任何时候。

大客户关系的发展涉及两个要素：一是客户关系实质，是企业和大客户之间由一般交易关系逐渐向相互协作关系转变；二是客户合作程度，是企业与大客户之间信任和承诺的建立，使双方成为价值的共同创造者与分享者。

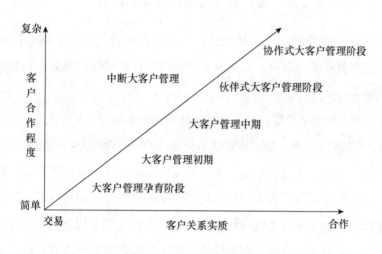

图 9-1　大客户关系发展模型

2. 大客户关系发展模型内容

（1）大客户孕育阶段。

大客户管理孕育阶段是一个准备阶段或一种"期望"阶段（如图 9-2 所示）。大客户孕育阶段的关系特征如下：

① 交易还没有发生，买方只是目标大客户或潜在大客户；

② 大多数交易在企业的大客户经理与大客户的采购代表之间进行；

③ 由于企业缺少提供长期服务的合作潜力，一般只能采用交易关系的合作；

④ 大客户会向企业不断提出难题；企业不断地针对目标大客户的需求进行客户价值、企业自身能力和解决方案的分析和研究。

在大客户管理孕育阶段，企业的工作内容主要包括：一是寻找和识别尽可能多的、具有开发潜力的大客户，二是企业把焦点集中在能够赢得业务关系的资源上面，三是大客户经理要不失时机地向大客户证实企业对大客户的价值。

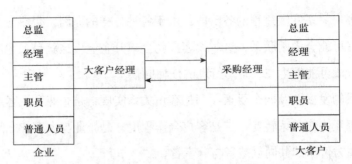

图 9-2　大客户管理孕育阶段

而大客户在这一阶段的主要工作包括：一是寻找适合的，能够满足自身需要的供应商，并进行供应商服务能力调研；二是确定解决自身存在问题的方案；三是保证以合理的成本获得最优服务。

所以，在大客户管理孕育阶段，买卖双方会同时发出信号，并在决定合作之前进行信息交换。大客户会不断提出各种问题或者难题，企业为了取得洽谈成果可能要付出艰辛的努力。

在这一阶段，企业需要注意的是：企业可以被动地等待大客户的出现，但不能低估不确定因素的影响，需要不断了解大客户市场最新动向。即使大客户已经对产品或服务失去了耐心，企业也要研究大客户的现行解决方案，并在此基础上找出可以改进的方向。大客户的关系从无到有需要企业付出一定的代价，有时候需要放弃眼前的利益。

（2）大客户管理初期。

在大客户交易初期，大客户决策者可能会对供应商企业内部的组织文化和管理水平产生抱怨，没有正确地对待双方关系，如双方交易关系推进缓慢和沟通无效等（如图9-3所示）。

大客户管理初期的关系特征如下：

① 双方已经建立交易关系，但继续合作的竞争很激烈；

② 双方关系主要建立在大客户经理与客户采购经理的关系上，沟通主要在双方业务人员之间进行；

③ 企业需要在竞争中获得大客户的信任，但没有涉及双方的利益问题；

④ 大客户抱怨的主要是供应商企业的内部组织文化和管理水平低下，没有重视双方的关系；

⑤ 双方关系脆弱，大客户经理掌握客户资源，很小的失误就会使以前努力建立的客户关系毁于一旦。

在大客户管理初期，大客户的主要工作包括：一是期望获得好的产品或服务，这是先决因素；二是期望产品或服务使用方便。

那么，在这一阶段企业必须将重点放在这些工作上：说服购买决策者，让他们意识到企业不但能够提供符合其要求的产品或服务，而且可以提供超标准的服务。

图 9-3 大客户管理初期

尽管如此，大客户可能会由于下游购买者选择因素的驱动，或者考虑降低采购风险的因素，很有可能使用其他供应商企业的产品或服务。所以，在这一阶段，双方的关系比较脆弱，任何一方的不慎（或任何双方之间的误解）都将导致关系中断。

（3）大客户管理中期。

在大客户管理中期，买卖双方树立了各自的信誉，基本确立了互信关系（如图 9-4 所示）。

大客户管理中期的重点从提供优质的产品或服务转移到社会和环境协调上。企业的每个人都期望了解大客户的信息，了解大客户内部的关系，并采取相应的服务措施。反之，大客户也会广泛了解企业、企业营销团队及企业高层的情况。

大客户管理中期的关系特征如下：

① 双方建立起相互信任关系，彼此的沟通已经扩大到各个层级；

② 大客户由于担心采购风险，同时也期望竞争带来利益，所以会进行筛选；

③ 为增进双方的关系，企业会向大客户提供合约之外的增值服务；

④ 合作管理的重点从提供产品或服务转向社会和环境协调方面；

⑤ 双方需要更深层次的了解，采用更有效的沟通方式；

⑥ 在这一阶段企业不需要为迎合大客户而改变组织设置，主要通过主要沟通人员来处理问题。

（4）伙伴式大客户管理阶段。

当进入伙伴式大客户管理阶段时，企业开始成为大客户的战略合作伙伴。双方建立了信息共享、共同发展的战略关系。在双方都获利的前提下，产品或服务价格也将随之处于长期的、稳定的状态。

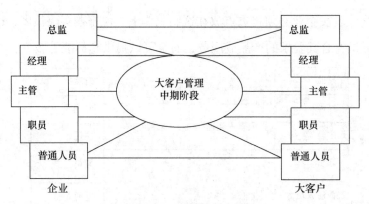

图 9-4 大客户管理中期

该阶段双方为了实现共同价值最大化和降低成本而共同努力。同时，双方都希望获得持久的合作发展关系。只要条件合适，双方就可以共同采取促进措施。

如图 9-5 所示，在伙伴式大客户管理阶段双方的关系像一颗钻石形状，它表明沟通过程中双方所有部门都紧密地联系在一起。

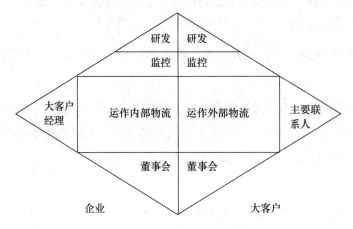

图 9-5 伙伴式大客户管理阶段

伙伴式大客户管理阶段的关系特征如下：

① 彼此之间的交易频繁，复杂程度较高；

② 双方通过合作协议对对方进行控制，以降低彼此的成本、实现共赢；

③ 企业成为大客户的协议伙伴，双方信息共享，风险共担；

④ 交易价格处于稳定的状态；企业和大客户之间就信息的公开程度有所顾虑；双方会接受对方的建议，对对方有所依赖。

（5）协作式大客户管理阶段。

协作式大客户管理阶段是客户关系发展模型中的最终阶段。在这一阶段双方共同增加了市场价值的合作。

双方逐步建立起相互排除障碍的力量，而且买方对双方合作方向、产品质量、成本降低等充满信心。双方会进行联合调查和开发，双方组织中各层次间的接触更加充分，高层管理之间通过联席董事会而取得认同。双方会联合制定战略，联合制订计划，联合进行市场调查。交易时间相应减少，交易成本相应降低。

如图 9-6 所示，钻石形状仍旧是协作式关系的核心形状，但中间的线条已经模糊了，双方相关人员组成联合小组来改进各项活动。

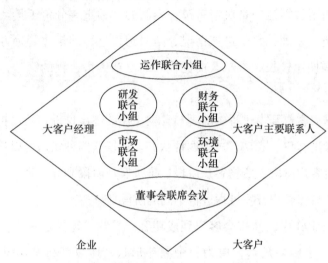

图 9-6　协作式大客户管理阶段

协作式大客户管理阶段的关系特征如下：

① 虽然双方没有直接干涉对方的权利，但是相互排除障碍的方式正在建立；

② 双方对合作充满信心，联合开发、调研，双方建立起战略合作关系；

③ 各层面都密切联合，高层之间通过联席会议取得认同；降低了双方的沟通成本和交易风险；

④ 企业按照大客户的需求对新进员工进行培训。

大客户关系发展模型展现了企业培育一个大客户，从潜在大客户开发到发展成为忠诚大客户的整个过程。

在大客户开发的不同阶段，企业和大客户之间有不同的特定关系，具有不同的关系特征。所以，在大客户关系发展的不同阶段，企业大客户管理工作的内容是不同的，目的和策略也是不同的。

（6）中断大客户管理。

中断大客户管理是指企业与大客户之间的交易或相互关系都已经停止。大客户关系发展的任何一个阶段，都有可能会因为某种原因而产生大客户关系中断。

在商务谈判过程中，大客户有时会提出一些继续保持合作的条件，企业如果不能满足这些条件就会面临关系中断。另外，在双方合作中的每个阶段都有可能出现问题，从而导致合作中断。

二、大客户开发过程管理工具——漏斗管理及其应用

1. 漏斗管理的内容

漏斗管理也叫销售管道，是对销售过程控制的一种重要分析工具。通过销售漏斗对销售阶段进行分析，掌握销售的进展情况，是对销售过程的量化管理方法。它适合销售流程比较规范、周期比较长、参与人员比较多的复杂销售过程的管理，也适用于大客户开发管理。

漏斗管理根据大客户开发过程中对客户开发工作的逐步推进，可以把客户分为机会客户、资格客户、推进客户、成功客户等四种状态。根据这四种状态可以把客户销售过程分为四个阶段：机会客户阶段、资格客户阶段、推进客户阶段和成功客户阶段。当然，企业也可以根据自己的具体客户开发过程进行不同的阶段划分。

在大客户开发工作中，从机会客户到成功客户签约，每推进一步，客户名单就会减少一些，形成了一个倒三角形，成为一个漏斗形状，所以就将其形象地称为销售漏斗（如图9-7所示）。在销售漏斗中，从上到下这四种状态的客户开发的成功率，也就是成功开发的机会是逐步增加的，一般是10%、20%、30%、100%。

图 9-7　销售漏斗

漏斗管理四个阶段的工作内容如下。

（1）机会客户阶段。

机会客户就是有机会成为企业大客户的潜在客户，它们属于企业的目标客户群。机会客户阶段营销人员的主要工作是寻找潜在客户，途径主要有：企业举办活动或者和第三方

合办活动等方式；发放企业宣传资料；通过网络宣传企业信息；电话营销；通过代理商或者合作伙伴推广；营销人员直接拜访等。

（2）资格客户阶段。

要使潜在客户成为资格客户，一般多采用价值销售途径实现，这是资格客户阶段的主要工作内容。一般采用的方式有专题讲座、拜访调研、高层拜访等。

（3）推进客户阶段。

为了推动项目的进展，在推进客户阶段营销人员往往采用价值验证的方法。企业建立项目成功的评判标准有助于价值验证。通常价值验证采用的方法有共同撰写解决方案或者建议书、参观企业成功案例、邀请客户高层参加用户大会、提供试用证明等。

（4）成功客户阶段。

将推进客户转化为成功客户，需要营销人员选择合适的营销时间和切入点，通过相应的成交手段和技巧，实现与客户的合作或交易。

2. 漏斗管理应用

（1）制定工作规划。

利用漏斗管理可以帮助大客户营销人员科学地做出工作规划，明确自己不同阶段的工作内容和工作量。

根据大客户开发的实践经验，有学者将大客户开发的具体工作分为以下几个阶段：针对潜在大客户举办专业知识培训（引导潜在大客户认识、发现问题并提出需求），拜访提出需求的潜在大客户关键决策者（发掘确定有需求的大客户），为确定有需求的大客户提供专业咨询，为大客户提供问题解决方案，和大客户进行谈判（投标），和大客户正式签约。这几个阶段中，每举办 9 个培训，就产生 6 个拜访潜在大客户关键决策者的机会，其中就有 5 个确定有需求的大客户需要专业咨询，营销人员要为这 5 个大客户提供 5 个问题解决方案，有 3 个大客户愿意就方案进行谈判，最后有 1 个大客户满意并签约，即965531 法则。

例如：某大客户营销人员计划完成年度销售收入 600 万元，根据目前的预测，每个大客户开发成功可以实现 200 万元的销售收入。图 9-8 是该营销人员依据漏斗管理 965531 法则制定的年度工作规划。

大客户营销人员或者管理人员可以根据年度工作目标和大客户开发过程的这一规律，对整个大客户开发的工作时间、工作内容等做出规划安排。

在图 9-8 中，按照该大客户营销人员的工作规划，4 月份他的工作包括拜访 6 个潜在大客户关键决策者，还要针对 9 个潜在大客户举办培训会。

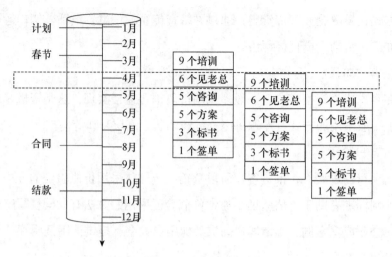

图9-8 营销人员大客户开发工作规划

（2）确定销售定额和团队绩效管理。

大客户开发周期比较长，潜在大客户一般不会很快下订单，从有购买需求到产品选择及实际购买少则几个月，多则几年。根据漏斗管理知道各阶段的客户占比为9：5：3：1，可计算出不同阶段客户的价值分别为10%、20%、30%、100%。然后通过加权分析，可以按照客户价值在年初科学地制定和分配销售定额。

例如：某潜在客户下一年有意向购买100万元的产品，目前在漏斗中处于资格客户阶段，那么计算该客户的定额就为：100×20%=20万元。其他潜在客户定额的计算以此类推，将所有潜在客户加权后的数值相加就得出总的年度定额。这样就可以确定某个销售区域或者某个大客户营销人员的潜在客户总价值，从而确定该年度的销售定额。

同时，根据销售定额可以有效地进行任务分配和团队绩效考核。

如果要平衡大客户营销人员的工作任务，利用漏斗管理就可以大概确定每个地区、每个大客户营销人员的业务量，而不是按照省市区域、行业简单地划分。

对于发达地区，可以采用分工合作的方式实施大客户团队营销，团队共同负责大客户开发工作，每个大客户营销人员工作的侧重点不同；对于欠发达地区，可能是一个大客户营销人员负责多个省市的业务。按照行业来划分市场也是同样的道理。

另外，在发达地区大客户营销团队中，根据团队每个成员的工作内容可以确定总的定额，有利于科学地判定每个大客户营销人员的工作绩效，实现大客户营销人员的有效激励，有利于大客户营销团队绩效管理。

由于区域经济发展不同，发达地区大客户营销人员的定额一般高于欠发达地区，因为完成同样的工作任务付出的代价不一样，所以衡量大客户营销人员业绩时既要看定额高低，也要看超额完成任务的比例。

大客户营销管理中的常见问题：有些大客户营销人员为了降低定额，有可能不把潜在客户列在销售漏斗清单上，也可能改变潜在客户在漏斗中的位置。解决这个问题需要用严格的制度，而不是凭自觉。

例如某大客户营销人员签了一个大单子，但是这个客户从未在漏斗上出现过，大客户部经理应当如何做呢？

分析：一方面该销售订单可能帮助该部门，甚至企业完成了销售任务；但是另一方面，这种做法与公司的规定不一致。

解决办法：一个管理规范的企业通常会这样做，一方面按制度给予大客户营销人员应当得到的奖励，因为这是企业该年度统一的管理制度或者承诺；另一方面，部门经理或企业高层经理会明确地告诉该大客户营销人员和其他人员，这样做违反了公司制度，对个人信誉有不良影响，对个人的职业生涯发展有不利影响。在企业以后的人才选拔中，这样的人不会得到重用或提升，因为一个人的职位越高，权力就越大，只有能力而人品有问题的人是不配担任管理工作的。

案例中大客户营销人员为了减少自己的工作定额，减少自己的责任，采用了不当的手段，违反了企业管理制度。虽然成功开发了大客户，但是这会影响管理者对他的道德素养的判断，会影响他的职业生涯发展。大客户营销人员在工作中要遵守企业的相关管理制度，要遵纪守法，不能为了个人利益违反企业的管理制度和国家法律法规。

（3）检查销售工作。

大客户部的管理人员通过漏斗管理可以高效地管理和督促大客户营销人员的工作。大客户营销人员通过定期检查销售漏斗就能及时发现自己工作中存在的问题。

例如：在某大客户营销人员的销售漏斗中，有一个潜在大客户停留在某个位置已经很长一段时间了，这时大客户营销人员提出疑问：为什么从未发现工作中的问题呢？

如果该潜在大客户一直处在漏斗的上部，可能是潜在大客户还没有下定决心购买，还处在摇摆不定的状态，也可能是大客户营销人员长期没有联系该潜在大客户，信息掌握得不准确。

如果该潜在大客户总是处在漏斗的中部，可能是该潜在大客户面对两难的选择拿不定主意，也可能是该潜在大客户已经被竞争对手抢去，只是大客户没有说或者大客户营销人员没有发现。

如果该潜在大客户总是处在漏斗的下部，可能是该潜在大客户公司内部有问题，比如意见不一致、资金不到位、上级领导不批准等。

分析出原因之后就可以有针对性地采取应对措施了。

（4）稳定客户资源。

销售漏斗的建立可以使企业最大限度地掌握潜在客户的动态。因为这些非常有价值的信息不是大客户营销人员的个人资源，而是企业的集体资源。大客户营销人员掌握该资源，大客户部经理也应该掌握该资源。当某个大客户营销人员提出离职申请时，大客户部经理就要及时检查核对销售漏斗，与接替该岗位的大客户营销人员一起进行对接。

对于处在漏斗下部（推进客户）的潜在客户要上门交接，告诉潜在客户以后改由哪个营销人员负责此项工作，保证对接人员与客户建立联系。

对于处在漏斗中部（资格客户）的潜在客户要进行电话交接。要离职的大客户营销人员与潜在客户联系并告诉对方，如"以后将由×××负责贵公司的业务"，请接替的大客户营销人员在电话上与客户沟通并建立联系。

对于处在漏斗上部的潜在客户，接替的大客户营销人员在完成交接之后，应与客户方电话联系，向对方说明己方人员的变化情况，并确定时间以探讨下一步的业务合作事宜。

这样做基本上避免了由于大客户营销人员离职带来的客户流失的问题。

总之，漏斗管理是大客户开发的有效管理工具，不同的企业可以根据自身的情况加以改造或发展，这样做有利于形成一套规范的大客户营销团队管理体系。

三、决策者开发管理——决策者角色匹配工具及其应用

1. 决策者角色匹配工具概述

在大客户开发过程中，大客户营销人员主要与大客户决策者进行沟通，需要定期检查大客户开发过程中是否出现问题，判断大客户决策者的具体开发现状；同时，大客户营销人员要不断地强调己方产品或服务的优势或卖点，取得大客户决策者的认可。

大客户营销人员可以使用决策者角色匹配工具对大客户决策者进行分析。决策者角色匹配工具主要从以下五个方面完成关键角色匹配分析：角色、影响度、支持度、接触度、对应者（如表 9-1 所示）。

表 9-1　决策者角色匹配维度

基本信息	姓名：		职位：	
角色	影响度	支持度	接触度	对应者
CUTE	HML	＋ 0 －	NLMH	S1，S2，S3，…

在使用决策者角色匹配工具时，首先需要收集和整理决策者的基本信息，然后根据大客户开发阶段对决策者进行分析。

（1）角色分析：判断大客户决策者在大客户采购决策团队中扮演的角色，可以按照CUTE 理论将决策者的角色分为教练、用户、技术把关者、关键决策者四种。

（2）影响度分析：分析大客户决策者在采购项目中对决策的影响程度，分为高、中、低三种。

（3）支持度分析：分析大客户决策者对企业服务方案的态度。大客户决策者企业的支持度可以分为支持、中立、不支持三种。

（4）接触度分析：分析企业大客户营销人员与大客户决策者的沟通程度。根据营销人员与大客户决策者的实际沟通情况，可以将接触度分为没接触、低度接触、中等接触、高度接触四种。

（5）对应者分析：分析该大客户决策者的沟通与开发是由企业大客户营销团队中哪位成员负责，明确工作分工和责任人员。

2.决策者角色匹配工具应用步骤

完成决策者角色匹配后，大客户营销人员就需要根据大客户具体开发情况来检测和判断每位大客户决策者的实际开发情况，以及时做出大客户决策者开发工作的总结，发现大客户决策者开发中存在的问题。这样有利于及时发现和解决大客户决策者开发工作中的问题，取得大客户决策者的支持，达到成功开发大客户的目的。

图 9-9 是某公司采购营销软件项目的决策者角色匹配分析。

决策者角色匹配工具的具体应用包括确定大客户决策者、大客户决策者角色匹配分析、检测问题、提出改进措施四个步骤。

（1）确定大客户决策者。

决策者角色匹配工具应用的第一步是确定客户决策者，这样才能明确大客户开发工作的对象，使大客户开发工作有的放矢。这是使用决策者角色匹配工具的基础工作。

在图 9-9 所示的应用案例中，大客户决策者一般是总经理、副总经理、咨询顾问、技术部经理和财务部经理。

如果忽视了部分决策者或者决策者判断失误，就会极大地影响后续大客户开发工作的效率和效果。

（2）大客户决策者角色匹配分析。

用决策者角色匹配工具分别从角色、影响度、支持度、接触度、对应者等角度对大客户决策者进行分析，根据大客户决策者开发的具体情况，从不同角度对其做出评估和

判断。下面以某公司采购营销软件项目为例进行大客户决策者角色匹配分析（如图9-9
所示）。

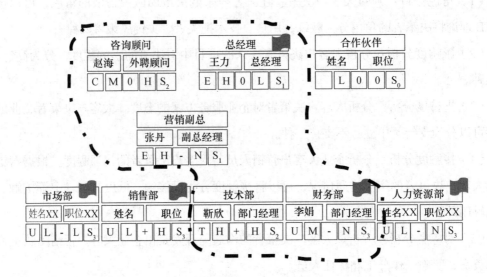

图 9-9　某公司采购营销软件项目的决策者角色匹配分析

　　首先，要根据大客户内部采购管理政策、采购项目内容、采购工作分工等进行决策者
分析，明确每个决策者在此次采购项目中的作用和扮演的角色，主要使用 CUTE 理论判断
决策者的角色及其在项目中的影响度。

　　在此案例中，该大客户的总经理是决策者，对该项目的影响力较大。

　　其次，大客户营销人员要根据目前大客户开发工作的完成情况，梳理、分析和判断现
阶段大客户决策者开发工作的实施情况及决策者的开发现状，包括大客户决策者对方案的
态度、大客户营销人员与大客户决策者的接触度等。

　　在此案例中，目前该大客户的总经理对企业方案持中立态度，负责开发的大客户营销
人员与其接触度比较低。

　　最后，要根据该项目营销团队的内部分工，明确大客户决策者开发的责任者。

　　在此案例中，负责开发该大客户总经理的责任人是企业营销团队的 S1。

　　经过分析，就可以清楚地展现大客户决策者开发工作的整体情况，为后续制定大客户
决策者开发策略打好基础。

　　在大客户决策者开发过程中进行大客户决策者角色匹配分析，目的是及时检测和发现
大客户决策者开发过程中存在的问题。

（3）检测问题。

检测问题就是根据对大客户决策者开发情况的梳理和分析，及时发现大客户决策者开发工作中存在的问题及该问题的对应责任者。如哪个决策者开发工作还存在问题，是什么问题，原因可能是什么，应该由谁负责等，并将存在的问题标记出来。

在检测问题阶段通常使用"小红旗"工具进行问题标记。

"小红旗"工具是大客户营销人员对大客户开发项目进行大客户决策者角色匹配分析过程中，发现存在问题和风险时，用于问题标记，以便于后续对这些问题进行分析和处理。

在此案例中，目前该大客户决策者开发工作中的问题主要是对总经理王力、副总经理张丹和财务部部门经理李娟三个决策者的开发力度不够。同时可以看到，总经理王力作为重要影响者，对企业方案持中立态度，而大客户营销人员S1主要负责总经理王力的开发工作，工作力度不够；副总经理张丹作为重要影响者，对方案持反对意见，而大客户营销人员S1还没有与其沟通等。

同时，根据大客户决策者的角色和影响度的分析评估该问题的重要性和紧迫性，这样可以使大客户决策者开发工作更加有序，后续的开发工作更加有效。

在大客户开发过程中，大客户营销人员要逐步展开工作，随时注意可能出现的问题。根据实践工作总结发现，常见的问题大多与教练有关，即在大客户中发展的内部对接人工作存在问题。

这些问题包括：忽略一些关键信息，一些关键信息不确定，没有拜访某些决策者，教练离开，较低的教练成为项目进展的瓶颈，项目组的人员结构调整等。要解决这些问题，需要从企业优势出发来打动客户。

（4）改进措施。

通过大客户决策者角色匹配分析，大客户营销团队可以及时弥补工作中的不足，通过不断强化企业及其服务方案的优势，有效展开大客户决策者开发工作，提高大客户开发工作的绩效，实现成功开发大客户的目的。

针对大客户决策者开发工作中存在的问题，常用的解决方法就是不断地强调企业及服务方案的优势，有些学者称为"小铃铛"工具。

"小铃铛"就是大客户营销人员在大客户开发过程中，通过不断突出己方的强项，包括产品、服务、实施、人才等一系列的优势，取得竞争优势和大客户的认可，达到成功开发大客户的目的。

要强调企业的优势，必须正确地认识优势。具体如下：

第一，企业销售优势是和竞争对手比较后的差异。如果企业的产品或服务方案在某个方面比竞争对手强，那么企业在这个方面就有独特的优势，而且要注意，这个优势必须是大客户所关注的优势，是能够取得大客户认可的优势。如果这种优势没有被大客户认可，那么这种优势也是毫无意义的。

在各供应商的产品、服务内容差异不大的情况下，附加价值就会体现出优势。只要在正常产品、服务的基础上增加附加价值，就可以提升竞争优势。

目前快递企业提供的寄递服务内容包括上门揽收、投递等，内容基本相似，但是有些邮政企业能够针对客户提供直播销售、免费仓储、入驻服务、"四流合一"等增值服务，这就形成了差异，体现出邮政企业快递包裹业务的独特优势。

第二，优势有助于提升销售成功率。在大客户营销项目中，如果大客户营销人员向大客户讲清楚己方优势，并且强调这些优势正是大客户所需要的，而且是竞争对手所不具备的优势，那么销售成功的概率自然就会增加。

在大客户开发过程中，大客户营销人员要时刻牢记，当大客户将企业与竞争对手提供的产品或服务方案进行比较时，要引导大客户不要只进行纯粹的技术比较，因为现在的产品性能基本相似，很难形成差异，而是要更多地关注增值服务，比如服务的便捷性等。

第三，不同大客户的项目优势是不同的。优势是针对当前大客户需求的，同一大客户的不同项目、不同大客户的项目，需求是不同的，那么大客户营销人员要强调的产品或服务方案的优势也应该是不同的。换言之，优势应具有针对性，否则就没有意义。

对于缺少仓储资源的电商客户，提供免费仓储服务是独特优势；对于缺少产品出库打包员工的电商客户，旺季提供派驻人员支持是独特优势；春节期间，其他寄递服务商不能提供正常服务，在这个时间段企业能够提供正常的寄递服务就是独特优势。

四、大客户开发信息管理

大客户开发过程中，大客户营销人员要对大客户进行长期信息跟踪和管理。这既包括前面在大客户信息收集中涉及的客户静态信息的管理，也包括关于大客户开发过程中动态信息的管理。大客户营销人员应根据大客户的发展变化，对其信息不断地加以更新，跟踪记录。

第一，大客户营销人员在访问大客户前，或者业务洽谈后，要根据大客户开发工作的开展情况，及时填写营销日志或者大客户拜访信息记录表（如表9-2、表9-3所示）。

表9-2 营销日志

时间:			姓名:		
晨会		夕会		今日自我评价	
晨会主要内容:		夕会主要内容:			
晨会感悟:		夕会收获:			
拜访计划		拜访结果			
	大客户名称	拜访内容	接待人员	客户反馈	大客户近期主要营销活动
1					
2					
3					
4					
营销备忘录:			主管点评:		

　　营销日志和大客户拜访信息记录表是与客户沟通的重要记录，是大客户开发信息管理的基础内容，大客户营销人员每次与大客户沟通后都需要填写。大客户营销人员可以通过它们了解大客户的业务需求、合作情况、满意度等信息。

表9-3 大客户拜访信息记录

拜访人:		
大客户编号:		大客户名称:
第　次拜访记录		
拜访对象:		联系电话:
部门:		职务:
拜访时间:		拜访地点:
访谈内容:		
拜访结果:		

　　第二，大客户营销人员要根据大客户拜访过程中获得的信息，修改完善大客户的基础信息，并记录大客户开发的动态信息等。同时，要定期对大客户开发情况进行梳理，填写大客户开发信息管理表（如表9-4所示），做好大客户开发信息的整理、分析、上报等工作。

　　大客户信息资料库可以实现大客户信息的有效管理，对大客户营销人员来说是一个很好的工具，可以方便大客户营销人员了解大客户开发情况，并及时跟踪大客户开发进度。

表 9-4　大客户开发信息管理表

编写人：					日期：　年　月　日		
行业类别：					细分市场类别：		
大客户名称	大客户编号	大客户级别	大客户经理	大客户代表	最初客户关系建立时间	大客户发展状态	
						状态	状态类型
							1. 电话联系
							2. 初次接触
							3. 举办若干次研讨会
							4. 安排产品演示
							5. 安排大客户参观
							6. 起草项目建议
							7. 安排高层访谈
							8. 招投标中
							9. 谈判中
							10. 项目结束

通过完成大客户开发信息管理相关工作，大客户营销人员可以为上级部门提供决策依据，同时也可以及时获得上级部门对大客户开发工作的资源支持。

企业实施大客户开发信息管理，通过大客户开发信息管理的相关权限使客户资源真正成为企业资源，而不是大客户营销人员的个人资源，可以防止由于大客户营销人员的流失带来的客户流失。表 9-5 是某保险公司的大客户开发信息管理表。

表 9-5　某保险公司 ×× 大客户开发信息管理表

新保险单号码						险种名称					保险期限				
保险生效日		保险金额				保险费					交费期限				
保险人姓名						保险情况									
缴费方式（趸 / 年 / 半年 / 月交）						开户行					账号				
缴费情况	1	2	3	4	5	6	7	8	9	10	11	12	13	14	15	16
附加险情况：															
日期	接洽拜访记录														
电话预约 / 销售面谈 / 促成面谈 / 服务拜访 / 要求转介绍准客户 / 其他															

总结与实践

本章小结

　　本章主要讲述了大客户营销战略类型、大客户营销战略的实施；大客户生命周期管理、大客户开发过程管理、决策者开发管理；大客户开发信息管理等。

思 考 题

　　1. 企业在大客户开发工作中如何保证大客户营销工作的顺利开展？

　　2. 在大客户关系发展模型的不同阶段，大客户营销人员的工作重点有什么不同？

　　3. 大客户决策者开发过程中，大客户营销人员如何及时发现开发工作中存在的问题？

课后练习

一、单选题

　　1. 在大客户关系发展模型中，企业与大客户建立了关系，但是关系比较脆弱的阶段是（　　）。

　　　　A. 大客户管理孕育阶段　　　　　　B. 大客户管理初期阶段

　　　　C. 大客户管理中期阶段　　　　　　D. 协作式大客户管理阶段

　　2. 漏斗销售管理的哪个阶段比较适合采用价值验证的方法？（　　）

　　　　A. 机会客户阶段　　　　　　　　　B. 资格客户阶段

　　　　C. 推进客户阶段　　　　　　　　　D. 成功客户阶段

　　3. 营销人员对大客户决策者开发工作进行分析，可以采用下面哪项工具？（　　）

　　　　A. 决策者角色匹配工具　　　　　　B. 漏斗管理

　　　　C. 大客户关系发展模型　　　　　　D. 大客户生命周期管理

二、多选题

　　1. 大客户关系发展模型是由（　　）提出的。

　　　　A. 米尔曼　　　　　　　　　　　　B. 威尔逊

　　　　C. 菲利普·科特勒　　　　　　　　D. 迈克尔·波特

2. 大客户管理中期的特征包括（　　　）。

A. 交易还没有发生

B. 双方建立起相互信任关系

C. 彼此之间的沟通已经扩大到各个管理层

D. 双方需要更深层次的了解

3. 漏斗管理的推进客户阶段，比较适合采用的工作方法有（　　　）。

A. 做拜访调研　　　　　　　　　B. 共同撰写解决方案或者建议书

C. 邀请客户高层参加用户大会　　D. 做专题讲座

三、判断题

1. 客户价值最大化大客户营销战略是精细化客户管理方式。（　　　）

2. 中断大客户管理阶段表明双方的联系中断了，它发生在大客户管理的最后阶段。
（　　　）

3. 漏斗管理适合销售流程规范、周期长、参与人员比较多的复杂销售过程的管理。
（　　　）

四、案例分析

A 饲料公司的神来之笔

　　A 饲料公司早期采用的是市场份额最大化的客户开发战略，不断进行新客户开发，而且开发的都是具有一定规模的养殖户。但是随着饲料市场的发展，市场竞争越来越激烈，A 饲料公司发现扩大销售市场、提升销售额越来越困难，企业发展遇到了瓶颈。

　　A 饲料公司通过市场调研和客户走访发现，养殖户在养殖中不仅需要饲料，还有家禽家畜的种苗培育、防疫、市场销售等一系列的问题。这也大大影响了养殖户的规模发展和积极性。

　　在了解到这些问题后，A 饲料公司决定为养殖户提供一体化的养殖服务。根据养殖户的需求增加了种苗提供、防疫和再加工等服务，甚至为养殖户扩大饲养场所提供资金支持，大大解决了养殖户的后顾之忧。

　　通过这一系列的经营变化，A 饲料公司的客户数量虽然没多大变化，但是在区域内的销售额实现了成倍数的增长，而且附加服务也为公司带来了可观的收入。

请分析：

（1）A 饲料公司的目标客户是谁？

（2）A 饲料公司在市场营销工作中遇到了什么困难？它是怎么解决的？

第十章

大客户维护与流失管理

知识目标

- 理解大客户维护的含义及分类；
- 掌握大客户维护方式；
- 理解大客户流失的含义、分类及影响因素；
- 掌握大客户流失原因；
- 理解客户满意、客户忠诚及二者的关系；
- 掌握实现客户满意的方法及客户忠诚度评价技巧。

技能目标

- 能按照要求完成对大客户的维护工作；
- 能对大客户流失原因进行分析；
- 能对客户忠诚度做出判断；
- 会运用相关技巧进行客户满意和客户忠诚管理。

素养目标

- 客户至上；
- 诚实守信。

像对待亲人一样对待自己的客户

今年 8 月，我们所在地区预报有一场 50 年未遇的台风。我们一个大客户的仓库正好位于海堤内 40 米处，由于位置特殊，连保险公司也拒绝承保。

在台风紧急警报发布后，该大客户还存有侥幸心理，认为台风未必在当地登陆。我们的大客户经理 A 经理过去曾经多次告诫该大客户，必须改变仓库位置并购买保险，但该大客户一直没有动作。这次情况非同小可，A 经理特地赶往大客户仓库所在地查看，再次劝该大客户马上把货物转移至安全的地方。这次，该大客户终于听了劝告。

随后发生的台风和伴随的海啸破坏力极强，在同一仓库存放货物的另一企业遭受了巨大损失，价值 100 多万元的水泥竟全部冲入了大海。事后该大客户表示非常感激 A 经理，庆幸接受了 A 经理的意见，虽然当时花了 1 万元的仓储和搬运费，但保住了价值 160 多万元的货物。

后来该大客户对 A 经理说："其实你完全可以对我不予理会，因为这已经是我们付全款买的货，无论损失多少，与你们已经没关系了。但你把我真正当成家人来看待，今后我还有什么理由不好好与你合作呢？"

如何维持和发展与大客户的关系呢？这是大客户营销人员需要面对的重要问题。其实，大客户营销人员只需做好一件事：花更多的时间和精力去研究和分析如何满足大客户的需求。这种满足大客户需求的方法应该是独一无二的，应该是难以被对手模仿和超越的。

在上面的案例中，大客户营销人员能够考虑大客户的切身利益，急客户所急，多次给大客户提出搬迁仓库的建议，使大客户避免了 160 万元的货物损失。这种客户至上的营销理念获得了大客户的认可，值得我们点赞。

第一节　大客户维护管理

大客户营销活动中，大客户营销人员既要重视新客户开发工作，也要重视老客户维护管理，尽量避免由于忽视售后工作而造成的老客户流失。在大客户营销中，我们可以认为真正的销售始于售后，成交后还要继续采取有效措施增进与大客户的关系，并创造再销售的机会。

大客户营销人员不能等到有事情的时候才去拜访客户，这样会给客户目的性太强的感觉。大客户营销人员应该在平时多与客户沟通，维护与客户的良好关系，帮助客户发现和解决问题，这样才能保证与客户之间建立长期稳定的合作关系。

一、大客户维护的含义及分类

1. 大客户维护的含义

大客户维护有狭义和广义两种含义。狭义的大客户维护就是企业通过与大客户之间的沟通和联系，建立起长期稳定的合作关系的过程。广义的大客户维护既包括狭义大客户维护的内容，也包括大客户开发、大客户服务和售后服务，即企业开发与维护大客户的整个过程。本章大客户维护指的是狭义的大客户维护。

2. 大客户维护的分类

（1）按照大客户维护的时间点不同分类。

根据企业维护大客户的时间点不同，大客户维护可以分为日常维护、节日维护和特殊日期维护。

日常维护是指大客户营销人员按照企业大客户维护的相关制度要求，或者根据大客户维护需求，定期或不定期地和大客户进行联系、沟通的一种维护方式。

节日维护是指大客户营销人员在节日期间，通过和大客户的联系、沟通来维护大客户的一种方式。如大客户营销人员在中秋节、端午节、国庆节等节日期间，通过赠送礼品、问候等方式与客户进行感情联络与沟通。

特殊日期维护是指大客户营销人员利用客户的重大事件，或者客户决策者相关的重要日期进行大客户联系和沟通的一种维护方式。一般来说，客户的重大事件有周年庆典、开业典礼、新产品发布会等；客户决策者相关的重要事件有生日、升职，决策者家人的生日、升学、婚庆喜事等重要事件。大客户营销人员可以利用这些重要事件通过祝贺、赠送礼品、问候等方式与客户进行联系或者沟通。

（2）按照实施大客户维护工作的主体不同分类。

按照实施大客户维护工作的主体不同，大客户维护可以分为组织维护和大客户营销人员个人维护。

组织维护是企业以组织的名义邀请大客户参加相关活动，实现与大客户沟通的一种大客户维护方式。比如企业召开大客户答谢会、组织与大客户的友谊比赛等。组织维护的方式一般相对比较正式，规模较大，影响较大，容易建立较好的客户关系。但是不足之处是组织维护的执行难度相对较大，成本相对较高。

个人维护是大客户营销人员与大客户进行沟通的一种大客户维护方式。如客户走访、问候、赠送小礼品等都属于这种类型。

二、大客户维护的方式

为了维护客户关系，目前企业逐步建立呼叫中心、短信平台等客户维护渠道，这些渠道主要适用于普通客户的维护，或者作为大客户维护的辅助手段进行日常维护。

大客户需要个性化的维护方式，常见的企业大客户维护的方式有问候、走访、赠送礼品、举办活动、解决问题、专业人员派驻等。企业一般同时采用多种方式进行大客户维护。其中问候、走访、赠送礼品是大客户营销人员常用的客户维护方式。

1. 问候

问候是大客户营销人员通过各种联系方式，给客户送上问候和祝福的一种客户维护方式。传统的客户问候形式有寄送信函贺卡、打电话等，随着网络和电信技术的发展，现在大客户营销人员可以通过电子邮件、QQ、微信，用文字、语音、视频等方式与客户沟通，送上问候和祝福。大客户营销人员通过这种方式与客户保持联系，进行日常沟通，达到联络感情的目的。

2. 走访

走访也就是拜访，是指大客户营销人员通过面对面的方式与客户沟通，实现客户维护的一种方式。相对于问候，面对面的交流给客户留下的印象更加深刻，能够更好地建立客户关系。通过客户走访，大客户营销人员可以了解客户存在的问题，了解客户需求，同时达到与客户联络感情的目的。

走访工作要实行信息反馈制度，在每次走访后要对所了解的信息进行整理、记录，认真填写大客户走访表，并提交给大客户管理部门，由其负责落实客户信息跟踪。

3. 赠送礼品

赠送礼品是指在合法合规的前提下，大客户营销人员通过给客户决策者赠送礼品的形式，实现客户沟通的一种客户维护方式。赠送礼品的难点是礼品的选择，一般要根据赠送对象、赠送时机、预算的不同选择适合的礼品。礼品的选择应遵循质优、具有独特价值的原则，最好更具私人性、专一性，能给大客户决策者留下深刻的印象，以增进私人感情。一般来说，如果定制礼品送给客户，更容易提升客户的好感度。

4. 举办联谊活动

举办联谊活动是指企业通过组织活动，邀请大客户相关人员参加，从而实现客户沟通的一种客户维护方式。常见的联谊活动组织形式有邀请客户参加庆典活动、答谢会、茶话会、篮球赛等。企业可以通过这些活动实现与大客户的多层面、多部门的沟通，以稳定客户关系。

5. 解决问题

解决问题是指大客户营销人员在大客户或者大客户决策者遇到难题时，通过及时帮助其解决问题进行客户维护的方式。帮助客户解决难题往往更容易打动客户，是与其形成稳定关系的最佳机会。及时向大客户提供系统的问题解决方案，帮助大客户解决难题，可以增强客户黏性，取得大客户决策者的信任，也可以创造与大客户合作的新的机会。针对大客户决策者，大客户营销人员应及时了解其工作和生活中出现的问题并帮助其妥善解决，以建立良好的互信关系。

另外，大客户营销人员也要注意，良好的客户关系是一种互动关系，有时候大客户营销人员在遇到难题时，寻求客户的帮助，也会取得意想不到的效果。

6. 专业人员派驻

专业人员派驻是指企业派遣专业服务人员入驻大客户的生产场所，以帮助其及时发现和解决问题的一种客户维护方式。

针对超级大客户，由于与企业合作比较紧密，能给企业带来较高的价值，企业可以选择优秀的专业服务人员入驻大客户的经营场所，为其及时解决问题的同时，可建立深层次的合作，达到更好地维护客户的目的。

以上大客户维护的方式是比较常见的，是应用于生产和业务层面的客户关系维护的方式。

随着企业大客户维护工作的发展和创新，高阶的大客户维护工作会涉及战略层面，企业与大客户之间可以讨论如何参与制定共同发展战略，如何实现信息共享，如何建立信任、开放、沟通的共创价值系统。

三、大客户维护的原则与实施措施

1. 大客户维护的原则

（1）诚实守信原则。

在大客户维护过程中，大客户营销人员必须做到诚实守信，才能赢得大客户的信任和尊重。只有这样，大客户才会放心地与大客户营销人员交往与合作，并建立长期的合作关系。

在维护客户关系的过程中，大客户营销人员不要轻易地承诺。因为一旦承诺没有实现，大客户决策者就会认为大客户营销人员不讲诚信，这对以后的合作是非常不利的。

（2）互惠互利原则。

大客户营销人员在大客户维护过程中要遵守互惠互利的原则，既要考虑为大客户解决实际问题，给大客户带来一定的利益，又要考虑企业的成本与收益。如果大客户维护的成本过高，虽然可以保持大客户的稳定性，但是企业成本的增加会给企业带来一定的损失；如果大客户维护力度不够，就可能造成大客户的流失。

大客户维护策略如果运用得当，将既有利于大客户稳定，又有利于企业长期销售目标的实现，实现共赢。

（3）关系融洽原则。

大客户维护的目的是保持客户关系的稳定，而这是通过大客户维护活动来实现的。大客户维护主要是为了拉近与大客户的距离，增进双方的感情，使相互关系融洽。

大客户营销人员销售的不仅仅是企业的产品／服务，还有企业产品／服务的附加值、公司文化以及个人魅力。所以，建立良好的客户关系会在大客户和行业中形成良好的口碑，会形成转介绍，大客户营销人员的销售业绩也会稳定地增长起来。

（4）积极主动原则。

在大客户维护过程中，大客户营销人员一定要积极主动，把大客户放在心上，适当地给大客户创造惊喜，要让大客户感觉到大客户营销人员在关注他，支持他，也可以使大客户营销人员在维护客户关系过程中保留主动权。

> 在大客户维护工作中，大客户营销人员应遵循一定的原则，尤其是诚实守信原则。大客户营销人员不能为了获取订单而轻易做出承诺，因为一旦承诺就必须遵守，如果做不到就会给大客户决策者留下不好的印象，会影响后续的合作。

2. 大客户维护的实施措施

（1）明确大客户分级分类。

大客户维护工作需要企业投入大量的人力、物力等资源。为了提升大客户维护工作绩效，首先应建立大客户数据库，做好大客户分级分类工作，使企业大客户维护工作更有针对性。

从企业外部看，进行大客户分级分类是为了适应市场竞争，增强企业市场竞争优势；从企业内部看，进行大客户分级分类是为了在企业资源有限的条件下，获取最大的营销业绩，提高企业经营效果。

（2）建立大客户维护管理相关制度。

为了保证大客户维护工作的长期稳定，企业必须在大客户分级分类的基础上，建立大客户维护管理制度。这样既可以为大客户营销人员提供大客户维护的工作方法，又可以很好地控制大客户维护的成本，保障大客户维护工作顺利开展。

同时，大客户分级分类管理也需要个性化的客户维护，使大客户享受企业提供的特殊待遇，并激励它们进一步为企业创造更多的价值，同时刺激其他有潜力的普通客户向关键客户升级。

大客户维护管理制度包括大客户分级分类管理制度、大客户服务管理制度、大客户维护管理制度、大客户维护费用管理制度、大客户营销人员考核管理制度等。

大客户分级分类管理制度是指企业按照标准对大客户进行分级分类，不同等级和类型的大客户享受不同的服务和不同的维护政策。采用的管理方式有派驻式、客户代表式和行业经理式等。

例如：某企业对钻石客户、白金客户实施双重维护和首席客户经理制，对黄金客户和贵宾客户实施客户经理制。

大客户服务管理制度是指企业针对不同级别和类型的大客户提供不同的服务标准和规范，以便于企业集中优势资源服务关键客户。企业需要规范不同级别大客户享有的优惠力度和增值服务的范畴等。

例如：某银行针对"黑金卡"客户、"白金卡"客户和普通客户从人文关怀、贵宾服务、困难的解决、娱乐方式等多个方面来区别对待，不同等级的客户享受不同的服务。

大客户维护管理制度是指针对不同等级和类型的大客户，制定不同的维护措施和要求，以规范大客户维护整体工作，实现大客户维护的有效管理。

大客户维护费用管理制度是指规范大客户维护费用，按大客户等级和类型确定大客户维护费用标准和维护方式，控制大客户维护成本，确保大客户维护效果。

大客户营销人员考核管理制度是指通过对大客户营销人员的工作进行统计分析，采取相关措施，有效激励大客户营销人员，以提高大客户营销人员绩效。

（3）管理大客户维护档案。

在大客户维护工作中，大客户营销人员要结合大客户信息变化情况，及时做好大客户信息档案维护管理。大客户信息维护档案管理主要有动态管理和保密制度两方面内容。

动态管理是指在大客户信息发生变更时，大客户营销人员应及时在客户管理系统中更新相关信息，并按照大客户维护工作执行情况，及时将大客户维护情况和相关信息录入大客户维护档案，进行大客户维护信息的更新和完善。

大客户资源是企业的重要资源，大客户档案是企业的核心机密，企业要制定大客户资源保密管理办法，确保信息不流失、不泄密。企业应根据工作人员的岗位职责和管理层级，分别给予其不同的客户信息查阅权限，未经许可，任何人不得私自查阅、复制、传播大客户档案资料。

（4）监督检查大客户维护工作。

大客户维护工作的监督和检查是大客户维护管理的重要一环，主要采用多层级的监督检查方式，一般有大客户营销人员自我检查、部门内部检查和上级部门检查。

自我检查是指大客户营销人员根据自己的工作计划，对负责的大客户维护工作按照计划进行梳理和检查，以保证及时完成大客户跟踪与维护，并进行相关信息维护等工作。自我检查需要大客户营销人员根据自己的工作及时安排，这里更注重大客户维护工作的过程检查。

部门内部检查是指大客户营销部门根据部门工作规划，对部门内部的大客户维护工作和大客户营销人员的工作进行监督检查。部门检查一般是按月进行的。

上级部门检查是指企业高层管理部门对大客户营销部门的工作通过检查和考核的方式进行监督检查。上级部门检查一般是按季度、半年或者年度进行的，一般更侧重于大客户维护工作结果的检查。

比价格优惠更令人满意的服务

郑老板是 A 公司的一个很有潜力的大客户，其连锁式仓储大卖场在 H 省内经营得有声有色，是行业内公认的领军人物。

去年 9 月，郑老板的连锁式仓储大卖场举办开业三周年庆典，郑老板盛情邀请了当地党政领导、商界朋友和供应商前来参加，也邀请了 A 公司派驻代表参加，A 公司是世界500 强的外资企业。

后来，郑老板得知 A 公司的亚太地区总裁 M 恰好在中国广州公干，便与 A 公司大客户经理 Z 商量是否请其来参加庆典活动。因为当地政府正大力开展招商引资活动，如果有世界 500 强的外资企业高层管理者到来，不管怎样，都会提高这次活动的影响力，说不准还会助力当地政府招商引资。

当时 Z 很为难，因为这完全在 M 中国之行的计划之外，而且 M 并不是 Z 的直接上司，不过 Z 最终还是请到了 M 来参加郑老板的庆典大会，而且 M 还在会上发表了热情洋溢的讲话，当地各大媒体争相采访和报道。郑老板不但取得了当地政府和各位来宾的认可，各大媒体还免费为 A 公司做了广告。

　　事后郑老板十分高兴地对 Z 说:"你们公司给我这么大的支持,这可比多给我们价格优惠更有价值呢!"

　　启发:大客户营销人员如何才能提升大客户维护效果呢?

第二节　大客户流失管理

　　在市场高度发展阶段,客户成为企业的重要资源。企业之间的竞争集中体现在对客户的争夺上,大客户尤其成为各个企业争夺的重点。大客户拥有足够的价值资本,但是也具有极强的不可控性,面对各种优质服务方案或者出于战略发展需要,大客户随时可能与其他企业合作。

　　我们经常会看到一些营销数据:

　　发展一位新客户的成本是维护一个老客户成本的 3 ~ 10 倍;

　　客户的忠诚度下降 5%,企业利润就会下降 25%;

　　企业向新客户的销售成功率是 15%,而向现有客户的销售成功率是 50%;

　　如果企业每年将客户关系保持率增加 5%,则利润增长将会达到 25% ~ 85%;

　　企业 60% 的新客户来自现有客户的转介绍……

　　有些企业非常关注新客户的开发,而忽视对老客户的维护,结果产生了严重的客户流失现象。这样就会出现一种现象:一方面,企业在努力开发新客户;另一方面,辛苦开发的客户却在悄然流失。

一、大客户流失的含义及分类

1. 大客户流失的含义

　　客户流失是指那些曾经使用过企业产品或服务的客户,由于各种原因,不再使用企业产品或服务的现象。而其中重要客户的流失,就是大客户流失,大客户流失会给企业经营带来较大的影响。

　　当然,客户的流失是不可避免的。但是适时地采取挽留措施,可以把客户流失率降低到一个合理的范围。同时,新客户的高额开发成本以及越来越大的开发难度,也促使企业越来越重视降低现有客户的流失。

2. 大客户流失分类

　　在客户关系生命周期的各阶段,客户流失的现象都可能会出现。根据大客户流失的原因,我们可以将大客户流失分为以下几类。

（1）自然流失类。大客户由于转型、破产、迁址等原因，对企业的产品或服务失去需求；由于科技进步和社会习俗的变化等原因，大客户的需求产生变化；大客户在生产经营中尝试寻求多种产品或服务从而流失。由于这些原因产生的大客户流失都属于客户需求的自然消亡。对于这类大客户流失，企业需要做的就是顺其自然。

（2）故意放弃类。有些大客户由于信誉、支付能力等原因成为问题客户；由于客户价值太低等原因，企业对这类大客户开发和维护的意义不大，于是企业就主动降低对这些大客户的服务质量，让大客户主动离开而引起大客户流失。这类大客户是企业故意放弃的。

（3）失望流失类。由于企业服务人员的失误操作，企业产品或服务价格偏高，客户认为企业提供的产品或服务主要性能不足，企业未能及时处理好投诉等原因，使大客户产生不满而造成的客户流失，属于失望流失类。

（4）趋利流失类。由于企业竞争对手的营销活动诱惑，或竞争对手提供了更优质的服务方案，导致大客户终止与企业的合作关系，从而转为竞争对手的大客户，这类大客户流失属于趋利流失类。

如果大客户流失是因为竞争对手提供了更好的产品或服务，那么企业要赢回该大客户就比较困难了，除非企业提供比竞争对手更好的产品或服务。在实际工作中，由于竞争对手的吸引而导致的大客户流失相对较少，绝大多数大客户流失是由企业自身的原因或多种原因的综合作用导致的。

对流失的大客户，企业应进行大客户流失挽回，而且主要是针对失望流失类和趋利流失类的大客户流失实施挽回策略。

二、大客户流失的影响因素

大客户流失的影响因素很多，包括产品特性、市场状况、大客户及大客户决策者的理念、企业自身因素等。

1. 产品特性

首先，对于使用周期较长，或者需求次数较少的产品或服务，大客户在购买后的一定期间内可能不会再产生需求，这样企业与大客户之间就不需要建立长期合作的关系。

另外，产品和合作流程的复杂程度对大客户流失有一定的影响。如果企业提供的产品或服务相对比较复杂，或者合作流程相对比较复杂，大客户比较稳定，大客户流失率要低一些。相反，对于标准化的产品或服务，或者合作流程比较简单的产品或服务，企业与大客户之间的黏性相对较低，就容易发生大客户流失。

如图 10-1 所示，Ⅲ 中的产品或服务相对标准化，合作流程也比较简单，提供这类产品或服务的企业，其大客户流失率要高一些；Ⅱ 中的产品或服务相对较复杂，合作流程也复杂，企业和大客户合作关系的黏性较高，大客户不易流失。

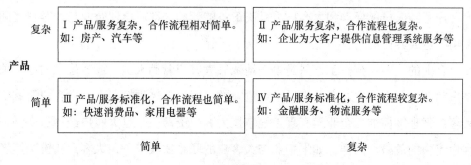

图 10-1　产品—合作流程关系图

2. 市场状况

市场状况包括大客户的选择范围，市场提供的产品或服务的差异化程度，这些都是对大客户的稳定性产生一定影响的因素。

第一，如果企业所在的行业是垄断性行业，或者行业内竞争对手较少，则大客户市场选择余地小，也就相对忠诚，流失率较低。反之，流失率就高。

第二，如果行业竞争对手之间的产品或服务的差异化较小，大客户无论选择哪个企业，享受的产品或服务都是一样的，这时大客户就容易更换供应商，即大客户就容易流失。如银行提供的存款业务内容基本相同，所以银行客户的忠诚度相对较低。

3. 大客户及大客户决策者的理念

大客户生产经营理念和企业文化是影响客户关系稳定性的重要因素。如果大客户经营只注重自身利益，追求采购价格的最低化，那么企业就很难与大客户建立长期的合作关系。另外，关键决策者的主观态度，对企业管理的认知及其风险偏好等，都可能会影响其对供应商的选择，也就会影响到双方关系的稳定性。大客户营销人员必须根据大客户决策者的主观态度，来判断该客户有没有开发的价值。

4. 企业自身因素

企业对大客户营销的重视程度，及企业大客户营销管理的相关政策和制度，都会影响企业大客户开发与管理的工作质量。如企业大客户营销业绩考核过于注重新客户开发，就会降低大客户维护工作力度，从而造成企业大客户大量流失。

三、大客户流失的原因

造成大客户流失的原因比较多，一般包括以下几种。

1. 重点人员的变动

大客户营销人员的变动和大客户关键决策者的变动，都可能使企业与大客户之间的联系受影响，造成客户流失。

如果企业的大客户维护工作只是单一地依靠大客户营销人员，或者建立的客户关系更多的是依靠朋友关系，这对企业来说是很危险的。因为在这种情况下，大客户资源实际上是由大客户经理掌控的，企业没有真正地掌握大客户资源。一旦大客户经理有变动，就会有大客户流失的危险。同样，如果企业与大客户的联系比较单一，大客户关键决策者一旦出现变动，企业也会有大客户流失的危险。

2. 业务调整和变化

现阶段市场环境变化很快，企业或者大客户为了适应市场变化，会及时进行业务调整，这都可能造成大客户流失。

如果企业的产品或服务出现调整或变化，可能不会继续为大客户提供服务，于是就会出现客户流失。同样，如果大客户的业务发生变化，其需求也会变化，企业可能就满足不了大客户的需求，这时就会存在大客户流失的风险；另外，如果大客户的财务状况发生变化，其支付能力出现问题，也会动摇双方的合作关系。

3. 服务质量的变化

企业为大客户解决问题的能力、服务质量的稳定性、企业服务人员的服务质量等都会影响企业整体的服务质量。

企业为大客户解决问题的能力是建立客户关系的基础，也是大客户最为关注的问题，大客户不会因为关系而放弃质量。如果企业提供的服务质量缺乏市场竞争力，大客户就会转移到能提供更优服务的竞争对手，于是就会发生大客户流失。

企业提供的服务质量不稳定或者企业服务人员的服务质量不高，会造成大客户的不满意。例如，由于员工的疏忽或者傲慢，大客户的问题或投诉得不到妥善解决，都可能会引起大客户流失。

4. 竞争对手的争取

在市场成熟度比较高的环境下，竞争主要表现为客户竞争，尤其是大客户的竞争。为了获取优质大客户，竞争对手往往会不惜代价，以优厚的条件或者通过各种人际关系和渠道吸引大客户。大客户营销人员要时刻关注竞争对手采取的措施及给予大客户的利益，及时采取应对措施，以防止己方大客户被竞争对手抢走。

5. 缺乏诚信

大客户营销过程中，大客户营销人员一定要讲诚信，对大客户承诺的事情一定要做到。如果不能按时完成，就要及时与大客户联系，并采取有效的补救措施，取得大客户的同意和谅解。

大客户营销需要企业与大客户建立长期、稳定的合作关系，如果企业缺乏诚信，大客户就会对企业产生不良印象，就会带来大客户对企业的信任危机。

6. 文化差异

企业与大客户双方的企业性质、管理理念等文化背景有差异，或者双方的企业管理者经营理念有差异，也可能会造成大客户流失。

我国大型国有企业在决策过程中层级审批手续较多，与外资企业讲求效率的理念形成差异，这可能会带来客户流失。

四、大客户流失预防措施

企业要防止大客户流失，最根本的任务是提升大客户的满意度，实现客户忠诚度。通过建立大客户战略合作伙伴关系，形成长期合作关系。一般来说，企业所采取的大客户流失预防措施有以下几种。

1. 建立大客户管理部门

企业应建立大客户管理部门，使大客户营销工作实现专业化、职能化管理；同时，实现个性化的大客户开发和维护，使大客户开发与维护工作更具有针对性，更易于使大客户满意。

企业大客户管理部门主要负责大客户的开发与管理，其他客户及市场的开发与管理工作则由一般销售队伍完成。

2. 建立多层面的沟通体系

大客户开发与维护方案的个性化，决定了企业与大客户之间需要建立多层面的沟通体系。大客户营销人员、部门主管等要定期或不定期地与大客户联络沟通，主动征求意见；大客户经理要随时与大客户沟通，发现大客户的潜在需求并及时帮助大客户解决问题。

同时，企业应根据实际情况，定期组织企业与大客户高层管理人员之间的沟通，把点对点的关系转化为线对线、面对面的沟通关系，努力与大客户建立互信关系，建立互利共赢的战略伙伴关系。

3. 建立信息管理系统

企业的大客户管理应引入客户管理系统，以有效实施大客户分类和管理，从而针对大客户实现一对一的管理和服务。通过客户管理系统，企业不但可以进行大客户发展分析、大客户价值分析、大客户行为分析、大客户满意度分析等，还可以进行大客户流失预测等管理。

4. 建立大客户激励机制

企业在大客户开发与管理过程中要坚持双赢的经营理念，建立大客户激励机制，这样既可以有效地回馈大客户，又可以激励大客户更进一步合作。

企业通过对大客户分级分类管理，严格执行大客户管理相关政策，并对不同级别的大客户提供不同的服务方案，既让高价值的大客户享受到更好的服务，又可以激发大客户升级的动力。

5. 及时关注大客户需求变化

企业与大客户的关系是动态的，企业要随时加以关注，对大客户管理要坚持"动态分析，动态管理"的原则。针对大客户的期望可能会变化，企业要做好大客户期望管理，关注大客户的期望是否得到满足。

大客户营销人员要紧密跟踪大客户，及时进行大客户营销分析研究。大客户分析是进行大客户管理决策的基础，可以使大客户管理"防患于未然"。

6. 提升大客户服务质量

企业应该以大客户为中心，为大客户提供高质量的产品和服务，维持高效的流程，为大客户提供优质的体验。

企业需要整合企业内部和外部资源，为大客户量身打造服务模式，同时建立大客户服务沟通平台，为大客户开通"绿色通道"；强化基本服务项目，提供增值服务，为大客户创造新价值；建设企业服务文化，为大客户提供高质量的问题解决方案。

五、大客户流失管理

大客户的流失会给企业带来较大影响。针对具体的流失大客户，企业应实施有效的大客户流失管理策略，降低大客户流失率，以保证企业大客户资源的稳定，提升企业经营绩效。

1. 建立大客户流失预警系统

大客户流失预警系统即通过建立大客户流失模型，及时发现可能流失的大客户，从而有针对性地采取大客户流失管理措施。

大客户流失模型是企业通过分析大客户一段时间的消费行为，揭示大客户流失的规律，从而预测大客户未来一段时间内流失的概率及可能的原因。

大客户流失预警是通过大客户数据的量化分析来预测其流失的可能性。

2. 确定潜在流失大客户

对大客户流失预警系统分析的潜在流失大客户，大客户营销人员应及时确认。

大客户营销人员应对大客户进行调查，了解大客户的真实情况，以确定大客户是否有流失的可能性。对有可能流失的大客户，应分析原因，有针对性地设计大客户流失管理策略。

3. 分析大客户流失类型

企业建立大客户流失模型的目的不是杜绝流失，而是通过分析来寻找潜在流失大客户可能流失的原因，寻找潜在流失大客户中具有挽回价值的大客户。

大客户营销人员应了解潜在流失大客户的信息，调查分析其原因，从而确定大客户流失的类型。分析大客户流失类型是做好大客户流失挽回工作的基础。这有利于企业选择具有挽回价值的客户，并采取有效的大客户挽回措施，提高企业大客户流失管理的效率。

大客户流失的类型不同，大客户挽回的价值也不同，应根据大客户流失的具体原因选定需要挽回的大客户。

4. 大客户的挽回

对潜在的流失大客户，企业没有必要全部都挽回。不同类型的流失大客户具有不同的挽回价值，企业采用的大客户挽回策略也是不同的。

一般来说，竞争对手的营销策略只会导致很少的大客户流失，而企业自身的问题或多种原因的综合作用，才是绝大多数大客户流失的原因。

趋利流失类大客户和失望流失类大客户具有挽回价值，有可能挽回成功，因此适合选择为挽回客户，其中挽回的重点是失望流失类大客户。

一般来说，对于大客户自然消亡、大客户需求变化等原因造成的大客户流失，企业的挽回策略是无效的，因此不适合选为挽回对象。但对有实力的企业来说，如果流失的大客户对企业的生存和发展非常关键，也可以通过扩展业务范围或研发创新产品等方法满足大客户需求，实现大客户挽回。

需要注意的是：对于流失的大客户，企业应先找到问题的症结所在，即大客户为什么会流失？哪类大客户在流失？是什么时候流失的？要把工作重点放在大客户流失的本质分析上，而不只是放在流失大客户的身上。

大客户营销人员发现大客户 A 对企业的服务不满意、订单下滑，于是进行了调查，了解到由于企业要上市，增加了大量的管理制度和审批手续，大客户 A 嫌麻烦，而且觉得耗费了太多的时间，更重要的是认为企业不再重视它了。所以大客户 A 就把一部分订单转向了管理更灵活的公司。发现这些问题后，企业及时进行了调整，以便重新在大客户心目中树立良好的企业形象。

第三节　客户满意与客户忠诚

企业要成功开发大客户，必须实现客户满意和客户忠诚。企业只有实现客户满意和客户忠诚，才能长期维持客户关系，实现大客户开发的目标。

一、客户满意

1. 客户满意及客户满意度

（1）客户满意。

客户满意（Customer Satisfaction，简称 CS ）就是客户将购买前对产品或服务质量的预期与购买和使用后对其质量的实际感受进行比较，如果客户购买和使用后的感知质量超过了预期质量，客户就会满意；如果客户购买和使用后的感知质量低于预期质量，客户就会不满意。满意是客户的心理感受。

（2）客户满意度。

客户满意度是指购买和使用该产品或服务的客户对该产品或服务的满意程度。客户满意度是一个购买前的期望与购买后感知质量的函数，即：

$$客户满意度 = f（客户期望，感知质量）$$

根据客户期望水平，客户期望又有理想中的产品质量、期望的产品质量、公平的产品质量三种层次。根据不同层次上的期望水平和实际产品或服务的质量表现之间的差别比较，即期望的证实，可以判断出满意程度的高低。

2. 客户满意度指数模型

要想理解客户满意度，我们首先应了解客户满意度模型。

瑞典是世界上第一个建立客户满意度指数测量体系的国家，随后很多国家纷纷建立了具有自己特色的客户满意度指数评价体系，下面主要介绍美国和中国的客户满意度指数模型。

（1）美国客户满意度指数模型。

在瑞典客户满意度指数理论模型的基础上，美国于1994年提出其客户满意度指数模型（如图10-2所示）。在结构变量中，客户期望、客户对质量的感知和客户对价值的感知是客户满意度的原因变量；客户抱怨和客户忠诚是客户满意度的结果变量。

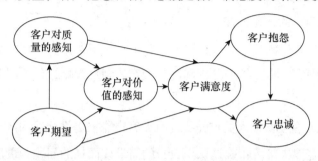

图10-2　美国客户满意度指数模型

美国在应用感知质量、客户期望、客户满意度、客户抱怨和客户忠诚的基础上，提出了客户对价值的感知。客户对价值的感知是指客户在同时考虑价格和感知质量之后对产品或服务的评价。客户对价值的感知对客户满意度有直接影响。

（2）中国客户满意度指数模型。

中国客户满意度指数模型的设计不仅借鉴了国外研究和实践的成果，还考虑了中国经济发展的特色和中国消费者的特点，如图10-3所示。

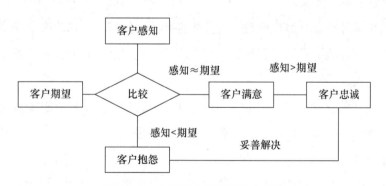

图10-3　中国客户满意度指数模型

客户满意度及其指数的研究涉及多方面的理论，主要包括社会学、消费者心理学、市场营销学、计量经济学和统计学等。在这里我们首先从社会学、消费者心理学以及市场营销学角度来分析客户满意度。

客户满意与否，取决于客户体验产品或服务的感知同客户在体验之前的期望相比较后的感觉。通常情况下，客户的这种比较会出现三种感受：当感知低于期望时，客户会感到不满意，甚至会产生抱怨或投诉，这时如果对客户的抱怨采取积极措施妥善解决，就有可能使客户的不满意转化为满意，直至成为忠诚的客户；当感知接近期望时，客户就会感到满意；当感知远远超过期望时，客户会从满意中产生忠诚。

3. 实现大客户满意的策略及技巧

企业要想实现大客户满意，就要在服务的整个过程中实施大客户满意管理。大客户营销人员应结合客户满意度指数模型分析和制定大客户满意策略，包括服务前、服务中和服务后的满意策略。

（1）服务前。大客户营销人员首先要针对大客户需求提供合适的产品或服务方案；其次要引导、帮助大客户决策者正确地认识自身的需求或面临的问题；最后要让大客户决策者清楚地了解企业提供的服务方案及其有效性。在该阶段，大客户营销人员一定要注意给大客户决策者建立一个合理的期望值。

（2）服务中。大客户营销人员要按照合作协议认真完成每一步工作，并就一些具体的问题及时与大客户决策者进行沟通，使大客户决策者及时了解项目的内容和进度，最大程度地提升大客户决策者的体验，实现大客户满意。

（3）服务后。企业可以通过为大客户提供及时的、稳定的售后服务，取得大客户的信任和满意；同时，大客户营销人员也要通过与大客户决策者之间的不断联系和沟通，与大客户决策者建立良好的关系。

在成熟的市场环境下，客户满意是企业生存和发展的基础。如果客户满意，就有可能再次购买，或者有可能把产品介绍给其他潜在客户，这样就会有效促进企业市场开发，使企业市场发展进入良性循环。

那么，如何才能够超越客户期望，实现客户满意呢？ 超越客户期望对实现客户满意非常重要，对大客户营销人员来说，一般应遵守以下几点。

（1）谨慎承诺。

有些大客户营销人员可能会为了完成任务或者销售更多产品而做出很多承诺，但后来发现很难实现承诺，这时大客户就会觉得企业提供的产品或服务与大客户营销人员的承诺不一致，就会产生不满意。

所以谨慎承诺是超越客户期望的第一个原则。大客户营销人员应注意：在大客户开发过程中，不要不考虑大客户的需求和关注点，只顾讲述产品的优势，更不要对大客户过分承诺。谨慎承诺的基础在于了解大客户的需求，只针对大客户的需求来介绍和建议，就可以避免夸大宣传和过分承诺。

（2）承诺的一定要做到。

信守承诺是一个大客户营销人员基本素质的体现，如果出现不可预见的原因，不能实现对大客户的承诺，那就要在第一时间开诚布公地与大客户沟通，取得其原谅，并尽可能提出补救措施和方案；对于无法完成承诺给大客户带来的合理损失，要承担赔偿责任。

（3）正确对待客户投诉。

有的大客户营销人员认为投诉的客户是比较麻烦的客户，希望最好不要发生客户投诉，如果发生了，最好不要自己去处理。这样的大客户营销人员首先应该转变观念，要知道，没有投诉并不表明客户就很满意。客户投诉往往说明客户对企业的关注和信任，这会促进企业改进和创新产品／服务。

企业要重视客户投诉，积极倾听客户的意见反馈，这是实现客户满意和客户忠诚、提升企业效益和市场形象的重要途径。客户的投诉和意见是企业营销工作的组成部分，它对企业营销工作，甚至对企业的发展都是有帮助的。

例如：某家用小型电器企业的市场部在客户投诉信息统计分析过程中，发现40%以上的投诉是由于新客户操作不当造成的。对这样的情况，该企业负责人马上组织市场部、产品设计部和客户服务部等进行了专题讨论研究，对客户的操作进行了深度分析，最后发现造成客户操作不当的原因主要是产品说明书过于冗长繁杂，专业术语晦涩难懂，客户基本没有耐心看一遍；另外，产品按键基本相似，不熟悉产品的人很容易混淆。这次讨论之后会发生什么，你知道吗？

大客户营销人员一定要仔细倾听客户投诉，把客户意见认真记下来，分析为什么客户会不满意，并及时解决这些问题。同时将针对投诉采取的具体解决措施反馈给客户，让客户达到满意。如企业是怎么做的，如何去解决；哪些问题目前解决不了，原因是什么，什么时候能帮助客户解决；解决该问题的负责人是谁，具体什么时间和客户进行沟通等。

（4）帮助大客户解决问题，提供超值服务。

大客户营销人员在给大客户提供服务方案的同时，还要及时关注大客户，主动发现大客户业务发展中存在的问题，或者大客户决策者遇到的难题，主动帮助大客户解决问题，让大客户达到满意。

某数据调查公司专门为客户提供市场调查服务，该公司的工作得到了大部分客户的认可，在行业内取得很好的口碑。对于客户提出的数据调查需求，一般的企业就是按照客户的要求提供精准的数据，而该公司不但给客户提供精准的数据，还会结合客户的调查目的有针对性地对数据进行行业和市场分析，为客户提供市场竞争咨询和解决方案的超值服务。

（5）寻求大客户帮助，实现大客户价值。

大客户营销人员付出了很大的代价，取得了大客户的信任，与大客户建立了良好的关系。大客户营销人员在使大客户决策者满意的同时，也可以向其寻求帮助，比如拜托大客户推荐新客户，从而拉近与大客户的关系，实现大客户价值。

如戴尔公司的家用电脑部门以前依赖广告进行销售，后来有了一些客户之后，就采用超越客户期望的方法让客户满意，然后索要推荐名单，再不断地用同样方法去销售。现在戴尔公司通过老客户带来的订单和通过广告带来的订单各占50%，而且他们还在不断地提高自己的客户满意度，建立新的客户群。

一个成功的大客户营销人员和一个成功的企业，都会想办法让客户满意，然后再利用满意的老客户来进行销售，这也是超越客户期望会取得的意想不到的收获。

二、客户忠诚

当企业认识到留住一个老客户比争取一个新客户成本更低且获利更多时，保留老客户就成为大多数企业的重要经营活动，而保留老客户最重要的是实现客户忠诚。

1. 客户忠诚的含义

客户忠诚是指客户对企业的产品或服务的信赖、维护和希望再次购买的一种心理倾向。客户忠诚是通过客户的情感忠诚、行为忠诚和意识忠诚表现出来的。

情感忠诚表现为客户对企业的理念、行为和视觉形象的高度认同和满意。行为忠诚表现为客户再次消费时对企业的产品或服务的重复购买行为。意识忠诚则表现为客户做出的对企业的产品或服务的未来消费意向。

实现客户忠诚是保持企业利润持续增长的最有效方法。企业必须将传统的交易观念转变为与客户建立关系的观念，重视客户忠诚的建立与维护。

客户忠诚度是客户接受了企业的产品或服务，满足了自己的需求，从而对企业的品牌或服务产生的心理上的依赖及行为上的追随。它反映了客户转向其他品牌竞争者的可能程度，尤其是当该产品在价格上或者在产品特性上发生变动时，客户的忠诚程度越高，受竞争行为影响的程度就越低。

2. 客户忠诚的分类

（1）根据客户忠诚的性质不同，可以将客户忠诚分为垄断性忠诚、更换成本高忠诚、刺激性忠诚、习惯性忠诚和承诺性忠诚等。

垄断性忠诚：客户没有其他选择或者选择极少而表现出来的忠诚。随着市场经济的发展和竞争的加剧，垄断性忠诚的现象会越来越少，但的确存在这种情况。

更换成本高忠诚：客户在前期使用了企业的相关产品或服务，如果更换新的供应商，就要付出较大的资金或者资源，所以客户会保持和企业长期合作。

例如：某市公交公司使用了 IBM 的信息系统和设备，在后期的系统模块拓展升级和设备维护工作中，只能继续保持与 IBM 合作，因为如果更换其他公司的新系统，不仅面临巨大的投入浪费，还会带来业务运营等方面的问题。于是 IBM 就实现了与大客户的长期合作，该市公交公司成为 IBM 的忠诚客户。

刺激性忠诚：通过对现有客户不间断的宣传和教育，激发客户的再次需求，实现与客户的长期合作。

例如：某咨询公司前期对 A 公司完成了战略管理咨询项目，在后期通过会员活动的形式，使 A 公司负责人了解了人力资源管理战略在战略管理项目中的重要性，于是又开发了 A 公司人力资源战略管理咨询项目，实现了再次合作。

习惯性忠诚：企业由于市场声誉、技术能力、方便性等方面的竞争优势，使现有客户一旦有相关需求，就会继续使用或者购买该企业的产品或服务。

承诺性忠诚：以合同或协议的方式明确企业与客户的责任、权益以及合作期限，以保证合作期限内企业与客户之间的稳定合作。

（2）按照客户忠诚的程度不同，可以把客户分成不同忠诚级别的客户，包括普通购买者、潜在客户、一般客户、跟随者、拥护者、忠诚客户，它们形成一个金字塔（如图 10-4 所示）。

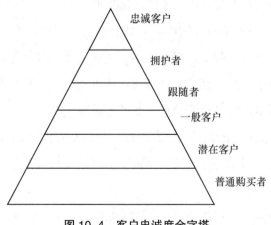

图 10-4　客户忠诚度金字塔

普通购买者即消费大众，这类购买者可能有市场需求，但是对该企业的产品或者服务没有购买倾向。

潜在客户是指对企业、企业产品或服务有点兴趣，但是还没有和企业发生交易的客户。

一般客户是指对企业没有确切喜好感觉的一次性购买者（也可能包括部分重复购买者）。

跟随者是指即使企业的产品或服务发生变化，也一如既往地使用企业产品或服务的客户。

拥护者是指那些把企业及其产品或服务推荐给其他人，主动支持企业的客户。

忠诚客户又称合伙人。最强的忠诚客户是协作式关系模式下的客户，该模式下，合伙人双方都认为这种关系互利，所以能够持续保持下去。

不同忠诚级别的客户通常有不同的需求或优先需求，所以企业应该对不同忠诚级别的客户采用不同的营销策略。

3.客户忠诚度评价

企业开展客户满意度和客户忠诚度研究的目的是提升客户满意度，从而改善客户关系，提高客户忠诚度。

由于各企业的具体经营情况有很大的差别，因此不同的企业制定客户忠诚度的评价标准时需要从自身的具体情况考虑，根据实际情况选择合适的评价指标。一般来说，企业常用的和相对比较重要的评价客户忠诚度的指标有以下几个。

（1）客户重复购买率。在考核时间内，客户对某一商品重复购买的次数越多，说明客户对企业产品或服务的忠诚度越高；反之，则越低。

（2）客户对企业和企业竞争者的产品或品牌的关注程度。客户通过购买或者非购买的形式，对企业的产品或者品牌予以多次关注，关注的渠道和信息越多，说明其忠诚度越高。如果客户对企业竞争者的产品或者品牌关注程度提高，多数情况下是因为客户对企业竞争者产品的偏好有所增加，表明客户对企业的忠诚度下降。

（3）客户对商品价格的敏感度。一般而言，客户对企业产品或服务价格的敏感度越低，忠诚度就越高。企业可以通过观察价格调整后客户购买量的增减来考察客户对商品价格的敏感度。

（4）客户购买时的选择时间。客户购买产品时，选择产品的时间越短，表明其忠诚度越高；反之，则说明其忠诚度越低。

（5）客户对产品或服务质量事故的承受力。当企业的产品或服务出现问题时，客户越宽容，说明客户的忠诚度越高；反之，则说明客户的忠诚度越低。

三、客户满意与客户忠诚的关系

客户满意与客户忠诚是紧密联系的，一般来说，长期的、多次的客户满意会带来客户忠诚。但两者的概念具有明显的差异。客户满意不一定带来客户忠诚，忠诚客户也不一定表示客户对企业或企业产品 / 服务满意。

客户满意与客户忠诚的区别主要有以下几个方面（如表 10-1 所示）。

表 10-1　客户满意与客户忠诚的区别

项目	客户满意	客户忠诚
比较对象	过去期望与现实感知效果	现实期望与预期利益
表现形式	心理感受	行为选择
可观察程度	内隐的	外显的
对竞争对手的影响程度	影响小	影响大

（1）比较对象不同。客户满意是客户使用产品或服务后的现实感知效果与客户使用之前对产品或服务的期望的比较，客户忠诚是客户现实期望与预期可获取的利益之间的比较。

（2）表现形式不同。客户满意是客户的一种心理感受；而客户忠诚是客户的行为选择，客户忠诚度可以通过对客户的购买行为分析进行评价。

（3）可观察程度不同。客户满意是客户的心理感受，它是内隐的，不便于直接观察；客户忠诚是一种外显的行为，企业可以通过观察等方式来判断。

（4）对竞争对手的影响程度不同。客户满意对竞争对手的影响较小，客户忠诚对竞争对手的影响比较大。

总结与实践

本章小结

本章主要讲述了大客户维护的含义、分类、方式，大客户维护的原则及实施措施；大客户流失的含义及分类，大客户流失的影响因素，大客户流失的原因，大客户流失预防措施，大客户流失管理；客户满意与客户满意度的含义，实现大客户满意的策略及技巧，客户忠诚的含义、分类，客户忠诚评价；客户满意与客户忠诚的关系等。

思考题

1. 企业大客户营销人员如何做好大客户维护工作？

2. 客户流失已经引起许多企业的重视，尤其是大客户流失问题。那么，企业应该如何应对和解决大客户流失的问题呢？

3. 企业如何进行大客户满意度的评价？企业如何提高大客户满意度呢？

4. 忠诚客户是企业长期利润的可靠来源。那么，企业如何实现客户忠诚呢？

课后练习

一、单选题

1. 大客户经理利用大客户的重大事件进行大客户维护，这属于（   ）。

　　A. 日常维护　　　　　　　　B. 节日维护

　　C. 特殊日期维护　　　　　　D. 赠送礼品

2. 在维护客户关系过程中，不要轻易向客户承诺。如果轻易承诺，一旦没有满足要求，那么客户会认为你是不讲诚信之人，这对于以后的合作是非常不利的。这违反了客户维护的（   ）。

　　A. 互惠互利原则　　　　　　B. 诚实守信原则

　　C. 关系融洽原则　　　　　　D. 积极主动原则

3. 客户由于破产的原因，对企业的产品或服务失去需求，这种情况下产生的客户流失属于（   ）。

　　A. 故意放弃类　　　　　　　B. 趋利流失类

C. 失望流失类　　　　　　　　　D. 自然流失类

4. 以合同或协议的方式明确双方责任和权益以及合作期限，以保证合作期限内企业与客户之间的稳定合作。这种情况下的客户忠诚属于（　　　　）。

　　A. 承诺性忠诚　　　　　　　　　B. 垄断性忠诚

　　C. 刺激性忠诚　　　　　　　　　D. 习惯性忠诚

5. 对于客户忠诚的判断，下面说法不正确的是（　　　　）。

　　A. 客户对某一商品重复购买的次数越多，说明客户忠诚度越高

　　B. 客户对企业的产品或品牌的关注程度越高，表明其忠诚度越高

　　C. 客户对商品价格的敏感度越高，说明忠诚度越高

　　D. 客户忠诚度越高，对出现的产品或服务质量事故也就越宽容

二、多选题

1. 大客户营销人员常用的大客户维护方式有（　　　　）。

　　A. 举办联谊活动　　　　　　　　B. 走访

　　C. 赠送礼品　　　　　　　　　　D. 问候

2. 大客户流失的影响因素有（　　　　）。

　　A. 产品特性　　　　　　　　　　B. 市场状况

　　C. 大客户及大客户决策者的理念　　D. 企业自身因素

3. 实现大客户满意的具体操作技巧包括（　　　　）。

　　A. 不要给大客户过高的承诺

　　B. 正确对待大客户投诉

　　C. 帮助大客户解决问题，提供超值服务

　　D. 寻求大客户帮助，实现大客户价值

4. 客户忠诚是指客户对企业的产品或服务的信赖、维护和希望再次购买的一种心理倾向。客户忠诚是通过客户的（　　　　）表现出来的。

　　A. 心理忠诚　　　　　　　　　　B. 情感忠诚

　　C. 行为忠诚　　　　　　　　　　D. 意识忠诚

5. 以下关于客户忠诚的说法，正确的有（　　　　）。

　　A. 客户忠诚是客户使用产品或服务后的感知质量超过其预期质量

　　B. 客户忠诚是一种外显的行为

　　C. 客户忠诚可以通过对客户的消费行为分析而判断

　　D. 客户忠诚对竞争对手的影响比较小

三、判断题

1. 相对于问候，走访给客户留下的印象更加深刻，能够更好地建立客户关系。（　　　）

2. 由于大客户对企业很重要，所以对所有流失大客户，企业都要积极进行挽回。（　　　）

3. 一般来说，企业提供的产品或服务相对比较复杂，或者合作流程相对比较复杂，大客户流失率要高一些。（　　　）

4. 客户购买时选择的时间越长，说明客户的忠诚度越高。（　　　）

5. 客户满意是客户的心理感受，它是内隐的，不便于直接观察。（　　　）

四、案例分析

客户订单流失案例分析

大客户经理小李是做游泳产品的，他有一个葡萄牙客户 A，去年签了一共 45 万元的订单，小李对客户 A 的关系维护得也很好。

今年春节之后，小李曾发送邮件给客户 A，向她问好。邮件只有回执，没有回复。当时小李以为客户忙，没有时间回复。而且，根据客户 A 往年的购买记录，2 月份到 3 月份不是出货季节，所以小李就没有太在意。

4 月初的时候，应该是客户 A 下单的时间了，之前每年都有一张 30 万元的订单在 5 月份出货。客户 A 应该下单却没有下单，小李就再次发送邮件，也是只有回执，没有回复。又过了两周，小李急了，立刻打电话询问，结果对方的前台说跟小李联系的客户 A 休产假了！小李当时就蒙了，忙问是谁接替 A 的工作。前台没有直接回答，只回复说 A 5 月份就回来上班。小李就追问这几个月谁接替 A 的工作。前台说是经理。小李就请她帮忙转接了经理的电话，电话接通后，小李询问了客户今年上半年的销售情况，然后就直截了当地谈到了 5 月份的订单。经理说货已经到仓库了，正等待铺货。经理还反问："难道不是从贵公司采购的吗？"小李说："没有啊，一直联系不上 A。"经理突然明白过来了，告诉小李，这件事情是由另一个人负责的……

小李这个葡萄牙客户今年的销售计划就这样泡汤了……

请分析：

（1）你认为案例中小李的客户流失原因是什么？

（2）案例中的客户流失属于哪种类型的客户流失？如果你是小李，你将如何防止这类情况的发生？

第十一章

大客户营销组织建设与管理

知识目标

- 了解大客户营销组织模式及其优缺点；
- 理解大客户营销组织结构形式及其优缺点；
- 掌握大客户营销组织规模的确定方法；
- 掌握大客户营销人员的能力素质要求；
- 了解大客户营销团队绩效考核的作用、原则；
- 理解大客户营销团队绩效考核指标及步骤。

技能目标

- 能分析和判别大客户营销组织模式；
- 能分析和设计大客户营销组织结构；
- 能确定大客户营销组织规模。

素养目标

- 服务客户；
- 公平公正。

T公司大客户营销组织的发展历程

T公司是国内三大电信运营商之一。随着中国电信业改革的不断深入，国内电信市场逐渐对外资开放，国内电信企业正面对一个全新的、更加激烈的市场竞争环境。T公司将其开通的长途电话和数据通信业务的战略指导思想定位于"以集团客户为目标，兼顾大众市场"，国内通信市场的竞争首先从大客户市场拉开了帷幕。

1. 大客户营销部门发展历程

第一阶段，T公司总部市场营销部大客户发展中心成立，隶属于市场营销部，标志着T公司通过专门的机构来研究和开展大客户工作。

第二阶段，T公司从建章立制到逐步成立大客户部门，发展到从总部、省分公司、地市分公司三级组织体系以及数万人的直销队伍，T公司大客户部已经初具规模。

第三阶段，大客户发展中心从市场营销部独立出来，成立专门的集团客户部，独立承担集团大客户和行业大客户的营销服务工作，并初步建立起一对一的大客户经理制，由大客户经理直接实施大客户营销和服务。

2. 大客户营销部门运营变化

第一阶段大客户营销部门成立后，T公司以客户为导向的大客户营销部门，与公司传统的职能制机构、以完成本岗位工作为职责的员工角色定位之间经常产生冲突。在大客户业务的处理过程中，这种冲突主要表现在以下几个方面。

一是大客户营销部门与职能部门，如数据部、移动部和运行监督部等部门的接口不畅。大客户经理要花费大量的时间协调内部后端各个职能部门的工作，与大客户接触的时间大大减少。

二是大客户营销部门与职能部门之间的信息不对称。大客户营销部门难以及时准确地掌握网络资源、工程进展等情况，难以准确掌握订单的完成进度。

三是工程实施流程不畅。数据部、运行监督部等部门由于本位主义，对大客户营销部门的响应迟缓，施工完成时限得不到保障，对大客户的响应速度迟缓。

集团客户部成立后，T公司将所有的大客户营销工作交给该部门，并整合了所有的大客户资源，理顺了营销服务渠道。

从上面的案例可以看出，T公司大客户营销部门从无到有是不断变化的，这也带来了该公司大客户营销组织模式的变化。那么，该公司为什么要不断进行大客户营销部门的调整呢？不同的大客户营销部门设置会给大客户营销工作带来什么变化呢？

> 大客户营销管理不等于大客户销售，它是一种新的企业经营管理模式，必然带来企业组织与流程变革的需求。它要求企业服务于客户，要求企业以客户为中心来设计企业的组织结构与流程，建立"客户驱动型"组织。

第一节　大客户营销组织模式

不同的大客户营销模式下，企业采用的大客户营销组织模式也会不同。目前企业采用的大客户营销组织模式一般有专业大客户营销组织模式、综合大客户营销组织模式、混合大客户营销组织模式三种。

一、专业大客户营销组织模式

1. 专业大客户营销组织模式的含义及特征

专业大客户营销组织模式是企业以业务部门或者产品事业部为单位，分别建立各产品或服务的大客户营销组织，其主要任务是做好本产品或服务的大客户营销工作，努力拓宽本产品或服务在市场上的生存空间等。专业大客户营销组织模式的大客户营销队伍一般隶属于产品事业部或各业务部门。

专业大客户营销组织模式具有以下特征：

（1）营销前端和后端支撑服务协调灵活。各产品事业部或业务部门建立自己完全独立的营销组织体系，便于管理调动。

（2）各产品或业务的经营政策执行到位。各产品事业部或业务部门营销总部和区域按产品分开，保证了经营政策在各区域的直接执行。

（3）产品或业务培训和激励政策有效。各产品事业部或业务部门营销组织直接由事业部管理和控制，便于专业产品培训和营销激励直接到位。

在这种模式下，专业部门基本上成为企业的准事业部，这种模式被国内外企业大量应用。

2.专业大客户营销组织模式的优点

专业大客户营销组织模式下，因为有产品事业部或业务部门的资源支持，大客户营销组织能够根据大客户需求更好地进行产品或服务设计，有助于企业产品或服务创新。其优点主要包括：

（1）有利于拓展产品或服务市场。该模式下，各产品或服务能充分适应行业的差异，有利于产品事业部或业务部门的业务拓展。

（2）有利于产品或服务创新。该模式有利于各专业部门进行产品或服务创新，以满足大客户的专业需求，提高企业的市场竞争力。该模式尤其适合竞争激烈的产品或服务。

（3）实施简单方便。由于该模式同传统的营销组织模式相似，各产品事业部或业务部门在运作中积累了一定经验，运作起来比较简单。

3.专业大客户营销组织模式的缺点

专业大客户营销组织模式的缺点主要包括：

（1）企业资源占用较大。各产品事业部或业务部门分别建立自己的大客户营销组织，造成企业营销队伍重复建设，营销资源占用较多，给企业带来较大的人力资源成本负担。企业整体资源无法实现协同共享，存在各产品事业部或业务部门利益和企业总体利益冲突的矛盾，存在有限的人力、资金资源在各产品事业部或业务部门间分配的矛盾。

（2）重复开发大客户，增加大客户开发成本。专业大客户营销组织模式的大客户开发存在冲突，存在不同产品或服务的营销人员去开发同一大客户的现象，影响企业的形象，造成营销资源浪费。例如，在一个经营综合性业务的大型企业，每个专业都设置了各自的大客户开发部门，他们避免不了开发同一个大客户。这样就会产生各个业务单位都要开发同一个大客户的现象，造成企业开发客户成本的极大浪费，消减了企业市场竞争力。同时，也给大客户留下不好的印象，影响企业大客户开发效果。

（3）不能为大客户提供一揽子服务。专业大客户营销组织模式下，各专业部门以产品或服务为中心，只能满足大客户某一方面的需求，不能以大客户需求为中心，为其提供全面的、一揽子的问题解决方案。

例如，采用专业大客户营销组织模式的企业F针对不同的产品/服务，配置了不同的大客户营销人员。但是，面对具有多个产品/服务需求的大客户，这些大客户营销人员避免不了重复开发工作。开发大客户时，大客户营销人员的关注点只在自己负责的产品/服务上，往往忽略企业的整体形象，这样不但会使大客户采购决策者对企业形成不好的印象，而且大客户营销人员的重复开发行为也浪费了企业资源，削减了企业的综合竞争力。

专业大客户营销组织模式一般适用于企业产品或者服务市场发展不是很成熟的阶段，有利于企业不断进行产品或服务创新，提升产品或服务质量，便于企业迅速扩大市场占有率，提升产品或服务销售额。

二、综合大客户营销组织模式

综合大客户营销组织模式下，企业统一建立大客户营销部门，负责对所有产品或服务的统一营销，各产品或业务部门负责产品或服务的生产和质量管控。

1. 综合大客户营销组织模式的含义及特征

综合大客户营销组织模式是指企业取消了各产品事业部或业务部门的营销职能，成立统一针对大客户的综合营销部门，该部门负责各产品事业部或业务部门的营销工作，营销资源统一纳入综合营销部门进行集中分配。

综合大客户营销组织模式具有以下特征：

（1）综合大客户营销部门负责企业所有产品或服务的大客户营销工作。各产品事业部或业务部门不负责营销工作，只负责专业产品的设计、研发、生产、采购等。

（2）企业将各产品事业部或业务部门大客户销售指标逐级统一下达到大客户营销部门。

（3）各产品事业部或业务部门按照不同产品类别下达激励政策。

例如，BJ公司在中国地区的所有产品的营销完全由BJ中国公司来负责。JD软件公司也是采用这种模式，各地区的分公司负责企业所有产品或服务的营销工作，同时也负责大客户市场开发和管理工作。

2. 综合大客户营销组织模式的优点

（1）有利于协调企业内部资源。企业的营销资源得到充分利用，产品的延展性很强，有利于企业利益和各专业部门（事业部）利益的高度统一，便于企业整体营销工作的管理控制。

（2）有利于解决大客户的问题。该模式下，企业能够实现以大客户为中心，为满足大客户需求提供全方位的服务，能避免重复营销和出现营销盲点，减少不必要的营销资源浪费和消耗。

3. 综合大客户营销组织模式的缺点

（1）不利于各产品或服务市场开拓。综合大客户营销组织模式不利于弱势产品的销售，特别是营销费用低、销售难度大的产品或服务的销售。

（2）营销部门和专业部门协调难度大。由于在这种模式下产品或业务部门的支撑能力较弱，所以对市场营销平台和营销人员素质有很高的要求，对其新产品销售能力的要求更高。

（3）不利于企业产品或服务的创新。在这种模式下，企业各产品或业务部门和市场接触不够紧密，不能及时针对市场需求的变化进行产品或服务的升级和创新，不利于企业产品或服务市场竞争力的提升。产品行业跨度大的情况下，会直接影响营销平台的交叉销售能力，且不利于各产品或业务部门的独立发展。

综合大客户营销组织模式一般适用于产品或服务市场发展比较成熟、实力较强的企业。

三、混合大客户营销组织模式

1. 混合大客户营销组织模式的含义及特征

混合大客户营销组织模式是指企业采用综合营销与专业营销相结合的方式，两者相互补充，产品或者业务部门负责本产品或服务的大客户营销工作，综合营销部门负责有多项产品或服务需求的综合性大客户的开发与管理工作。

混合大客户营销组织模式弥补了各专业部门营销力量的不足，在一定程度上避免了营销资源的浪费，比较适合网络化、多元化的企业。

例如，中国 YZ 集团公司于 2006 年在市场部设立了大客户中心，负责集团层面综合大客户的开发与管理等工作；同时集团公司各专业部门负责各专业大客户的开发与管理工作。这样既保证了各专业大客户营销工作快速拓展，又能满足多种业务需求的综合性大客户的开发与管理，实现了业务的快速发展和规模增长。

但混合大客户营销组织模式在专业营销和综合营销业务发生冲突时，往往会引发企业内部的矛盾，这就需要企业内部进行明确的客户市场划分，以避免专业营销部门和综合营销部门争抢客户、重复公关等。

2. 混合大客户营销组织模式的优点

（1）既能发挥资源优势，又能保证各专业的市场发展。企业采用混合大客户营销组织模式时，一般在普通客户市场采用专业大客户营销组织模式，在大客户市场采用综合大客户营销组织模式，这样既有利于企业产品的不断创新，又能充分发挥企业资源优势，有利于企业市场规模的发展。

（2）能很好地满足不同客户的需求。在这种模式下，需求较复杂的大客户由综合部门开发，需求单一的大客户由专业营销部门负责，这样做可以满足不同客户的不同需求，有利于扩大企业潜在客户群。

（3）能充分发挥网络型企业的网络资源，扩大其市场范围。对于网络型企业，混合大客户营销组织模式有利于发挥企业的网络资源优势，扩大企业产品或服务的市场区域范围。如 GS 银行在各业务部门实施专业营销，如信用卡部门，在各营业网点和大客户部门实施综合大客户营销组织模式，既发挥了企业资源优势，又满足了不同客户需求。

3. 混合大客户营销组织模式的缺点

（1）不便于企业的大客户管理。由于大客户需求具有多变性和不均匀性，难以严格界定综合大客户和专业大客户。

（2）不利于企业内部信息共享。专业营销部门和综合营销部门之间容易出现相互封锁经验和大客户资源的现象。

（3）业绩考核相对较烦琐。利益分配、业务收入考核和业务办理方式比较烦琐。

混合大客户营销组织模式比较适合于网络化、多元化以及企业资源相对比较丰富的企业。

第二节　大客户营销组织结构设计

大客户部因为掌握着关系到企业生存命脉的重要客户资源而显得尤为重要。但由于大客户的管理和普通客户的管理是不同的，所以这个部门经常独立于营销体系中区域管理制度之外，在和企业其他部门如财务、物流、市场、采购等部门的沟通协调中享有特权。

同时，大客户部在企业中地位的高低主要取决于企业经营发展阶段和企业对大客户开发及维护的决心。

一、大客户营销组织结构设计原则

大客户营销组织结构设计既要考虑企业效益，又要考虑满足大客户的利益和需求。大客户营销组织结构设计原则包括：

1. 精简有效的原则

企业大客户营销组织设计的影响因素很多，其中企业大客户营销工作性质和规模对大客户营销组织设计有重要的影响。针对阶段性开发的项目客户，企业的大客户营销组织结构应具有灵活性。如果企业的大客户数量不是很多，其大客户营销组织的成员数量则可配置少一些，这样企业在保证为大客户提供服务的同时，还要尽量降低其资源占用量，实现大客户营销工作的效益最大化。

2. 以市场为导向原则

大客户营销组织设计要考虑市场的发展，要根据大客户的市场分布和大客户的重要程度进行区分对待。对同行业或者区域的大客户可以设置专门的服务部门。

另外，根据大客户的重要程度，可以根据不同级别大客户的需求，设置不同级别的大客户部门进行大客户开发和维护工作。

例如，中国 YZ 集团对大客户进行分级分类，将 500 万元以上的大客户划分为钻石客户，由集团负责进行开发和维护；综合性的钻石客户由集团大客户中心负责牵头开发和维护，各专业的钻石客户由集团各专业部门负责开发和维护。

3. 方便客户原则

企业大客户营销组织的建立应以客户为中心，降低客户的沟通成本，同时有利于企业大客户管理工作的协调和信息沟通。

4. 客户服务原则

大客户营销组织设计要求企业大客户营销工作以大客户为中心，以解决大客户的问题为目标，这既要求大客户营销组织能够为大客户提供综合解决方案，还要求企业大客户营销组织的人员具有较高的综合素质，既要熟悉自身产品或服务，还要掌握大客户所在行业的信息，尽可能地理解和满足大客户需求。

二、大客户营销组织与企业职能组织结构的冲突

传统的企业组织结构设计一般是以职能为中心的，如销售部、人力资源部、财务部、采购部等，而大客户营销组织设计是以满足大客户需求为导向的，在运行时它们之间就会存在冲突。

1. 大客户营销组织与企业职能组织结构的划分冲突

大客户营销组织采用的是顾问式的营销方式，面向大客户并向大客户提供一体化的解决方案，需要企业各种资源的支持，这就需要组建由不同专业人员组成的大客户组织团队，为大客户提供全方位的服务。

企业组织结构职能划分是以专业为单位的职能划分，工作岗位和技能相同或者相近的人员划分为同一部门。如企业的人力资源部门主要是由人力资源管理相关专业的人员组成的，技术部门是由相关技术专业的人员组成的，销售部是由负责企业产品或服务销售的人员组成的。所以，大客户营销组织和企业职能组织结构的划分之间存在冲突。

例如，LT 公司大客户部门与职能部门之间的信息不对称。大客户部门在客户服务环节，难以及时准确地掌握网络资源、工程进展等情况，难以准确掌握订单的完成进度。

2. 非程序化管理与程序化管理的冲突

大客户营销组织设计是以满足大客户需求为中心的。大客户营销组织在为大客户提供个性化服务方案的过程中，需要根据大客户不同的需求与企业内部各部门之间进行灵活沟通，其管理属于非程序化管理。而企业其他组织结构普遍是以职能为中心设计的，更加突出企业内部产品或业务生产经营管理流程的需要，多属于程序化管理。这样，大客户营销组织的非程序化管理和企业经营管理的程序化管理就可能存在一定的冲突。

例如，LT公司大客户部门与职能部门，如数据部、移动部和运行监督部等部门的接口不畅，大客户部经理要花大量的时间与内部后端各个职能部门协调，因此与大客户接触的时间大大减少。同时LT公司存在工程实施流程不畅问题，数据部、运行监督部等部门由于本位主义而对大客户部等营销部门的响应迟缓，因此施工完成时限得不到保障，对大客户的响应速度迟缓。

3. 工作职责划分之间的冲突

大客户营销组织中谁是团队的核心？大客户开发失败的责任由谁来承担？这是大客户营销组织将会面对的问题。

企业中职能部门之间的职责划分遵循责、权、利相统一的原则，各部门之间的职责和权利划分相对比较清晰，各部门在职责范围内承担相应的责任和享有权利。

大客户营销组织是以大客户为中心的，在营销过程中是以团队为单位进行作业的，相互之间的责权结合非常紧密，很难清楚地划分各自的责、权、利。所以，大客户营销组织更强调内部沟通和协调功能，大客户开发的成果会影响团队内部每个成员的利益。

三、大客户营销组织结构形式

根据企业资源配置情况，大客户营销组织结构主要有两种类型，分别是专业团队式和矩阵式。

1. 专业团队式

（1）专业团队式大客户营销组织结构的含义。

专业团队式大客户营销组织结构是指企业设置专门的大客户营销部门来负责大客户营销工作，即企业需要建立独立的大客户营销部门来负责大客户营销工作。

（2）专业团队式大客户营销组织结构类型。

根据企业大客户营销部门设置的层级不同，专业团队式大客户营销组织结构可分为二级部门设置和一级部门设置两种。大客户营销部门在企业中地位的高低主要取决于企业对大客户开发和维护工作的决心，不同层级的大客户营销部门设置表明企业的大客户营销工作的地位不同。相对来说,一级部门设置的企业大客户营销组织的工作力度更大。

① 一级部门设置。

一级部门设置即企业在市场营销部门之外,重新设置独立的大客户营销部门,专门负责大客户开发与管理工作(如图11-1所示)。

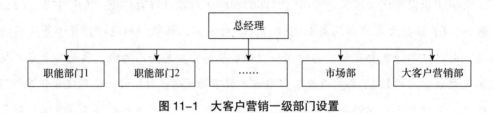

图11-1 大客户营销一级部门设置

在一级部门设置的结构中,大客户营销部门独立于基于区域和渠道设置的企业营销组织体系,主要负责大客户市场的开发和维护工作。大客户营销部门的设置需要重新配备相对较多的资源。

② 二级部门设置。

二级部门设置即企业在原有的市场营销部门内部设置大客户营销部门,大客户营销部门作为二级营销部门隶属于市场营销部门,专门负责大客户的开发与管理工作。

例如,中国 YZ 集团公司为了适应市场经济发展的要求,随着业务创新发展,在市场运作和营销体系建设方面做了有益的探索。该公司于 2006 年开始全面推进营销体系建设,在市场部内部设置大客户中心,负责企业大客户营销管理工作。

企业大客户营销二级部门设置如图11-2所示,这时,大客户营销工作是企业营销工作的一部分,大客户营销部不需要重新配置资源,或者需要较少的资源配置,和其他营销部门共享资源。

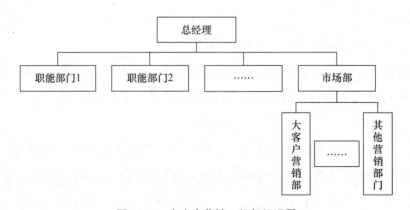

图11-2 大客户营销二级部门设置

（3）专业团队式大客户营销组织结构的优缺点。

优点：内部协作能力强，效率较高。由于大客户营销专业团队成员长期在一起工作，相互之间比较了解，沟通协调较快，能够较快开展工作。

缺点：① 团队专业能力较差。由于团队内部各职能成员相互补充，专业交流较少，和企业内部职能部门成员主要从事同一专业相比，缺乏与其他专业人员的交流，团队内部成员专业能力较难跟随专业发展趋势，造成专业能力素质下降。② 设置成本较高。专业团队形式需要独立的大客户营销部门和专门从事大客户营销的员工，无形中会增加企业的成本。③ 外部横向协作性较差。独立的大客户营销部门与其他部门之间的交流存在相互协作的问题，沟通成本较高。

2. 矩阵式

（1）矩阵式大客户营销组织结构的含义。

矩阵式大客户营销组织结构即企业在设置职能部门的基础上，设置了以大客户开发和维护工作为主的项目管理部门，项目团队成员由不同的职能部门成员组成，项目结束后团队成员仍然回到各自的职能部门。

这种大客户营销组织结构形式适用于企业大客户营销工作量较大，或者以商务客户为主的企业大客户营销工作，大客户营销工作是以项目方式运营管理的。

（2）矩阵式大客户营销组织结构的类型。

根据企业大客户营销工作的工作量和项目的周期长短，矩阵式大客户营销组织结构又可分为强矩阵式和弱矩阵式。

强矩阵式大客户营销组织结构中，各职能部门成员的工作重心是在大客户营销工作上，职能部门内部的工作任务较少。弱矩阵式大客户营销组织结构中，各职能部门成员的工作重心是在本部门的专业工作上，承担的大客户营销工作则较少。

（3）矩阵式大客户营销组织结构的优缺点。

优点：① 资源成本相对低。大客户营销团队成员是从企业内部职能部门灵活调配而来，基本不增加专业大客户营销人员，成本相对较低。② 外部横向协作性较强。大客户营销团队成员来自企业不同职能部门，所以与其他部门沟通时具有一定的优势。③ 团队专业技术能力较强。由于团队成员来自企业不同的专业职能部门，职能部门内部专业技术交流较多，有利于团队成员专业技能的提升，所以团队专业技术能力相对较强。

缺点：① 内部协作能力差，效率低。矩阵式大客户营销团队成员来自企业不同的职能部门，成员之间不是很熟悉，沟通协调较困难，需要经过适应才能进入项目角色。

② 可能存在多头管理的问题。大客户营销团队成员既受职能部门的管理，又要完成大客户营销工作，受团队项目经理的管理，这就会产生多头管理，增加员工的管理难度。

（4）配套管理措施。

实施矩阵式大客户营销组织结构相应地会增加各职能部门的工作量，影响各职能部门工作任务的完成，因此必须有相应的配套管理措施。

一是减少职能部门的任务。根据大客户营销工作的工作量和使用职能部门员工的数量来规划各职能部门的工作，相应减少职能部门的任务，以保证职能部门工作和大客户营销工作的顺利完成。

二是虚拟核算职能部门收益。企业根据职能部门员工在大客户营销工作中的贡献划分大客户营销业绩，把职能部门员工在大客户营销工作中的贡献划归职能部门，虚拟核算职能部门收益，使职能部门享受部门员工带来的利益，提高职能部门的积极性。

3. 组织形式的选择

一般在大客户营销工作量不是很大，或者刚开始实施大客户营销工作时，企业基本上采用二级部门设置的专业团队式大客户营销组织结构；当企业大客户营销工作量比较大，或者大客户营销工作占比较重要的地位时，企业会采用矩阵式大客户营销组织结构，或者采用一级部门设置的专业团队式大客户营销组织结构。

第三节　大客户营销组织规模设计

企业确定大客户营销组织规模的方法主要有工作量法和增量分析法。

一、工作量法

1. 工作量法的含义

工作量法就是企业根据完成大客户拜访工作所需要的总的工作时间和每个大客户经理的可用工作时间，来确定大客户营销部门所需大客户经理数量的方法。

其计算公式如下：

$$S = T \div t$$

其中：

S：企业所需大客户经理数量；

T：拜访所有大客户需要的总工作时间；

t：每个大客户经理的可用工作时间。

工作量法计算大客户营销组织规模主要基于两个基本假设：① 假设每位大客户经理承担相同的工作量，② 每位大客户经理拜访客户的次数与销售额之间存在一定的关系。

2. 工作量法的应用

用工作量法来确定企业大客户营销部门大客户经理数量时，需要先确定总工作时间和每个大客户经理的可用工作时间。

（1）总工作时间。

总工作时间是指企业完成大客户拜访工作所需要的总体时间，它和企业大客户数量相关，也和企业大客户维护制度相关。其计算公式如下：

$$T = \sum_{i=1}^{n} t_n = \sum_{i=1}^{a} s_a t_a$$

其中：

T：总工作时间；

n：企业大客户的数量；

t_n：第 n 个大客户的拜访时间；

a：企业大客户的分类数；

s_a：第 a 类大客户的数量；

t_a：第 a 类每个大客户的拜访时间。

从大客户营销实践工作统计结果可以看出，企业大客户营销工作业绩和客户拜访次数相关，主要关系如图 11-3 所示：

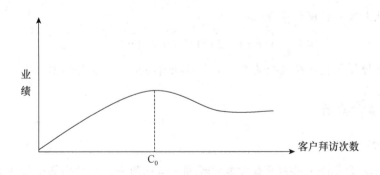

图 11-3 企业大客户营销工作业绩与客户拜访次数的关系

从图 11-3 可以看出，企业大客户营销工作业绩开始随着大客户拜访次数的增加不断上升，但是到达一定的拜访次数后，则会随着拜访次数的增加出现业绩下滑。其中拜访次数 C_0 处大客户营销工作业绩最好。

（2）每个大客户经理的可用工作时间。

每个大客户经理的可用工作时间是指在某一时间段内每个大客户经理可用于工作的时间。

例如：某企业共有大客户 320 个，其中一类大客户 15 个，二类大客户 60 个，三类大客户 245 个。企业大客户拜访管理制度要求，一类大客户每个月需要拜访 4 次，时间分别为 4 小时、4 小时、4 小时、8 小时；二类大客户每个月需要拜访 2 次，时间分别为 4 小时、8 小时；三类大客户每个月需要拜访 1 次，时间为 4 小时（如表 11-1 所示）。

大客户经理每个月的工作时间为 20 天，每天的工作时间按 8 小时计算。

表 11-1　某企业大客户数量及维护政策要求

大客户类型	数量	客户拜访次数 / 月
一类大客户	15	4 次
二类大客户	60	2 次
三类大客户	245	1 次

请计算该企业大客户营销部门需要多少大客户经理？

解：该企业每个月拜访大客户的总工作时间为：

$$T = \sum_{i=1}^{a} s_a t_a = 15 \times (4+4+4+8) + 60 \times (4+8) + 245 \times 4 = 2000 （小时）$$

该企业每个大客户经理每个月可用工作时间为：

$$t = 8 \times 20 = 160 （小时）$$

则该企业大客户经理数量应为：

$$S = T \div t = 2000 \div 160 \approx 13 （人）$$

注意：在计算大客户经理数量时，如果后面有小数，需要全部进上去。

二、增量分析法

1. 增量分析法的含义

增量分析法是指企业根据现有大客户经理的工作效率，计算出新增加业务量所需新增的大客户经理数量，再和原有的大客户经理数量一起组成大客户营销部门大客户经理数量的一种方法。其计算公式如下：

$$S = S_0 + S_1$$

其中：

S：企业所需大客户经理数量；

S_0：原有大客户经理数量；

S_1：新增大客户经理数量。

2. 增量分析法的应用

用增量分析法计算企业大客户经理数量时，应先确定现有大客户经理的工作效率，然后根据企业新增加的大客户数量和现有大客户经理的工作效率计算企业需要新增加的大客户经理数量。其计算公式如下：

$$v_0 = n_0 \div S_0$$
$$S_1 = n_1 \div v_0$$

其中：

v_0：原有大客户经理的工作效率；

n_0：企业原有大客户数量；

S_0：企业原有大客户经理数量；

S_1：企业新增大客户经理数量；

n_1：企业新增大客户数量。

例如：某集团企业大客户中心原有15个大客户经理，共开发和维护300个大客户。现在大客户中心人员普遍感觉工作压力大，因为大客户数量已经增加到500个了。

请问该企业大客户中心需要增加多少大客户经理？

$v_0 = n_0 \div S_0 = 300 \div 15 = 20$

$S_1 = n_1 \div v_0 = （500 - 300）\div 20 = 10（个）$

工作量法和增量分析法都是依据大客户营销部门所要完成的工作总量来设计大客户组织规模的。其中，工作量法更适用于确定新成立大客户部门的组织规模，增量分析法则适用于大客户营销部门工作量变化而引起的组织规模的重新确定。

第四节　大客户营销人员能力素质

大客户营销工作涉及的专业相对比较广泛，包括营销、财务、技术、法律等不同专业的内容，而且工作量比较大，一般由大客户营销团队完成。所以，大客户营销团队应该由不同专业的人员共同组成，比如大客户营销团队要有团队领导者、团队协调人员、客户开发人员、专业技术人员、项目实施人员、客户维护人员等。大客户营销工作对大客户营销人员的能力素质有一定的要求。

大客户营销人员作为企业与大客户沟通的代表，要全面分析和了解大客户需求，应具有良好的专业素质和专业技能，具有良好的基本素质和能力，具有良好的职业道德和综合能力。

大客户营销人员的能力素质要求一般包括：基本素质、基本能力、专业能力和身体及心理素质等方面内容。

一、大客户营销人员基本素质

大客户营销人员要具有良好的职业道德和敬业精神，具体包括以下几个方面。

1. 诚实守信

诚实守信是为人之本，从业之要。成功的大客户营销人员需要取得大客户的信任，与大客户建立互信关系，这就要求大客户营销人员具备诚实守信的良好品德。

大客户营销人员对待大客户是否诚实守信，是能否赢得大客户信任的重要前提条件之一。大客户营销人员要讲诚信，全心全意为大客户服务，不做不诚实的或误导性的业务介绍，也不随意承诺，不超越权限行事。

2. 高度责任意识

面对大量的、复杂的工作，大客户营销人员要热爱自己的工作，对工作具有高度责任心，只有这样，才能成为一名优秀的大客户经理。大客户营销人员不但要对企业有责任心，对大客户也要有高度的责任心，切实为大客户着想，帮大客户解决问题。

3. 主动服务意识

大客户营销人员应具备积极主动的工作态度，以大客户为中心，真正地去了解大客户需求。这就需要大客户营销人员及时跟踪了解大客户，主动与大客户沟通，分析大客户需求，这是大客户营销工作的基础内容。大客户营销人员应懂得如何去了解大客户对产品和营销活动的反应，真正做到以大客户为中心制订大客户服务方案。

同时，大客户营销人员要根据大客户的需求提供适合大客户的问题解决方案，只有这样，才能真正实现客户满意和客户忠诚。大客户营销人员不能被动地提供服务，同时，也不能一味地强调产品销售，而应以为大客户创造更高价值、提供满意的服务为目标。

4. 丰富产品知识

大客户营销即为大客户解决问题，提供一整套的服务方案，这需要大客户营销人员对本企业提供的产品或服务具有深刻的理解和认识。同时，由于大客户营销涉及的内容比较多，这需要大客户营销人员具有丰富的知识储备、较宽的知识面和行业工作经验。

5. 创新意识

不同大客户的需求是不同的、复杂的，甚至企业的产品或服务不一定能满足大客户的需求。大客户营销人员要为大客户提供个性化的服务，这需要大客户营销人员不但要业务熟练，还要善于学习新知识，具有创新意识，乐于并善于创新，而且能够结合企业资源和社会资源进行整合营销，针对大客户需求创造性地设计服务方案。

6. 法律意识

大客户营销工作需要签订服务合同，出现法律纠纷时需要及时处理。这就要求大客户营销人员熟悉营销活动相关的法律法规和企业规章制度，在大客户营销过程中以法律法规为指导，规范自己的营销行为，向客户提供合法的服务。大客户营销人员要做到知法、懂法、守法，自觉约束自己的行为，不做违规业务，认真履行合同义务。

大客户营销人员不仅要以营销活动相关的法律法规为指导，提出合法的营销对策和建议，正确制订市场营销方案，规范营销行为，还要掌握必要的解决营销法律纠纷的实务技能，会通过合法途径、程序解决经济纠纷。

二、大客户营销人员基本能力

根据大客户营销人员的工作内容，要求其具有以下基本能力：

1. 人际沟通能力

大客户营销工作需要与大客户进行大量的沟通工作。大客户营销人员作为企业与大客户之间的桥梁和纽带，代表着企业的整体形象，应具备良好的交际和沟通能力；同时企业大客户服务工作需要企业内部各部门协作完成，大客户营销人员需要在企业内部各部门之间进行有效的沟通协调，这也需要大客户营销人员具有娴熟的交际手段和沟通技能。所以，优秀的大客户营销人员应具备较强的人际交往能力，具有良好的沟通能力。

2. 团队协作能力

大客户营销工作一般采取团队营销方式，这就需要大客户营销人员融入整个团队，善于处理与团队成员之间的关系；同时，大客户营销人员要充分调动团队成员的积极性，善于协作，和团队成员齐心协力，共同实现大客户开发目标。

企业为大客户提供的服务涉及多个专业，需要大客户营销团队成员之间相互配合，形成良好合作。所以，大客户营销人员应具有团队合作精神，与团队成员之间相互配合，共同完成大客户服务工作。

3.逻辑分析能力

大客户营销人员必须针对大客户的具体情况开展营销工作，要对大客户的需求有自己的判断和认识，并能制定出相应的营销策略，这就要求大客户营销人员具备逻辑判断能力和深入思考的能力。

大客户营销工作复杂，需要大客户营销人员具有准确的判断力、冷静的分析力，要对工作有整体的认识，工作思路清晰，对市场、大客户、新产品等方面的变化具有一定的预见性和敏锐的洞察力。

4.资源整合能力

大客户需求是个性化需求，不同的大客户服务方案可能会涉及不同的资源需求，这就要求大客户营销人员具有一定的资源整合能力，以便为大客户提供一揽子的服务方案，解决大客户的问题。大客户营销人员的资源整合既有企业内部资源的整合，还有企业外部资源的有效整合。

例如，企业可以通过与其他社会物流公司、仓储服务公司、运输公司等合作，共同满足大客户的物流服务需求，为大客户提供整体物流配送服务方案。

5.办公软件操作能力

大客户营销工作中，经常需要大客户营销人员通过客户关系管理系统实施客户管理，另外，与客户沟通也会涉及相关办公软件的操作等，这就需要大客户营销人员具备一定的办公软件操作能力。

例如，大客户信息录入、大客户项目建议书的制作、汇报等工作，都需要熟练操作相关软件，如 WORD、PPT 等。

三、大客户营销人员业务能力

大客户营销工作需要大客户营销人员参与各个环节的工作，包括市场分析、产品开发、定价、预测销量与利润、确定市场营销目标、制定策略与计划、成本核算等，这就要求大客户营销人员必须是个多面手，具有良好的业务能力。

1.市场调查分析能力

在大客户开发过程中，大客户营销人员扮演的是专家角色，需要准确、清晰地掌握大客户所在行业的现状，需要通过市场调研收集大客户所在行业的信息，同时还需要针对具体大客户进行信息收集和需求调研，为准确判断大客户需求和制订个性化服务方案打好基础。

这就要求大客户营销人员能够编写调研方案、设计调查问卷、熟练运用各种调研方法组织市场调查、撰写市场分析报告等，同时具备信息综合分析和判断能力。

2. 决策者开发能力

在大客户开发过程中，大客户营销人员要面对大客户内部不同层次的人员，面对不同角色的大客户决策者，这些人员有不同的性格、职务、爱好和经历，这就要求大客户营销人员具有丰富的营销技巧和经验，能够做好大客户开发准备工作，以适当的方法寻找、接近和拜访大客户，制订合适的大客户决策者洽谈方案，运用各种谈判技巧与大客户决策者进行沟通并与其建立互信关系。

3. 营销策划能力

大客户营销策划不同于市场营销策划，大客户营销策划是针对具体大客户的个性化营销策划，需要大客户营销人员针对大客户具体需求，结合市场环境现状及变化趋势，制订出适合大客户的服务方案。

针对不同的大客户，大客户营销人员应分别制订营销策划方案，这就要求大客户营销人员具备能基于大客户和市场相关信息，结合企业内外部资源，熟练地、创新性地进行营销策划的能力。

4. 客户管理能力

大客户是企业的重要客户，大客户营销人员应对其进行有效的管理，实现大客户满意和大客户忠诚，保证企业与大客户之间建立起长期稳定的关系。

客户关系在不断地发展变化，普通客户经过不断地培育可能变为大客户，大客户也可能因为环境变化而成为普通客户或者流失客户。为了不断提升大客户价值，大客户营销人员应具备大客户管理能力，及时跟踪大客户，对大客户进行价值判断，同时实施相应的大客户维护和管理措施。

四、大客户营销人员心理和身体素质

由于大客户营销工作内容繁杂，工作量比较大，具有一定的挑战性，这就对大客户营销人员的心理和身体素质提出一定的要求。

1. 积极的心态

大客户营销过程中，大客户营销人员面对不同大客户的不同需求，会遇到各种各样的难题。对于大客户营销人员来说，每个大客户的开发都是一个全新的挑战，会带来极大压力。这就要求大客户营销人员能够承受各种压力和挫折，始终保持积极的心态；要有毅力、耐心、韧性，有持续的行动力；要具有敢为人先、迎难而上的胆识；要具有勇于挑战的心理素质。

优秀的大客户营销人员不管面对何种困境，面对何种压力，都会时刻保持头脑清醒，有章有序地开展工作，有条不紊地完成工作，确保大客户营销工作的效率和效果。

2. 强健的体魄

大客户营销工作需要进行大量的市场调查、客户拜访、客户沟通等工作，在这个过程中大客户营销人员需要做大量的、烦琐的工作，如经常性的出差、商务交际等活动；甚至在大客户营销的关键时期，需要进行长时间的持续工作，这就要求大客户营销人员具备强健的体魄。

第五节　大客户营销团队绩效考核

大客户营销团队绩效考核既是企业对大客户营销人员工作任务完成情况、工作职责履行情况的评价，也是通过评价结果的反馈，对大客户营销人员有效激励的过程。

一、绩效考核的作用

（1）绩效考核可以作为大客户营销团队绩效控制的主要手段。

企业或者大客户营销组织通过绩效考核，可对大客户营销团队某一阶段工作成果进行评估，并依据团队营销工作计划和目标对大客户营销工作进行优化和调整。

（2）绩效考核的结果也是进行大客户营销人员薪酬管理的重要依据。

依据大客户营销团队成员的分工及其贡献率，企业可对大客户营销团队成员的工作绩效进行考核，并依据考核结果核算大客户营销团队成员的薪酬。大客户营销人员的薪酬一般由基础工资和绩效工资组成。大客户营销团队成员的绩效考核结果一般作为计算绩效工资的依据。

（3）绩效考核的结果可作为选拔员工的重要依据。

职业生涯规划是企业员工管理的重要组成部分，大客户营销团队成员的绩效考核结果可作为大客户营销人员职务提升的重要依据。

（4）科学的、公平的绩效考核办法可以有效激励大客户营销人员。

大客户营销一般采用的是顾问式团队营销方式，大客户营销团队成员之间相互协作，共同完成大客户开发和维护等工作。那么，如何才能保证团队成员之间绩效划分的公平性呢？这就对绩效考核办法的制定提出了挑战。只有实现公平的绩效考核，才能有效地激发大客户营销团队成员的工作积极性。

二、绩效考核的原则

绩效考核是绩效管理的重要组成部分，是大客户营销团队成员就工作目标和如何实现工作目标达成共识的过程，是激励大客户营销人员实现工作目标的有效管理方法。大客户营销团队绩效考核应遵循以下原则。

1. 客观公平原则

公平是确立大客户营销团队及其成员绩效考核制度的前提。大客户营销团队成员在工作内容、工作性质等方面是不同的，客观公平原则是大客户营销团队及其成员绩效考核的重要原则。

2. 严格公正原则

绩效考核必须严格公正，要有明确的考核标准，要有翔实的工作统计资料，要有科学的考核制度和严格的考核程序及方法等。考核不严格，就会使考核流于形式，不仅不能全面地反映大客户营销人员的真实情况，而且还会产生消极的影响。

3. 公开透明原则

在绩效考核中，考核标准、考核过程和考核结果都应对大客户营销人员公开，这是保证考核公平透明的重要手段，也是激励大客户营销人员的有效方式。这样，一方面有助于防止绩效考核中可能出现的偏见及误差，保证考核的公平与合理，保证大客户营销人员对结果的认可，有利于激发大客户营销人员的工作热情；另一方面，可以让大客户营销人员认识到自己的优势和不足，从而使考核成绩好的成员再接再厉，也可以使考核成绩不好的成员产生紧迫感和危机感，焕发出力争上游的进取精神。

4. 与奖惩挂钩的原则

大客户营销团队绩效考核必须与奖惩挂钩，这样才能达到绩效考核的目的。否则，考核流于形式，必然挫伤成员的积极性。所以，应根据绩效考核结果，有奖有罚，这种奖罚不仅与精神激励相联系，而且还必须与工资、奖金等物质激励相联系。

5. 反馈的原则

绩效考核的目的在于提高大客户营销工作的绩效，提升大客户营销团队成员的整体业绩，激励团队成员积极地完成个人工作目标，促进团队工作目标的实现。

大客户营销绩效考核结果要反馈给团队成员，并向团队成员进行解释说明，肯定成绩和进步，说明不足之处，为大客户营销人员以后的努力提供参考等。

　　大客户营销是顾问式团队营销。大客户营销团队的绩效是团队成员相互协作的成果。团队成员的绩效考核相对来说难度较大，如何保证大客户营销团队成员之间公平公正的绩效划分，是大客户营销工作绩效考核面临的一个挑战。

　　只有采用科学的绩效考核办法，遵循相关绩效考核原则，才能保证大客户营销团队内部绩效考核的公平公正，才能有效激发团队成员的工作积极性。

三、常见的绩效考核指标

　　大客户营销团队绩效考核指标设计要与企业的大客户营销战略相适应，以促进企业经营目标的实现。

　　大客户营销团队绩效考核分别按月、季、年进行，采用的考核指标既有定量考核指标，又有定性考核指标；一般有单一指标考核与综合指标考核两种考核方式。

　　1. 单一指标考核

　　大客户营销团队的月度、季度考核一般采用单一指标考核，有定量单一考核指标和定性单一考核指标。

　　定量单一考核指标包括：销售量或销售额、销售增长率、销售计划完成率、销售回款率、新客户开发量、大客户投诉次数、客户流失数量、大客户回访率、服务费用控制率、客户保有率等。

　　（1）销售量或销售额：在考核期内，大客户营销人员实际签订销售合同完成的销售数量总和或者销售收入总和，是最常用的考核指标之一。

　　（2）销售增长率：考核期内大客户营销人员实际签订合同完成的销售收入相对于上期销售收入的增长百分比。

　　（3）销售计划完成率：考核期内大客户营销人员实际签订销售合同完成的销售收入占本期计划完成的销售收入百分比。

　　（4）销售回款率：考核期内大客户的实际销售回款额度占本期合同约定应回款额度的百分比。

　　（5）新客户开发量：考核期内大客户营销人员成功开发新客户的数量。

　　（6）大客户投诉次数：由于大客户营销人员的过失而造成的大客户投诉次数。

　　（7）客户流失数量：考核期内大客户营销人员维护的大客户流失的数量。

　　（8）大客户回访率：考核期内大客户营销人员实际回访的大客户数量占本期计划完成的回访大客户数量的百分比。

（9）服务费用控制率：考核期内实际发生的营销费用额占本期营销费用预算额的百分比。

（10）客户保有率：考核期末大客户营销人员负责管理的大客户数量占考核期初大客户数量的百分比。

定性单一考核指标包括：大客户信息档案完整性、服务规范完成、团队协作、客户拜访、大客户满意等指标。

（1）大客户信息档案完整性：考核期内大客户营销人员负责的大客户信息档案是否按要求完成信息登记、更新，大客户信息是否完整无缺。

（2）服务规范完成：大客户营销人员是否按照大客户服务方案执行了大客户营销工作。

（3）团队协作：在大客户开发与管理工作中，大客户营销人员与营销团队成员的合作情况。

（4）客户回访：大客户营销人员是否按照企业大客户回访制度有效地完成回访工作。

（5）大客户满意：考核期内大客户营销人员负责管理的大客户是否对服务满意。

在实践工作中，大客户营销绩效考核中，月度考核、季度考核指标通常以定量考核指标为主，常用的考核指标有销售额和销售回款率，考核结果常用于大客户营销人员绩效核算。

2. 综合指标考核

综合指标考核一般采用定性与定量相结合的方式，即从工作业绩指标、工作能力、工作态度等多方面进行考核。

综合指标考核主要用于年度考核，考核结果一般用于对大客户营销人员的定等定级，确定员工岗位及职务的变化情况等。表 11-2 所示即某企业大客户营销人员综合考核表。

表 11-2 某企业大客户营销人员综合考核表

考核项目	考核指标	权重	评价标准	评分
工作业绩 60%	销售额	25%	1. 考核指标为____万元； 2. 每高____万元加____分，每低____万元减____分； 3. 低于____万元，该考核指标为 0 分	
	销售增长率	10%	1. 考核指标为____%； 2. 每高____% 加____分，每低____% 减____分； 3. 低于____%，该考核指标为 0 分	
	新客户开发量	10%	1. 考核指标为____个； 2. 每高____个加____分，每低____个减____分； 3. 低于____个，该考核指标为 0 分	

续表

考核项目	考核指标	权重	评价标准	评分
	客户保有率	5%	1. 考核指标为____%； 2. 每高____%加____分，每低____%减____分； 3. 低于____%，该考核指标为0分	
	大客户投诉次数	5%	1. 考核指标为____次； 2. 每低____次加____分，每高____次减____分； 3. 高于____次，该考核指标为0分	
	服务费用控制率	5%	1. 考核指标为____%； 2. 每低____%加____分，每高____%减____分； 3. 高于____%，该考核指标为0分	
工作能力 15%	创新能力	5%	每增加一项有特色的活动内容，增加____分	
	沟通能力	5%	1. 能灵活运用技巧进行沟通，5分； 2. 能有效化解矛盾，4分； 3. 具有一定说服力，2分； 4. 能较清楚地表达自己的观点，1分； 5. 无法表达自己的观点，0分	
	团队协作	5%	1. 能与团队有效合作，5分； 2. 基本能完成合作，3分； 3. 不能与他人合作，0分	
工作活动 10%	大客户信息档案完整性	5%	1. 信息完整，能完成信息登记、更新，5分； 2. 信息完整，登记不及时，3分； 3. 信息不完整，能按时登记，1分； 4. 信息不完整，登记不及时，0分	
	服务规范完成	5%	1. 按服务方案创造性地完成任务，5分； 2. 能按服务方案完成任务，3分； 3. 基本能按服务方案完成任务，1分； 4. 不能按服务方案完成任务，0分	
工作态度 15%	考勤	5%	1. 出勤率100%，5分； 2. 迟到1次扣1分（2次以内）； 3. 迟到3次及以上，该考核项目为0分	
	工作责任心	5%	1. 主动承担责任，5分； 2. 自觉完成工作，且对自己的行为负责，3分； 3. 自觉完成工作，对自己的行为不负责，1分； 4. 不自觉地完成工作，0分	
	学习意识	5%	1. 学习意识强，5分； 2. 学习意识一般，3分； 3. 学习意识差，0分	

四、绩效考核步骤

大客户营销团队绩效考核包括以下几个步骤。

1. 确定大客户营销团队绩效

大客户营销业绩是团队共同取得的，绩效考核前应先确定团队总体业绩。企业核算大客户营销团队绩效一般以实际实现的业务收入为主。但是考虑到大客户营销工作的周期比较长，有些企业也对处于不同阶段的大客户按核定价值比例，加权计算大客户业绩。

2. 明确分工及贡献率

在大客户营销团队中，不同团队成员的工作性质、工作内容不相同，所以要明确不同分工或者不同阶段大客户营销工作的价值占比，这种方式可以提升团队成员的公平感，也可以激发团队成员工作的积极性。例如，在大客户营销工作中，明确获取大客户线索的绩效占比，是对该工作价值的认可，也可以激发成员的积极性，从而获取更多的、稳定的大客户线索。

3. 核算团队成员工作绩效

确定了大客户营销团队绩效，明确了大客户营销工作中不同工作内容的贡献率，就可以很容易地核算出每个团队成员的个人绩效，从而科学地、有效地实现大客户营销团队及其成员的绩效考核。

4. 考核结果应用

大客户营销团队绩效考核结果的应用涉及两个方面，一是通过绩效考核结果反馈，让团队成员了解团队绩效和个人绩效，认识到团队和自身的优点和不足，从而激励团队成员更加努力地工作；二是以绩效考核结果为依据，核算大客户营销人员的绩效工资和奖励，使团队成员获得合理的、公平的报酬，提升团队成员的公平感。

总结与实践

本章小结

　　本章主要讲述了专业大客户营销组织模式的含义及特征、优缺点，综合大客户营销组织模式的含义及特征、优缺点，混合大客户营销组织模式的含义及特征、优缺点；大客户营销组织结构设计原则，大客户营销组织与企业职能组织结构的冲突，专业团队式大客户营销组织结构的含义、类型、优缺点，矩阵式大客户营销组织结构的含义、类型、优缺点；确定大客户营销组织规模的工作量法和增量分析法；大客户营销人员基本素质、基本能力、专业能力、心理和身体素质等能力素质要求；大客户营销团队绩效考核的作用、原则，常见的绩效考核指标，绩效考核步骤等。

思 考 题

　　1. 随着企业对大客户营销工作越来越重视，企业大客户营销组织工作迎来新的挑战。那么，企业如何选择合适的大客户营销组织模式呢？

　　2. 企业应该如何设置大客户营销组织？

　　3. 什么样的人适合做大客户营销人员呢？

　　4. 如何公平、公正地实现大客户营销团队绩效考核呢？

课后练习

一、单选题

　　1. (　　) 属于综合大客户营销组织模式的优点。

　　　A. 有利于产品或服务的市场拓展　　　B. 有利于解决大客户的问题

　　　C. 有利于产品或服务创新　　　D. 实施简单方便

　　2. 企业大客户营销组织的建立需要以大客户为中心，减少大客户在沟通中的工作环节，方便大客户沟通，降低大客户沟通成本，同时有利于企业大客户管理工作的协调和信息沟通。这遵循了企业大客户营销组织结构设计的 (　　　)。

　　　A. 精简有效的原则　　　B. 以市场为导向原则

　　　C. 方便客户原则　　　D. 客户服务原则

3. 相对于矩阵式，专业团队式大客户营销组织结构的优点是（　　　）。

    A. 内部协作能力强，效率较高   B. 团队专业能力较强

    C. 独立部门，成本较高   D. 外部横向协作性较强

4. 绩效考核要对大客户营销人员公开，以激励大客户营销人员，这遵循了大客户营销团队考核（　　　）。

    A. 客观公平原则   B. 严格公正原则

    C. 公开透明原则   D. 与奖惩挂钩的原则

5. 综合指标考核主要用于（　　　）考核，考核结果一般用于大客户营销人员定等定级，确定员工岗位及职务的变化情况。

    A. 月度   B. 季度   C. 日常   D. 年度

二、多选题

1. 专业大客户营销组织模式的缺点有（　　　）。

    A. 企业资源占用较大，各专业资源分配存在矛盾

    B. 重复开发大客户，增加大客户开发成本

    C. 不能为大客户提供一揽子服务

    D. 不利于企业产品或服务创新

2. 矩阵式大客户营销组织结构的优点有（　　　）。

    A. 内部协作能力强   B. 资源成本相对低

    C. 外部横向协作性较强   D. 团队专业技术能力较强

3. 大客户营销团队绩效考核的定量指标包括（　　　）。

    A. 销售增长率   B. 销售回款率

    C. 新客户开发量   D. 大客户投诉次数

4. 大客户营销人员应具备的基本能力包括（　　　）。

    A. 人际沟通能力   B. 创新意识

    C. 营销策划能力   D. 逻辑分析能力

5. 大客户营销团队绩效考核的步骤包括（　　　）。

    A. 确定大客户营销团队绩效   B. 明确分工及贡献率

    C. 核算团队成员工作绩效   D. 考核结果应用

三、判断题

1. 专业大客户营销组织模式更利于企业针对大客户的具体问题，为大客户提供全面的、一揽子的问题解决方案。（　　　）

2. 综合大客户营销组织模式一般适用于企业产品或服务市场发展比较成熟、实力较强的企业。（　　）

3. 企业在市场部内设立了大客户中心，这属于专业团队式大客户营销组织结构的一级部门设置。（　　）

4. 企业大客户营销工作业绩随着大客户拜访次数的增加而不断上升。（　　）

5. 工作量法更适用于确定新成立大客户部门的组织规模。（　　）

四、案例分析

快煮熟的"鸭子"为什么飞了

在上海商贸中心的一家咖啡厅，HW 公司市场部副经理范先生，正在和一个重要客户的两位代表就合作一事进行愉快的交谈。

范先生深知，无论如何也要将两位代表"招呼"好，毕竟这笔生意关系着公司一笔500 多万元的业务。交谈中，范先生合理的合作建议，堪称一流的谈判技巧，加上颇显诚意的态度，让两位代表深感满意。这笔业务，眼看着离拍板的时刻不远了。

"嘀—嘀—"，范先生的手机响了，"不好意思，我接个电话。"范先生客气地解释了一句。接通电话后，范先生的眉头皱了一下："对不起，刘总，我现在不在上海啊，正在广东出差，有什么事等我回来再谈，好吗？"又顿了一会儿，他又面不改色地应付道："哎呀，不好说呀，手头上的事不好处理，搞不好得在广东耗上十天半个月……"

范先生娴熟地扯谎的时候，全然没有顾及两位代表的反应。但是，范先生的表演却让两位代表深感意外，两位代表诧异地相视一笑，趁着范先生继续表演的时候耳语了一番。等范先生打完电话，两位代表笑着说："合作一事，我们心里大致有底了，不过还得最终确定一下，稍后联系吧！"

隔日，范先生被两位代表告知"暂时不能合作"。其中的理由，范先生怎么也想不明白，他感到很纳闷："谈得好好的，眼看着要成功了，怎么就吹了呢？"然而两位代表的态度却是斩钉截铁："撒谎时能做到如此镇定自若、信手拈来的人，谁敢跟他合作呢？"

请分析：

（1）两位代表最终不愿意与 HW 公司达成合作的原因是什么？

（2）你认为大客户营销人员应该具备哪些素质？

参考文献

[1] 苏尼尔·古普塔，唐纳德·R.莱曼.王霞，申跃，译.客户终身价值：企业持久利润的源泉.北京：电子工业出版社，2015.

[2] 马修·狄克逊，尼克·托曼，瑞克·德里西.董幼学，译.新客户忠诚度提升法.北京：电子工业出版社，2015.

[3] 王奕，李欣.共赢：大客户管理.北京：机械工业出版社，2006.

[4] 郝雨风，李朝霞.大客户市场与客户管理.北京：中国经济出版社，2005.

[5] 中国客户管理专业水平证书考试教材编委会.大客户管理.北京：中国经济出版社，2012.

[6] 范云锋.客户：如何开拓与维系客户.北京：中国经济出版社，2004.

[7] 李光明，李伟萁.客户管理实务.2版.北京：清华大学出版社，2013.

[8] 苏朝晖.客户关系管理——客户关系的建立与维护.6版.北京：清华大学出版社，2024.

[9] 鲁百年.大客户战略营销.北京：北京大学出版社，2006.

[10] 王广宇.客户关系管理.2版.北京：清华大学出版社，2010.

[11] 陆红.项目管理.北京：机械工业出版社，2009.

[12] 李文茜，刘益.国外大客户管理研究新进展探析［J］.外国经济与管理，2014（07）.

[13] 冯巧云.企业大客户营销策略探讨［J］.商业经济研究，2015（07）.